Erhard Fucke

Grundlinien einer Pädagogik des Jugendalters

Menschenkunde und Erziehung

55

Schriften der Pädagogischen Forschungsstelle
beim Bund der Freien Waldorfschulen

Erhard Fucke

Grundlinien einer Pädagogik des Jugendalters

Zur Lehrplankonzeption der Klassen 6 bis 10 an Waldorfschulen

Verlag Freies Geistesleben

Die Deutsche Bibliothek – CIP-Einheitsaufnahme

Fucke, Erhard:
Grundlinien einer Pädagogik des Jugendalters: zur Lehrplankonzeption der Klassen 6 bis 10 an Waldorfschulen / Erhard Fucke. –
Stuttgart : Verl. Freies Geistesleben, 1991
(Menschenkunde und Erziehung ; Bd. 55)

ISBN 3-7725-0255-5

NE: GT

Einband: Walter Schneider
Foto: © Bildagentur Mauritius

Druck: Greiserdruck, Rastatt

Inhalt

Vorwort ... 9

Beobachtungen seelischer Phänomene im Jugendalter ... 12

Veränderung des Gefühlslebens 12
Die Grundfigur des Gefühlslebens 15
Allgemeine Liebefähigkeit und Sexualität 17
Veränderungen beim Erkennen 19
Wie verhält sich der Jugendliche? 24

Die Entstehung des Selbstbewußtseins ... 29

Wahrnehmen, Denken, Urteilen 29
Selbstbewußtsein und Organisation – oder die Schneidung der Wirklichkeit 32
Vom Denkwillen 34
Das aufmerksam gerichtete Wahrnehmen 37
Von der Begrenzung der zu erringenden Souveränität durch das Gefühl 41
Die Bedeutung der Willenserziehung in der Pubertät 45
Urteilen und Begehren – polare Grundkräfte des Seelenlebens 51
Das Bemühen um Erkenntnis erweitert das Bewußtsein – der betrachtende Unterricht 55
Die gestaltenden Fächer leiten zum Handeln an und üben Selbstbestimmung 58

Die umfassende Tätigkeit des Geistig-Seelischen ... 61

Die Metamorphose leibbildender Kräfte zu seelischen Tätigkeiten 62
Existentiell wirkende und abgelähmte Seelenkräfte 64
Die unterschiedliche Herkunft der leibgestaltenden Kräfte nach der Darstellung Rudolf Steiners 67
Unterschiedliche Seelenfähigkeiten durch die Metamorphose der leibgestaltenden Kräfte 69
Das erste Jahrsiebt 69
Das zweite Jahrsiebt 70
Das dritte Jahrsiebt und die Zusammenfassung der ersten drei Jahrsiebte 72
Das dritte Jahrsiebt noch einmal anders betrachtet – grundlegende Ziele 75

Der Vorklang der Pubertät in den letzten Schuljahren der Klassenlehrerzeit – der Nachklang des zweiten Jahrsiebts in den ersten Klassen der Oberstufe 78
Die Zeit zwischen dem 12. und 16. Lebensjahr 78
Die Grundfigur des zweiten Jahrsiebts 79
Die Wirkung bildhaften Unterrichts auf das Kind – die Bemühung des Lehrers um imaginative Schulung 82
Das dritte Jahrsiebt braucht den Vorklang der Imagination 83
Das Bedürfnis der menschlichen Seele nach Kenntnis der Kultur 87
Die Gefahr seelischer Gefangenschaft, wenn der Lehrer keine Brücke zur bestehenden Welt schlägt 90
Das Gegenbild von Weltinteresse: Machtkitzel und Erotik 91
Eine weitere, leicht zu übersehende Folge falschen Unterrichts 94
Pädagogische Maßnahmen, die solches Fehlverhalten zu verhindern suchen 95

Die aufzulösende Spannung zwischen Spezialisierung und Totalität im Seelenleben 99
Differenzierung als Folge des freigewordenen Astralleibs 99
Die Konferenz vom 16. 1. 1921 99
Die Konferenz vom 23. 3. 1921 101
Totalität und Spezialisierung 102
Ein besonderer Aspekt der Technik 110
Ein wichtiger rhythmischer Prozeß des Seelenlebens 112
Die dreigegliederte menschliche Organisation 114
Eine praktische Konsequenz: Die Dreiteilung des Hauptunterrichts 118

Die Auseinandersetzung mit den Anforderungen der Zeit. Eine historische Replik: Die Einführung der Stenographie in den Lehrplan der Oberstufe 121
Charakteristik der Stenographie 122
Menschenkundliche Begründungen für die Handhabung der Stenographie 123

Möglichkeiten und Defizit bei der Behausung der Jugendlichen durch die heutige Schule 129
Der Bildungswert der Kunst 130
Der Ausgleich zwischen künstlerischer Tätigkeit und Kunstbetrachtung 133
Naturwissenschaft und Technologie 139
Die zwei Formen des Technologieunterrichts 144
Die betrachtende Technologie 144

Die praktische Technologie – auch ein Beispiel für die Differenzierung der Geschlechter nach der Pubertät 146
Die weitestmögliche Spezialisierung innerhalb der Technologie: Ausbildung für technische Berufe innerhalb der Schule 149
Der Gartenbau 153
Einführung in die Wirtschaft 156
Buchführung als Baustein einer tätig zu erarbeitenden Wirtschaftskunde 159
Was leistet die Buchführung? 160
Welche Forderungen stellt die Buchführung an die Menschen, die sie ausüben? 162
Die Zuordnung der Buchführung zum Lehrplan 165
Das erste Lehrplankonzept Rudolf Steiners vom 25. 4 .1919 167

Die Vorpubertät – der Auftakt des Jugendalters 170
Verstand, Vernunft, Phantasie 170
Überlegungen zum Lehrplan der 6. Klasse 174
Beispiele: Astronomie und Geographie 174
Zur Methode des Unterrichts 176
Die Mathematik 177
Schattenlehre als Beobachtungsübung 179
Geschichte 180
Ein spezieller Gesichtspunkt des Lehrplans: Vorbereitung auf die Pubertät 181
Einführung der Schüler in das Verstehen des praktischen und sozialen Lebens: Die Betriebssysteme 183
Geschäftsaufsatz, Geschäftsbrief, Buchführung 185
Begründung von Weltoffenheit als durchgängig zu erzielende Seelenstimmung der Vorpubertät 191
Überlegungen zum Lehrplan der 7. Klasse 194
Bildung der Phantasie im Handwerk 194
Erstes Bewußtsein von der Tätigkeit der Phantasie: die Metaphernlehre 199
Beispiele, wie in der Metaphernlehre eingeführt werden kann 201
Das Aufrufen der Vernunft – die dialektische Methode 204
Wirkungen der dialektischen Methode beim Schüler – Übergang zur freien Rede 207

Nachwort 210
Anmerkungen 213

Diese Arbeit entstand im Rahmen eines Forschungsauftrages *Buchführung – Rechnungslegung – Informatik* durch die Stiftung DAMUS an die Gesellschaft für Ausbildungsforschung, München.
Für diese Unterstützung sei herzlich gedankt.

Vorwort

Die Studie *Lernziel: Handeln können* (1981)[1] verfolgte das Problem, daß Denken und Handeln nicht notwendig eine für das persönliche und soziale Leben fruchtbare Verbindung eingehen. Dies führte zu der Forderung nach einer verstärkten Willenserziehung, und es wurden praxisbezogene Anregungen dazu gegeben, wie diese zu gestalten sei, wenn man der Krise des Jugendalters pädagogisch begegnen will.

Die Arbeit wurde auf dem Höhepunkt einer mit viel Enthusiasmus begleiteten Schulreform veröffentlicht. Die in ihr vorgelegten Gedanken unterschieden sich jedoch wesentlich von den Begründungen dieser Schulreform. Obwohl letztere die Verbindung von allgemeiner und beruflicher Bildung zum Ziele hatte, organisierte sie diese nicht nach dem Gesichtspunkt der Willenserziehung, sondern weitgehend wieder unter intellektuellen Aspekten. Heute muß festgestellt werden, daß die damals eingeleiteten Reformbestrebungen nur wenig Erfolg hatten.[2]

Schon meine damaligen Ausführungen gründeten auf Gedanken aus den Volkspädagogischen Vorträgen R. Steiners aus dem Jahre 1919[3] und dem Studium des Ringens um eine Schulgestalt, wie es sich in den Lehrerkonferenzen der ersten Waldorfschule niederschlägt.[4] Dies blieb aber im Hintergrund der Darstellung. Vielmehr wurde versucht, voraussetzungslos und in Anlehnung an die Terminologie der Bildungsreform zu argumentieren. Die für das Selbstverständnis der Waldorfschule so wichtige Frage nach einer sachgemäßen Gestalt ihrer Oberstufe konnte dabei nicht grundlegend diskutiert werden, was hiermit teilweise nachgeholt werden soll. Sie kann nur aus einem größeren Zusammenhang beurteilt werden. Deshalb wurde der Versuch gewagt, Grundlinien einer Pädagogik des Jugendalters darzustellen. Sie stellen die sogenannten gestaltenden Fächer, aus denen sich jede berufliche Bildung entwickelt, in einen neuen allgemeinpädagogischen Kontext.

In der Zwischenzeit hat die Gesellschaft für Ausbildungsforschung und Berufsentwicklung e.V. neue Gesichtspunkte zum pädagogischen Wert der Berufsbildung vorgelegt. Besonders erwähnt sei die Publikation *Berufsbil-*

dung und Persönlichkeitsentwicklung.[5] Interessanterweise haben die dort vorgetragenen Gedanken bei der Wirtschaft mehr Echo ausgelöst als bei den Verantwortlichen für die Entwicklung des Schulwesens. Bei der Schule ist ein kontinuierlicher Rückfall auf die Positionen vor der Bildungsreform zu beobachten. Auch die Diskussion über die Intentionen R. Steiners zur Oberstufe der Waldorfschulen wurde innerhalb der Waldorfschulbewegung kaum mehr mit jener Lebendigkeit geführt, die sie in den siebziger Jahren auszeichnete. Ganz andere Fragen sind inzwischen in den Vordergrund getreten.

Im vorliegenden Buch werden einige Grundlinien einer anthroposophischen Pädagogik des Jugendalters, die dem Autor besonders signifikant erschienen, herausgearbeitet, jedoch keineswegs erschöpfend behandelt. Sie sind daher eher knapp dargelegt, um die Überschau zu erleichtern. Das scheint in einer Zeit der Bücherüberfülle angebracht, auch wenn solche Knappheit Mißverständnisse hervorrufen kann.

Für die Auseinandersetzung des Waldorflehrers mit den hier entwickelten Gedanken schien es notwendig, stellenweise ausführlicher aus dem Werk R. Steiners zu zitieren. Das mag irritieren, vor allem dann, wenn andererseits so ungewöhnliche Begriffe wie z.B. der von der Wirkung des umfassenden Geistig-Seelischen nur skizziert werden. Eine solche Skizze bleibt für den, der sie versucht, immer unbefriedigend, weil sie eigentlich nach weiterer Ergänzung und Vertiefung verlangt. Damit hätte aber die Darstellung einen ganz anderen Charakter angenommen und sich von dem Anliegen entfernt, Gesichtspunkte für die praktische Pädagogik zu geben. Ob ein Mittelweg zwischen begrifflicher Klärung und praktischer Anwendung gefunden wurde, muß der Leser entscheiden.

Meine Ausführungen hätten ihr Ziel bereits erreicht, wenn der Leser fünf grundlegende Gedanken ernsthaft prüfen würde:

– Die Erziehung im dritten Jahrsiebt hat vor allem auf den mit der Pubertät freigewordenen Willen Rücksicht zu nehmen und diesen unter die Verfügbarkeit der Person zu stellen. Auch die richtige Entfaltung der Erkenntnis ist ein Willensproblem.

– Das im Menschen veranlagte Streben nach Totalität (z.B. in der Form lebenslangen Lernens) hat durch die beobachtbare spezielle Fähigkeitsgestalt der einzelnen Menschen unterschiedliche Ausgangspunkte. Damit sind in der Pädagogik auch unterschiedliche Wege zu gehen, um die Spezialisierung der einzelnen Person zu überwinden. Diese Tatsache hat eine Pädagogik des Jugendalters bis in die Schulgestalt hinein zu berücksichtigen.

– Der Rhythmus des Seelenlebens selbst verlangt das Pendeln zwischen den

Polen der Betrachtung (Erkenntnis) und der Gestaltung im praktischen Tun. Darauf hat der Lehrplan Rücksicht zu nehmen.
– Die Behausung des Jugendlichen in den Zeitverhältnissen hat vor retardierenden Zeiterscheinungen nicht zurückzuschrecken. Gerade die Auseinandersetzung des Jugendlichen mit ihnen verlangt deren Begleitung durch den Erwachsenen.
– Die erste Hilfe für die Bewältigung der Pubertätskrise geht von einer zielvoll gestalteten Unterrichtsplanung in den Klassen 6 bis 8 aus. Deren Konzept ist neu zu prüfen und zu ergänzen.

Gerade auch das Versanden der letzten Schulreform zeigt, daß noch so kritisch gefaßte Gedanken, wenn sie nicht das Feuer des Willens ergreifen, nicht wirksam werden. Die Schulreform selbst ist ein Beispiel für das von uns aufgeworfene Problem von Denken und Wollen. In diesem Sinne ist auch das pädagogische Werk R. Steiners «verloren», wenn es nicht in der Erkenntnis und den Taten einzelner Menschen auf sehr individuelle Weise gleichsam «wiedergeboren» wird. Es bleibt demnach nichts anderes übrig, als dafür Zeugnis abzulegen, wie dessen Gedanken in einem selbst innerlich Gestalt gewonnen haben, mag die Adaption und deren Darstellung noch so fragmentarisch, ungelenk, ja bisweilen sogar fehlerhaft sein. Vollzieht sich doch oft die eigene Selbstfindung gerade dadurch, daß man sich von den Unvollkommenheiten anderer abstößt. In diesem Sinne möchte das vorliegende Buch den Leser vor allem zu eigenem Tun und eigener Darstellung anregen.

Beobachtung seelischer Phänomene im Jugendalter

Veränderung des Gefühlslebens

Will man die Phänomene des Jugendalters sich selbst aussprechen lassen, so kann man mit einer Beschreibung der neuen Erlebnisweisen der Jugendlichen beginnen. Gliedert man dabei das Seelenleben in erkennende Tätigkeiten, Empfindungen, Gefühle und Verhaltensformen, so fällt auf, daß die größte Veränderung gegenüber dem kindlichen Erleben im Bereich der Empfindungen und Gefühle stattfindet. Die Gefühle äußern sich plötzlich heftig, elementar. Sie offenbaren eine bislang nicht gekannte Intensität. So füllen sie oft den gesamten Bewußtseinshorizont aus und machen es z.B. dem Gedanken schwer, sich gleichzeitig geltend zu machen. Mit anderen Worten: Die Gefühle beherrschen die Szene der Seele und des Bewußtseins.

Genau so charakteristisch wie die elementare Kraft der Gefühle ist ihr abrupter Wechsel: Zuneigung kann von einem Moment auf den anderen in Antipathie umschlagen, Begeisterung für eine Sache in völliges Desinteresse an ihr. Das Gefühlsleben hat gleichsam einen metereologischen Charakter, es ist «launisch» und daher schwer im voraus zu bestimmen.

Die eigenen Gefühle werden oft ohne jede Rücksicht auf andere Menschen geltend gemacht. Schon im nächsten Moment ist von diesem betonten Darleben der Gefühle nichts mehr zu beobachten. Im Gegenteil: Es herrscht Zurückhaltung, ja Scheu, sich zu offenbaren. Die Gefühle rumoren dann ohne äußere Zeichen im Inneren, gleichsam verdeckt. Die Gefühle pendeln also auch zwischen Darleben und Verstecken, und zwar sehr schnell und ohne Übergang. Es fehlt ihnen eine ordnende Instanz. Das einzig Beständige bei diesem Vorgang scheint der Wechsel zu sein.

Sehnsüchte und Wünsche spielen in diesem Lebensalter eine überragende Rolle. In ihnen verströmt die Sympathie gewissermaßen unbestimmt in die Umwelt. Die konkreten Ziele, auf die sich solche Sehnsucht richtet, sind kaum gedanklich vom Jugendlichen gefaßt. *Es ist die Sehnsucht an sich, welche die Seele erregt.* Man möchte etwas erreichen, von dem man selbst noch nicht weiß, was es ist. Die Hingabe, die in der Sehnsucht lebt, verströmt ziellos. Auch den Jugendlichen selbst irritiert öfters, daß er das Ziel dieser Sehnsucht nur schwer und unvollkommen artikulieren kann. Andererseits ist aber die Sehnsucht so elementar erlebbar, daß dieses Gefühl nicht einfach abgewiesen werden kann. Auch die eigene Lebenslage, aus der die Sehnsucht herausstrebt, ist oft vorstellungsmäßig kaum erfaßt. Bei der Sehnsucht kommt offensichtlich das Unterbewußte ins Spiel. Es treibt die Sehnsucht an. So unbewußt Quelle und Ziel der Sehnsucht für das Bewußtsein auch sein mögen, die Sehnsüchte haben bei jedem Jugendlichen einen besonderen Charakter. Eine vorgeprägte Gestalt ihrer Suchbewegungen wird sichtbar.

Die Begeisterungsfähigkeit kann in diesem Alter groß sein. Das Bild von der verzehrenden Flamme für die Begeisterung dieses Lebensalters ist nicht übertrieben. In ihr zeigt sich wiederum die Geste absoluter Hingabe. Diese Hingabe lebt in der Begeisterung nur für das Objekt, auf das sie sich richtet, sie «vergißt» gleichsam den, der begeistert ist. Dieser geht im Objekt der Begeisterung auf. Die Anlässe der Begeisterung können sehr verschieden sein: große Ideen, Menschen, Mode, Musik, eine bestimmte gesellschaftliche Verhaltensform und tausend andere Dinge, die einem distanzierten Betrachter zum Teil als recht nebensächlich erscheinen. In solcher Begeisterung tritt eine totale Identifikation der Person mit der Sache auf. Hier findet – im Gegensatz zur Sehnsucht – die Gebärde der Hingabe für kurze Zeit ihr fest umrissenes Ziel. Und die Glückseligkeit, die die Momente solcher Identifikation begleiten, lassen das Urteil aufkommen, *daß das Identifikationsstreben und die es ermöglichende Hingabe wesentliche und zentrale Kräfte des Seelenlebens in der Pubertät sind.*

Aber auch charakteristische Abneigungen sind zu beobachten. Menschen, Gedanken, Handlungsangebote aus der Umwelt werden ohne Überlegung so schroff zurückgewiesen, als bestünde zwischen ihnen und dem Jugendlichen keinerlei Affinität, sondern «alteingesessene» Antipathie. Der Jugendliche kann die dabei aufbrechenden Klüfte nicht überbrücken. Auch hier arbeitet sich aus unbewußten Tiefen etwas an die Oberfläche des Seelenlebens, was eine bereits vorgeprägte Gestalt besitzt.

Diese Antipathie ist nicht minder stark als die Sympathie. Sie distanziert den Jugendlichen von der Umwelt und stößt diese gleichsam zurück. Das Selbst zieht sich in sich selbst zurück. Verlassenheit, Einsamkeit sind die Folge. Diese werden im Jugendalter mit besonderer Intensität empfunden, auch jene Unzufriedenheit, die eine mangelnde Sinngebung begleitet. Manchmal steigern sich Unzufriedenheit und Einsamkeit zur Todessehnsucht. Wieder findet der außenstehende, gelassene Beobachter in den Lebensumständen für solche Gefühle kaum «objektive» Anlässe.

Es ist für die pädagogische Praxis wichtig, die Besonderheiten, mit denen sich der Jugendliche äußert, aufmerksam und mit Interesse zu verfolgen, um sich behutsam ein Bild von seiner Eigenart zu machen. Dabei stößt man auf eine weitere generelle Tatsache dieses Lebensalters: die Verletzlichkeit des Seelenlebens. Geringste Weltberührung löst schon intensive Gefühlsantworten aus, auch dann, wenn diese «versteckt» werden, wenn äußerlich etwa ruppig reagiert wird. Das Seelenleben präsentiert sich ohne Abstand zur Welt. Der Jugendliche ist der Welt noch unmittelbar ausgesetzt.

Das Bedürfnis, sich selbst mitzuteilen, das in diesem Lebensalter auch zu beobachten ist, wirft das eigene Selbst mutvoll ins Gespräch. Erlebt man sich selbst doch als etwas Besonderes. Also lohnt es sich, dieses der Welt zu zeigen. Die Sympathie versucht dabei wieder willentlich die Grenze zwischen Selbst und Welt ein Stück weit aufzuheben. Ihr steht aber sofort eine Gegenbewegung gegenüber. Es ist die Scham, die das Selbst verhüllen möchte, die sein Darleben bremst. Die Scham mißt das Besondere der eigenen Persönlichkeit mit einem geheimen Maßstab. In ihr ist gleichsam ein Bild von der zu erstrebenden Vollkommenheit des Menschen wirksam. Gegenüber diesem Bilde ist die erreichte Gestalt des eigenen Charakters unvollkommen. Diese Erfahrung rechtfertigt den Versuch, sich zu verbergen, die eigene Person schamvoll zurückzustellen. Der Jugendliche ist dem Zwiespalt von Ausdruckswillen und Scham ausgesetzt. In diesem Streit keimt das «Gefühlswissen» von der eigenen Verantwortung auf. Verantwortung bildet sich an dem Erlebnis, daß die Person, gleich ob sie sich mit ihrem Ausdruckswillen durchsetzt oder sich in sich selbst zurückzieht, Folgen auslöst. Die Person wird als Quelle des Welteingriffs erfahren.

Die Scham bewirkt Grenzziehungen gegenüber der Welt, der Ausdruckswillen überspringt diese Grenze. Wie aber kommt man zur Sicherheit der Entscheidung, den einen oder anderen Pol zu aktivieren? – Aber auch die andere Frage entsteht: Wann ist der Maßstab der Beurteilung, der bei der Scham offensichtlich wirksam wird, entstanden? Gibt es ein Vorwissen, das zwar nicht im bisherigen Leben erworben ist, aber dennoch wirksam wird?

Eine spezielle Sehnsucht des Jugendlichen ist die nach Welterfahrung. Sie ist bei den meisten Jugendlichen stark und elementar. Mit ihr begibt sich der Jugendliche auf Erfahrungssuche. Dieser Suchbewegung tritt der Zweifel gegenüber. Er eröffnet skeptische Fragen: Lohnt sich der Ausgriff in die Welt?

Was bringt er an Gewinn? Oder liefert der Ausgriff in die Welt nur eine ständige Wiederholung des Gleichen?

Die Sehnsucht nach Welterfahrung und der Zweifel konstituieren wieder ein unaufhörliches Schwanken der Person im Wechselbad der Gefühle. Der Zweifel schärft die Grenze zwischen dem seelischen Binnenraum und der Umwelt, der Weltausgriff überwindet sie. *Man kann durchaus von einem unkontrollierten Aus- und Einatmen der Seele sprechen.*

Die Grundfigur des Gefühlslebens

Die Dramatik, die sich in dieser Seelenlage äußert, wird offensichtlich durch einen neu auftretenden Willensschub ausgelöst. Mit der Pubertät bringt er das Gefühlsleben in Bewegung, verstärkt dessen Intensität, läßt es in ein neues Verhältnis zur eigenen Organisation und Umwelt treten. Dieser aktive Wille läßt die Seele in der Pubertät sich nach zwei Seiten ändern. Zuerst wird ihre Erregbarkeit vergrößert. Sie antwortet auf alles, und sie erfährt jetzt mehr durch die neu erregte Aufmerksamkeit. Vieles, was die kindliche Seele wie selbstverständlich hingenommen hat, tritt neu und auch mit neuer Empfindung begabt in den Horizont des Bewußtseins. Und nur weil auf die gleichsam «alten» Wahrnehmungen mit neuer Empfindsamkeit reagiert wird, entstehen Fragen, die nach Antworten verlangen. Diese Fragen keimen aber aus der neuen Begehrlichkeit nach der Welt und der Unabweislichkeit der an ihr neu erlebten Empfindungen. *Es ist der Wille, der das Tor zur Welt für die Seele öffnet.* Diese Erregbarkeit kann in besonderen Situationen so vehement sein, daß wir den Jugendlichen als schutzlos beziehungsweise «hautlos» charakterisieren müssen. Die Seele wird gleichsam durch diesen Willensschub in die Welt «ausgesetzt». Bei der Verstärkung des Willens, der neue Seelenbewegungen in Gang setzt, tritt eine vorgeprägte bislang unbewußte Seelenschicht in Aktion, die sich zum Beispiel in Vorlieben und Abneigungen äußert.

Die jetzt auftretende Dramatik des Seelenlebens wird durch die Tatsache bestimmt, daß der Jugendliche sich zwischen gegensätzliche Pole geworfen findet. Die Gegensätzlichkeit der Person zur Welt wird nicht nur existentiell erlebt, sondern in ihr muß der Jugendliche auch handelnd eine Balance finden. Im Bereich des Gefühlslebens wird die Seele zwischen Sympathie und Antipathie hin- und hergerissen. Dieser Gegensatz ist aber nur einer von vielen. Das Erleben des Zwiespalts ist durchgängig. Die Ur-Geste dieses Zwiespalts wird in dem mit der Pubertät sich konstituierenden Selbstbewußtsein erfahren. Das Erleben des Selbstes ist nur auf dem Hintergrund möglich, daß dieses sich von allem anderen, was sonst erfahren wird, unterscheidet. Die Polaritäten von Ich und Welt, von Ich und Organisation, von Individuum und Gruppe usw. werden jetzt dem Jugendlichen stürmisch bewußt. Das Bewußtsein ist ein durch und durch zwiespältiges. Es konstituiert sich auf Grund der Ur-Erfahrung der Spaltung. Diese Ur-Erfahrung wird aber nicht nur konstatiert, sondern sie wird auf der Ebene des Gefühls vom Schmerz begleitet. Das Aufwachen zu sich selbst, das auch eine fremde Welt mit in den Erfahrungshorizont einführt, ist schmerzlich. Allein schon diese Tatsache könnte den Beweis dafür abgeben, daß Kräfte im Geistig-Seelischen des Menschen aufgerufen sind, die Kluft zu überwinden. Aber dieses steht vorerst hilflos vor der Wucht der generellen Spaltung.

Dem Hin- und Hergerissensein zwischen den Polen fehlt noch jedes Maß. Man hat eine gleichsam völlig ungeordnete Atmung der Seele vor sich. Diese Atmung hat keinen ausbalancierten Rhythmus, sie ist jeweils von einem der beiden Pole vorrangig angezogen. Man stelle sich vor, daß ein Mensch in diesem Rhythmus wirklich atmen müßte – sein Leben wäre gefährdet. Auch das Seelenleben kann nur in einem einigermaßen ausgewogenen Atemrhythmus gedeihen. Ebenso braucht das Ich zu seiner Behauptung im Seelenleben einen beherrschten Rhythmus zwischen den Polen der Sympathie und Antipathie. Damit ist gleichzeitig eine erste pädagogische Maxime für das Jugendalter formuliert. *Pädagogik wird das Ziel verfolgen müssen, aktiv diese Balance herstellen zu helfen, damit das Ich sich im Seelenleben befestigen kann.* (Siehe hierzu im folgenden ausführlicher S. 112 ff.) In der Beobachtung der Gefühlspolaritäten kann dem Betrachter aber deutlich werden, daß diese Atemregulierung darüber entscheidet, ob sich das Ich im Seelenleben so behausen kann, daß es die Herrschaft gewinnt. Die Seelenkraft Antipathie wird zur Grenzziehung zwischen Person und Umwelt benutzt. Mit ihr wird der Innenraum gesichert. Die Sympathie überwindet diese Grenze in immer neuen Anläufen. Sie versucht die Weltverbindung der Person aufrechtzuerhalten, ja zu intensivieren. Beide Seelengesten müssen vom Ich ergriffen und reguliert werden.

Allgemeine Liebefähigkeit und Sexualität

Als besonders charakteristisch für die Pubertät wird allgemein das Erwachen der Liebefähigkeit angesehen.

Von einigen Kommentatoren des Jugendalters wird Fortpflanzungs- und Liebefähigkeit gleichgesetzt. Daß die fortschreitende, keinesfalls zur Zeit der Pubertät endgültig abgeschlossene Reifung der menschlichen Organisation erst die Fortpflanzung ermöglicht, ist eine Tatsache. Der belebte Organismus kann jetzt etwas, was er vorher nicht konnte. In der Tierwelt wird die sexuelle Reife auch sofort genützt. Die Organisation belehrt das Tier, wie es sich verhalten soll. Beim Menschen erscheint die Sachlage verwickelter. Die Reifung veranlaßt keineswegs einen sofortigen «natürlichen» Gebrauch der Organisation. *Die Organisation wird mit der Pubertät vielmehr genauso distanziert und fremd vom Jugendlichen erlebt wie die übrige Umwelt.* Das neu erworbene Selbstbewußtsein erzeugt zu beiden – Organisation *und* Umwelt – eine gewisse Distanz. Es identifiziert seinen Träger keineswegs mit beiden, sondern schafft im Gegenteil eine erlebbare Grenze zwischen ihm und Organisation und Umwelt. Durch diese Tatsache bekommt die Geschlechtsfähigkeit beim Menschen einen besonderen Charakter. Sie ist gegenüber dem Selbstbewußtsein ein «Äußerliches» und wird von der Seele auch als solches erlebt. Dies löst ihr gegenüber sogar häufig ein leises Befremden und keine selbstverständliche Identifikation aus.

Liebefähigkeit entsteht aber gleichzeitig auch als rein seelisches Phänomen. Auch der Entstehungsort dieser Liebefähigkeit in den Kräften der Seele kann unmittelbar erlebt werden. Es ist die Sympathieseite der Seele, die bei der Liebe tätig wird. Als rein seelisches Phänomen wird sie von der Identifikation mit dem Objekt, auf das sie sich richtet, begleitet. Damit überwindet sie die Grenze zwischen der Person und deren Umwelt. Die Objekte, auf die sie sich richtet, sind vielfältig. Die Liebefähigkeit ist also keineswegs ausschließlich auf das andere Geschlecht begrenzt. Diese Zielrichtung erscheint vielmehr als Spezialfall einer allgemeinen Liebefähigkeit. Wendet sie sich dem fremden Geschlecht zu, ist noch keineswegs ausgemacht, daß dabei die Sexualität ins Spiel kommt. Zumindest ist das nicht zwingend notwendig. Es gibt viele Beispiele dafür, daß die Beziehung der Geschlechter eine rein seelische bleibt.

Ob diese rein seelische Beziehungsebene verlassen wird, scheint stärker von den Zivilisationsgewohnheiten abhängig zu sein als von der neuen Befindlichkeit der leiblichen Organisation. Die Gewohnheiten, die auf diesem

Felde die Kultur beherrschen, bilden für den Jugendlichen einen nicht zu unterschätzenden Faktor der «Orientierung».

Solche Beobachtungen sprechen dagegen, die allgemeine Liebefähigkeit aus der körperbedingten Sexualität abzuleiten. Daß beide Phänomene in der Entwicklung gleichzeitig auftreten, sagt noch nicht, daß sie im Sinne von Ursache und Wirkung zusammenspielen. Ebensowenig wäre es berechtigt, die Sexualität als Folge der allgemeinen Liebefähigkeit zu bestimmen. Tritt doch zum Beispiel die Zeugungsfähigkeit beim Tier auf, ohne von der allgemeinen Liebefähigkeit begleitet zu sein. Bildet man die Vorstellung, daß das individuell Seelische bis zur Zeit der Pubertät vorwiegend im physischen Leibe und dessen Lebensprozessen wirkt und erst mit der Pubertät zur Wirksamkeit im Bereich seiner selbst kommt, gewinnt man eine für die Erziehung durchaus praktikable Orientierung (siehe 3. Kapitel).

Die Sexualität erscheint dann als ein besonderer Abschluß der leiblichen Gestaltungstätigkeit des Seelischen in der belebten physischen Organisation. Mit dem Ereignis der jetzt möglichen Fortpflanzungsfähigkeit emanzipiert sich ein Teil dieser Gestaltungskräfte vom Wirken im Leibe und kann zu rein seelischen Gestaltungen fortschreiten. Diese sind nicht im gleichen Sinne zielgebunden wie der Lebensprozeß der Fortpflanzung, der auf die Erhaltung der Art abzielt. *Die allgemeine Liebefähigkeit ist gestaltungsoffen.* Die Liebefähigkeit ist nicht einmal wie die Erhaltung der Art naturhaft gesichert. Die Liebefähigkeit kann verkommen, das heißt sterben. Alle Zielvorgaben der seelischen Gestaltungsprozesse werden von der Pubertät ab auch durch das individuelle Urteil begleitet. So wechseln auch die Objekte der Hingabe im Laufe des Lebens.

Mit dieser Auffassung ergibt sich eine Bestimmung der Sexualität. *Die Sexualität erscheint als ein Spezialfall der allgemeinen Menschenliebe.* Damit ist noch keineswegs gesagt, daß die praktischen Lebensverhältnisse zwischen Sexualität und allgemeiner Menschenliebe im Sinne dieser Auffassung geordnet wären. Gerade weil sie es nicht sind, entsteht eine pädagogisch zu meisternde Aufgabe. Sie besteht darin, der erwachten und bewußt gewordenen Liebefähigkeit Ziele anzubieten. Ein umfassendes Weltinteresse zu erwecken ist ein solch umfassendes Ziel.

Nachzutragen ist, daß auch der Fähigkeit zur allgemeinen Menschenliebe eine polare Fähigkeit gegenübersteht. Es ist der Haß gegenüber Dingen und Menschen, die Verweigerung, mit ihnen in eine Beziehung zu treten, es sei denn eine zerstörerische. Denn der Haß hat durchaus die Tendenz, sein Objekt nicht nur zu negieren, sondern auch zu zerstören. Das Verlangen nach solcher Zerstörung gibt jedem unbefangenen Betrachter ein Rätsel auf. Denn auch dem Hassenden kann durch eine verhältnismäßig einfache Überlegung klar sein, daß die eigene Existenz mit jener, die Objekt seines Hasses geworden ist, verbunden ist, daß ihre Schädigung auch der eigenen Person Schaden zufügt.

Das Eigenartige des Phänomens ist, daß jede Überlegung, so auch diese, von der Wucht des Hasses überrollt und damit zum Schweigen gebracht wird. Wir beobachten beim Haß eine Isolation des Gefühls von jeder objektiven Erkenntnis, gleichsam ein Auseinanderfallen von Denken und Gefühl, das in der Folge unheilvolle menschliche Vereinseitigung bewirkt. Diese Isolation wird, subjektiv betrachtet, vom Hassenden sogar noch genossen. Der Genuß gründet hier auf dem Vermögen, die uns umgebende Welt auch ablehnen zu können, sich aus ihr willentlich herauszusondern.

In der allgemeinen Menschenliebe und im isolierenden Haß gewinnen die seelischen Grundkräfte von Sympathie und Antipathie ihre extremsten gefühlsmäßigen Ausgestaltungen. Sie geben damit auch einen deutlichen Hinweis auf die Dynamik des Seelenlebens zwischen polaren Gestaltungsmöglichkeiten. Die Offenheit der seelischen Entwicklung nach der Sympathie- wie nach der Antipathieseite der Seele wird erlebbar. Welche Richtung sie nimmt, ist nicht vorgegeben. Gleichwohl treffen wir Jugendliche, die mehr zu dem einen oder zu dem anderen Seelenpol hinneigen. Aus dem Gattungswesen ist diese Tatsache nicht zu erklären, weil es beide Möglichkeiten anbietet. Das individuelle Seelische baut demnach mit dem «Material» der Gattung erst eine unverwechselbar eigene Gestalt auf.

Veränderungen beim Erkennen

Die Handhabung von Verstand und Vernunft kündigt sich schon in der Vorpubertät an. Mit der Pubertät wird sie willentlich verstärkt. Der sehr persönliche Wunsch lebt plötzlich auf, nur eigenen Erkenntnissen zu vertrauen und folgen zu wollen. Fremde Urteile, vor allem die der Erwachsenen, werden erst einmal mißtrauisch beobachtet. Am liebsten möchte der Jugendliche sie negieren, weil sie ihn bei seiner eigenen Urteilsfindung irritieren. Er möchte, ganz auf sich selbst gestellt, denkend der Welt begegnen. Dieser neu aufkeimende Wille zur Selbständigkeit in der Erkenntnis zeigt sich besonders auffällig in der fast hemmungslosen Tätigkeit des Schlüsseziehens. Was wird in diesem Lebensabschnitt nicht alles experimentell gedanklich miteinander verknüpft! Und das geschieht mit Lust, denn solche Tätigkeit vermittelt den Eindruck einer gewissen Unabhängigkeit. Und gerade diese wird offensichtlich gesucht.

Auch die Frage wird neu entdeckt. Es gibt keine Erfahrung, die vom Jugendlichen nicht befragt würde, auch dann, wenn er die Frage nicht artikuliert. Auch schweigsame Jugendliche sind voller Fragen. Die Unbefangenheit jugendlicher Fragen ist meist erfrischend. Sind diese Fragen doch noch unbelastet von der Skepsis eines fortgeschrittenen Erkenntnislebens, das auch schon Niederlagen einstecken mußte. Unbekümmert stoßen diese Fragen vor. Doch keineswegs immer. Es gibt auch Fragen, die gleichsam verdeckt gestellt werden, die scheu besonnen werden. Daneben werden andere wieder wie ein Spiel gehandhabt. Aber die meisten Fragen der Jugendlichen sind ernst und existentiell. *Die Fragen-Würfe ähneln den Würfen der Phantasie, die alle Konvention sprengen.* Durchaus Ungewöhnliches will fragend erkannt werden. Manchmal wird zwar nur gefragt, um den Erwachsenen zu prüfen oder gar zu irritieren, aber das sind nur Nebenbewegungen des aufbrechenden elementaren Fragebedürfnisses.

Die Fragen der Jugendlichen haben zwei Quellorte. Der eine ist die subjektive Grenze, an der der Jugendliche mit seinem noch ungeübten Urteilen aufläuft. Das Anstoßen an dieser Grenze wird beim Jugendlichen noch von viel intensiveren Gefühlen begleitet als später beim Erwachsenen. Der Jugendliche schlägt sich mit seinen Grenzfragen recht eindringlich herum, sie beschäftigen ihn sehr.

Es gibt noch einen anderen Quellort der Fragen, der für den Beobachter viel schwerer auszumachen ist als der erste. Diese Fragen entstehen nicht in der Auseinandersetzung mit der Außenwelt. Sie steigen gleichsam aus dem Dunkel des unbewußten Seelenlebens auf, und sie sind umfassend. Es sind jene existentiellen Fragen, die jeden Menschen ein Leben lang begleiten, ohne eine abgeschlossene Antwort zu erfahren, etwa die nach dem Sinn des Lebens und Schicksals.

In diesen Fragen – die paradoxe Formulierung sei erlaubt – erleben wir einen Jugendlichen, der sich bereits wie ein «Erwachsener» gibt. Hört man sich auf diese Fragen ein, das heißt entkleidet man sie ihrer oft unbeholfenen Formulierung, wird der Jugendliche zum Partner. Der Altersunterschied zwischen Jugendlichem und Erzieher wird dann in gewisser Weise unbedeutend. Und es kann im Erwachsenen die Frage auftauchen: «Wer spricht da eigentlich? Ist es nicht ein völlig anderer als der, den ich bisher als Kind vor mir hatte? Woher ist seine neue Verfassung plötzlich aufgetaucht?» Wieder kommen wir mit dieser Beobachtung dem individuellen Seelischen auf die Spur.

Man kann besonders am Erkenntnisverhalten der Jugendlichen etwas ablesen, was die Pubertät allgemein in allen ihren Erscheinungsformen charakterisiert. *Die Pubertät ist keine Entwicklungsphase, in der sich Seelenvorgänge konsolidieren, in der sie in eine Form gerinnen.* Das Gegenteil ist der Fall. Da die willentliche Bewegung dominiert, setzt sie Bestehendes außer Kraft (z.B. das alte Autoritätsverhältnis), stellt anderes in Frage (z.B. das Verhältnis zu den Eltern und allen Mitmenschen). Sie ist eine völlig unabgeschlossene Suchbewegung, die Überraschungen einschließt. Festgewordene Verhältnisse werden verflüssigt, in Bewegung gebracht, ja aufgelöst. Gerade in dieser Suchgeste ist der Wille zu beobachten, der die Formkräfte des Erkenntnislebens, wie sie sich zum Beispiel in der festumrissenen Vorstellung darleben, überwiegt. Die Suchbewegung befriedigt den Jugendlichen nur dann, wenn sie auch die ungewöhnlichsten Verbindungsmöglichkeiten der Begriffe abwägend abgeschritten hat. Die alte Formen auflösende Willensseite der Pubertät hat Goethe wohl im Auge, wenn er für jeden Menschen wiederholte Pubertäten fordert. In diesem Sinne ist ihm die «Pubertät» ein Garant für Entwicklung schlechthin.

Dieses Phänomen läßt ein weiteres elementares Bedürfnis des Jugendlichen deutlich werden: Er strebt danach, weite Zusammenhänge zu durchschauen, er will sich im Großen betätigen, keineswegs aber verschwommen und nebulos. Das kritische Verhalten, das dieses Lebensalter kennzeichnet, verlangt vom Partner durchaus die gedankliche Rechtfertigung eines Zusammenhangs im Detail. Diese Rechtfertigung muß exemplarisch überall da, wo sie vom Jugendlichen verlangt wird, beim Lehrer parat sein. Doch sie interessiert nur insofern, als sie «Sicherheit verspricht». *Das wirkliche Interesse zielt auf das Große.* Sind doch nur von dort her Gesichtspunkte zu gewinnen, die auch die erwähnten existentiellen Lebensfragen der Jugendlichen lösen helfen.

Der «Erwachsene» im Jugendlichen scheint in die Welt geworfen, ohne daß er schon im Besitze passender Instrumente wäre, die es ihm erlaubten, Klarheit über die Welt zu gewinnen. Aber in seinen Fragen zeigt sich bereits, wo die Ziele für sein künftiges Erkenntnisbedürfnis liegen. Verfolgt man mit Interesse diese «Spur» des jugendlichen Erkenntnislebens, kann der Erwachsene vom Jugendlichen viel lernen. Denn diese Spur führt zu den Intentionen der nachfolgenden Generation, die ernst genommen werden sollten. Öfters finden sie nur eine vage Formulierung, manchmal überhaupt keine. Rudolf Steiner weist auf die «latenten», also unausgesprochenen Fragen hin, die der Lehrer dem Schüler auch zu beantworten habe. Gerade wenn solche Fragen unausgesprochen bleiben, «rumoren» sie im Seelenleben, das heißt sie setzen Gefühle, Wünsche, Sehnsüchte, Emotionen in Gang, für die der Jugendliche eine Antworthilfe braucht. Konkret helfen kann aber der Lehrer nur, wenn er, um im Bilde zu bleiben, auf «Spurensuche» nach solch latenten Fragen geht und nicht nur allgemein weiß, daß es «latente» Fragen gibt. *Das verlangt von ihm großes und intimes Interesse für jeden einzelnen Jugendlichen.*

Das Erkenntnisleben dieses Lebensalters steht also unter Vorzeichen, die kaum bewältigbar erscheinen. Dem Drang nach Selbständigkeit stehen ein noch ungeschultes Wahrnehmen und Denken gegenüber, welche die sachgemäße Beurteilung der Erscheinungswelt behindern, und ein Verlangen, alle Fragen und Probleme zugleich zu bewältigen. Dadurch bekommt das Erkenntnisleben des Jugendlichen oft eine sanguinisch-zersplitterte Note. Die formulierten oder «latenten» Lebensfragen verlangen dagegen zu ihrer Beantwortung eine ruhige, souveräne Überschau, die der Jugendliche selbsttätig vorerst gar nicht erreicht; nur von dem Erwachsenen kann sie ihm angeboten werden. Die Annahme dieses Angebots aber setzt Vertrauen zwischen dem Jugendlichen und dem Erwachsenen voraus.

Dieser widersprüchlichen Figur jugendlichen Erkenntnisstrebens kann wohl nur durch den Kunstgriff beigekommen werden, daß dort, wo Selbständigkeit möglich erscheint, diese dem Jugendlichen nicht nur gewährt, sondern geradezu von ihm gefordert wird. Nur im Erleben solcher Herausforderungen kann das Vertrauen keimen, den Antworten der Erwachsenen auf umfassende Lebensfragen überhaupt erst einmal zuzuhören. Denn der Jugendliche erlebt an solchen Herausforderungen, daß er als Partner ernst genommen wird. Eine weitere Voraussetzung dafür ist, daß Antworten völlig undogmatisch, also im wirklichen Sinne freilassend sind. Das erfordert vom Lehrer ein hohes Maß an Souveränität. Von da aus kann man verstehen, daß Rudolf Steiner immer wieder darauf hinwies, daß der Lehrer sich in diesem Lebensalter keine «Blöße» im Unterricht leisten dürfe, die an seiner Souveränität Zweifel aufkommen ließe.

Der Erwachsene führt in diesem Lebensalter also mit dem Jugendlichen zwei völlig verschiedene «Gespräche». In dem einen weist er den Jugendlichen auf sich selbst zurück. Er sagt dem Sinne nach: «Das kannst Du selbständig erarbeiten!» Er gibt ihm höchstens Anregung, wie er vorgehen könnte, um das Ziel zu erreichen. *Damit fordert er den Willen zur Selbständigkeit bewußt heraus,* nimmt dem Jugendlichen die Arbeit nicht ab. Er steht nur bereit, bei scheinbar unübersteigbaren Klippen oder gar bei völligem Scheitern zu helfen. In diesem Gespräch sollte bei dem Schüler das Gefühl entstehen: Der Erwachsene läßt mich frei, aber er läßt mich nicht allein, er begleitet mit Interesse meine Arbeit, und er vertraut auf meine Selbständigkeit. Der Jugendliche kann in dieser Form des Gesprächs seine Erkenntniskräfte üben, ihnen Gestalt geben. In ihr erfährt der sanguinische Charakter des jugendlichen Erkenntnisstrebens eine gewisse Beruhigung. Der Jugendliche muß lernen auszugrenzen, was nicht zum Thema gehört, er muß innerhalb gesetzter Grenzen eine Form finden, gedankliche Zusammenhänge überschaubar hervortreten zu lassen.

In der zweiten Gesprächsform stellt der Erwachsene dar, aber so, daß er sich des Urteils enthält. Die die Darstellung leitenden Zusammenhänge sollten idealerweise durch die dargestellten Fakten «ins Auge springen». Das erfordert eine gezielte und überlegte Vorbereitung, eine gründliche Verarbeitung des Stoffes und eine souveräne Auswahl. Mit dieser Gesprächsform können erste Antworten auf die latenten bzw. existentiellen Fragen der Jugendlichen gegeben werden. Auch hier wird die Selbständigkeit des Jugendlichen streng und taktvoll beachtet.

Wir werden den Willenseinschlag im Erkenntnisleben der Jugendlichen im Kapitel über die Entstehung des Selbstbewußtseins noch detaillierter verfolgen. Hier sei nur schon darauf verwiesen, daß das willentliche Begehren nach Neuorientierung des Seelenlebens schon in der Vorpubertät wirksam wird. Und die Erfahrung dieses Begehrens setzt auf der Ebene des Erkenntnislebens bzw. des Bewußtseins ein. Ein neu sich bildendes Bewußtsein schafft sogar erst jene neue Erfahrungsform für das jugendliche Erleben, die wir hier zu beschreiben versuchen. Mit dieser Tatsache gewinnen die Vorpubertät und natürlich auch die auf sie antwortenden pädagogischen Maßnahmen unser besonderes Interesse, ein Thema, das wir im letzten Teil dieser Schrift ausführlich abhandeln.

Wie verhält sich der Jugendliche?

Auf der Ebene des Verhaltens erleben wir bei den Jugendlichen die gleiche Sprunghaftigkeit, die wir schon im Gefühls- und Denkbereich beobachtet haben. Die Jugendlichen vollziehen einen permanenten Rollenwechsel. Manche Rollen werden von ihnen mit Leichtigkeit adaptiert und ausgekostet. Es macht ihnen Spaß, sich wie dieser oder jener zu verhalten, diese oder jene Mode «vorzuführen». Die Probebühne zur verfremdeten Selbstdarstellung ist eröffnet, die Jugendlichen nutzen sie. Und sie vergessen auch hier das Stichwort nicht: Das Beständige sei der Wechsel!

Auch menschliche Beziehungen werden in diesem Sinne «flüchtig» eingegangen. Das sagt nichts über deren Intensität aus. Sie kann trotzdem groß sein. Der Jugendliche verkündet zum Beispiel, daß er den Freund oder die Freundin fürs Leben gefunden habe. Und es ist ihm ernst mit dieser Ankündigung, weil das Interesse im Moment ausschließlich auf diesen Menschen gerichtet ist. Schon geringe Anlässe können jedoch in der Beziehung eine nachhaltige Irritation hervorrufen, die unter Umständen das Verhältnis jäh beendet. Man eröffnet dann schnell das nächste «soziale» Experiment. *Die auf der Gefühlsebene beobachtbare Polarität von Sympathie und Antipathie beeinflußt die Verhaltensebene stark.* Bald bewirkt sie ein extrovertiertes, dann plötzlich wieder ein introvertiertes Verhalten.

Es gibt Jugendliche, welche die Schaubühne gern benutzen. Anderen ist sie geradezu verhaßt. Wenn die letzteren es vermeiden könnten, würden sie überhaupt nicht im Leben «auftreten», bestenfalls in einer Nische, an deren Wänden sie sich mit beiden Händen festhalten können. Die Aktivität, die beim Spieler in die Darstellung der Rolle geschickt wird, ergießt sich bei ihnen in die intensive Beobachtung der eigenen Empfindung. Auf «leiseste» Eindrücke antworten sie mit großer Intensität. Der zweite Typus ist mit dem Erleben der Eindrücke vollauf beschäftigt. Äußerlich lebt er dagegen unauffällig, zurückgezogen. Die Aktionen nach außen sind bei ihm oft unbeholfen, ja ängstlich. Er «klebt» an einmal eingegangenen sozialen Verbindungen. Werden sie vom Partner gelöst, ruft das bei ihm tiefe Verletzungen hervor, die sogar in Verzweiflung münden können. Das Einleben in die soziale Umwelt macht ihm Mühe, ist voller wirklicher und scheinbarer Hindernisse. Es ist offenkundig, daß sich in diesen beiden Verhaltensweisen unterschiedliche Empfindungs- und Erkenntnislagen der Jugendlichen äußern. In beiden Fällen aber hat das Selbstbewußtsein noch nicht jene Sicherung erfahren, daß es von innen her das eigene Verhalten absichtsvoll bestimmen könnte. Der eine Typus «löst» das Problem, indem er experimentiert, der andere zuckt mit einer gewissen Berührungsangst vor der fremden Welt zurück. Das eine Verhalten zeigt äußerlich einen sanguinischen Charakter, das andere einen melancholischen. Doch sind beide Verhaltensweisen nicht durch das individuelle Temperament bestimmt, sie werden höchstens durch die individuelle Temperamentslage verstärkt. Vielmehr regieren Sympathie und Antipathie diese zwei typischen Verhaltensgesten der Jugendlichen. Das bisweilen extreme Öffnen gegenüber den Welterscheinungen und das Verschließen ihnen gegenüber kennzeichnen allgemein das Jugendalter.

Interessant ist, daß diese Verhaltensgesten oft jenen derselben Kinder vor der Pubertät total widersprechen. Kinder, die sich bislang unbekümmert der Welt öffneten, verschließen sich plötzlich mit der Pubertät vor ihr – und umgekehrt. Offensichtlich erhält das Seelenleben mit der Pubertät auch auf der Verhaltensebene einen ganz neuen Einschlag. Manchmal werden die Verhaltensweisen beim Umschwung der Pubertät sogar aggressiv. Eine Verwandlung, die mit höchster pädagogischer Sorgfalt zu begleiten ist!

In der Aggression äußern sich beobachtbar ungezügelte Emotionen. Eine ihrer Begleiterscheinungen ist die Brutalität, mit der andere Menschen unterjocht werden. Das geschieht physisch wie seelisch. Charakteristisch dabei ist, daß diese «Herrschaft» über andere lustvoll genossen wird. Eine derartige Brutalität kann sowohl bei intelligenten Kindern auftreten als auch bei solchen, die intellektuell dumpf sind. Der Jugendliche tut nur das, wozu er Lust hat, andere Tätigkeiten lehnt er ab. Wird diese Ablehnung nicht akzeptiert, rebelliert er, ja es kann sogar zu tätlichen Angriffen gegenüber Kameraden oder Erwachsenen kommen. Die aggressiven Verhaltensweisen sind sozial mehr oder weniger blind. Egoismus agiert ungehemmt. Die körpergebundene Triebnatur herrscht. Die Lösung des Seelischen aus den Bestimmungen des Leibes durch Erziehung ist nicht geglückt. Der neue Akteur, der bei unseren bisherigen Betrachtungen der Phänomene des Jugendalters immer – wenn auch sehr fein – in das Beobachtungsfeld trat, ist bei dieser Verhaltensweise nicht zu finden. Offensichtlich tritt das Ich hilflos zurück. Es besitzt nicht die Kraft, sich gegenüber dem Ansturm der Organisation geltend zu machen, es wird in der Aggression überspielt: eine bedenkliche Situation, die auch jedes Lernen verstellt. Wer nur dem folgt, was ihm Lust bereitet, verliert auch zunehmend das Interesse an der Welt. Zumindest wird das Weltinteresse eingeschränkt und dadurch jedes Erkenntnisstreben behindert. Der Wille findet keine Brücke zur Welt, von der für ihn eine sachgemäße Orientierung des eigenen Verhaltens ausgehen könnte. Das Phänomen der Aggression ist insofern generell interessant, als es die Möglichkeit einseitiger Intensität des mit der Pubertät aufsprießenden Willens offenlegt und damit eine der vielen möglichen Pubertätskrisen zeigt.

Beobachten wir ein gegensätzliches Verhaltensbild: die Geduld. Mit ihrer Hilfe wird einer Sache «auf den Grund» gegangen. Die Seele öffnet sich gelassen gegenüber der Welt, diese wird ruhig «erschlossen». Geduld ist sympathiegeprägt. Sie überwindet die immer wieder bei der Arbeit sich einstellende Unlust. Auch bei der Geduld ist eine große Intensität des Willens am Werke. Nur wird hier der Wille von der Person bewußt gerichtet und auf ein Ziel bezogen. Er ist insofern «verinnerlicht», als er getreu einem Motiv folgt, das der Jugendliche sich selbst gesetzt hat. Der heimliche Akteur betritt bei der Geduld die Bühne des Seelenlebens. Er hat in dem sachgemäßen Urteil seine Stütze. Aus der bisher geschilderten Seelenlage des Jugendlichen kann man nicht schließen, daß Geduld gerade zu jenen Verhaltensweisen gehört, die das Jugendalter auszeichnen. Es fällt dem Jugendlichen schwer, sie aufzubringen, sich gegenüber Ablenkungen souverän zu erweisen. Aber der Jugendliche erreicht dies erstaunlicherweise dort, wo er energisch eine Sache in den Mittelpunkt seines Interesses rückt. Geduld keimt aus großem Sachinteresse.

Mit einem gewissen Recht kann man das Jugendalter als eine sanguinische Lebensphase bezeichnen. Denn das Seelenleben äußert sich vorerst in kurzfristigem Interesse an unzähligen Objekten. Der schärfere Beobachter findet aber hinter dieser sanguinischen Verhaltensgeste auch eine unverkennbar melancholische Grundstimmung. Diese kann bei einzelnen Jugendlichen so beherrschend werden, daß die sanguinische Seelengeste völlig zurücktritt. Sie finden dann nur schwer eine Behausung in der Welt. Was sie von dieser erfahren, entspricht offensichtlich in keiner Weise ihren so rätselvoll gesetzten Ansprüchen. Die Welterfahrungen verletzen sie, sie leiden an den vorgefundenen Verhältnissen der Welt. Diese Jugendlichen fordern von ihrer Umwelt eine hohe Moralität. Sie meinen, daß nach ihr das gesamte soziale Leben moralisch gestaltet sein müßte. Mit diesem Anspruch werden sie zu scharfen Zeitkritikern. Die Identifikation mit dieser Vorgabe ist gedanklich so stark und beherrschend, daß sie gar nicht bemerken, wie sie selbst keineswegs durchgängig nach ihren eigenen Maximen leben.

Für diejenigen, die sich des Zwiespalts bewußt werden, vertieft diese Erfahrung die melancholische Grundstimmung von der generellen Unzulänglichkeit der Welt und ihrer Menschen. Auch hier ist die Meßlatte des Urteils

– und das ist ungemein interessant – nicht das Resultat einer detailliert geführten Auseinandersetzung mit der Welt. Zu einer solchen sind die Jugendlichen noch gar nicht gekommen. Und doch treten die Jugendlichen der Welt mit strengen Urteilen entgegen und vertreten sie mit verblüffender Sicherheit. Es erstaunen Schärfe und Absolutheit, mit der solche «Urteile» vorgetragen werden. Inhaltlich sind diese Urteile keineswegs abwegig. Einseitig, überspitzt, unausgewogen formuliert sind sie, aber sie können nicht als blanke Fehlurteile abgetan werden. Entkleidet man sie ihrer ungeschickten Vortragsform, so findet man die Kritik mehr oder weniger berechtigt. Man steht vor der überraschenden Tatsache, daß die Jugendlichen ohne eine profunde Auseinandersetzung mit der Sache zu Urteilen kommen, die ernst genommen werden können. Wie sind diese Urteile entstanden? Diese Frage wird selten gestellt. Man wird feststellen, daß man im gleichen Alter ähnlich geurteilt hat und damals auch keine Zweifel an der Richtigkeit solchen Urteilens aufkamen.

Wie entsteht die melancholische Grundstimmung, aus der solche Urteile auftauchen? Um dies zu klären, verfolgen wir diese «Melancholie» noch einmal bei dem Symptom der Sehnsucht. Der Sehnsuchtsvolle schaut vor allem nach innen, in seine eigene Seele. Dort gewinnt er Bilder, meist sehr eindrückliche. Der Sehnsuchtsvolle neigt also zum Träumen. Er lebt in den Bildern, die aus der Seele aufsteigen. Rechenschaft darüber, woher sie kommen, legt er sich nicht ab. Damit überläßt er sich weitgehend dem Unbewußten und läßt dieses ihn führen. Das Unbewußte äußert sich u.a. im sehnsuchtsvollen Begehren, also im Willen.

Solch ein unbewußter Wille wirkt öfter im Menschen. Er führt ihn zum Beispiel auch an jene Orte, an denen Begegnungen stattfinden, die für sein Schicksal wichtig werden, seine individuelle Entwicklung hemmen oder fördern. Viele Lebensschritte werden ohne bewußte Reflexion getan. Dieser «dunkle Wille» kann jedoch jeden auch verführen. Die Sehnsüchte, mit Aufmerksamkeit geprüft, zeigen ein Doppelgesicht: Auf der einen Seite heben sie manchmal wichtigste persönliche Intentionen in ein halb träumendes Bewußtsein, auf der anderen Seite gerät der Mensch durch sie in Verstrikkungen.

Die vorläufige generelle Fremdheit der Welt stößt den Jugendlichen immer wieder zurück in das innere Wogen der Wünsche und Sehnsüchte, in die Zonen nur träumender Selbsterfahrung. Wird deren Dunkel zu stark, zerstreut sich die Seele wieder in die Welt. Bald aber pendelt die Seele wieder in entgegengesetzter Richtung.

Fraglos steigen auch die moralischen Ansprüche – öfters individuell sehr charakteristisch gefärbt – aus den Quellen solch träumender Selbsterfahrung auf. *Der Beobachter stößt hier auf die schon erwähnte Seelenschicht, die zu wissen scheint, bevor der Jugendliche wirklich erkannt hat.* Da diese Äußerungen nicht aus den Resultaten des bisherigen Lebenslaufes zu erklären sind, muß man wohl den Mut haben, sie als Ergebnisse von Erfahrungen anzusehen, die im Vorgeburtlichen liegen. Das mit der Pubertät sich ankündigende individuelle Seelische wird in seinen Wirkungen erfahrbar.

Eines ist, den Gedanken einer individuellen Seele, die unabhängig von Geburt und Tod existiert, zu denken, ein anderes, den Äußerungen dieser individuellen Seele beobachtend und erkennend detailliert nachzuspüren. Das erste Verhalten faßt die individuelle Seele abstrakt. Das zweite erschließt ganz langsam deren konkrete Gestalt. In dieser vorgeprägten Gestalt aber liegen die Gründe für Kraft oder Lässigkeit, für Weltoffenheit oder extreme Verschlossenheit, für unbewältigte Emotionalität oder Reife, kurz für alles, was jetzt mit der Pubertät völlig neu und oft so überraschend am Jugendlichen in Erscheinung tritt.

Das individuelle Seelische aber hat zur Zeit der Pubertät weder ein gesichertes Verhältnis zur Welt noch zur eigenen Organisation. Aus diesem noch ungesicherten Verhältnis werden auch andere Phänomene verständlich: zum Beispiel das Pendeln zwischen den Polen auf allen drei Seelenebenen, der Wechsel zwischen Sanguinik und Melancholie, das unrationelle, gleichsam metereologische Gesamtverhalten. Mit Recht wird daher das Jugendalter als Krise in der Entwicklung charakterisiert. Die Offenheit der Entwicklungsprozesse, die noch nicht festgelegt sind, ist Chance und Gefahr zugleich. Sie birgt auch die Gefahr völlig einseitiger Festlegungen. Andererseits zeigt diese Offenheit energische Suchbewegungen. Die solchermaßen labile Situation der Gestaltfindung fordert die besondere Aufmerksamkeit und Sorgfalt der Erwachsenen.

Die Entstehung des Selbstbewußtseins

Wahrnehmen, Denken, Urteilen

Die Zeit, in der das Selbstbewußtsein entsteht, ist biographisch von außerordentlicher Bedeutung. Der Mensch erfaßt sich mit seiner Hilfe als von der übrigen Welt gesondert. Er tritt als ein Selbst, das heißt als Eigenwesen der Welt bewußt gegenüber. Diese Form des Bewußtseins bestimmt ab der Pubertät dann das gesamte weitere Leben.

Das Selbstbewußtsein konstituiert sich durch drei Elemente: die Wahrnehmungsinhalte, das Denken und das Urteilen. Die Wahrnehmungsinhalte verbinden sich mit den Begriffen des Denkens schnell zu Vorstellungen, welche die «Welt» für das Selbst repräsentieren. Nur mit gesteigerter Aufmerksamkeit können die Vorstellungen in ihre beiden Elemente Wahrnehmung und Begriff «zerlegt» werden. Dann tritt der grundlegende Unterschied zwischen beiden zutage. Die wahrnehmende Tätigkeit, also die Beobachtung, findet die Wahrnehmungsinhalte vor. Sie treten als gegeben in das Bewußtsein ein. Die Begriffe, das zweite Element der Vorstellungen, müssen dagegen erst durch die Denktätigkeit hervorgebracht werden. Sie treten nur dann in den Horizont des Bewußtseins, wenn sie durch das Denken geschaffen worden sind.

Die Wahrnehmungswelt ohne das Denken bleibt für das Selbst ein Rätsel. Es erlebt zwar die Verschiedenheit der Wahrnehmungsinhalte, aber keineswegs deren Zusammenhang. Vor jedem Denken präsentieren sich diese zusammenhanglos und undurchsichtig. Erst die Begriffe schaffen Zusammenhang und klären die Bedeutung der einzelnen Wahrnehmungen. Alle Wahrnehmungen haben z.B. ohne das Denken als bloße Weltäußerung das gleiche Gewicht. Blickt man nur auf die Wahrnehmungen, kann man zu dem Urteil kommen, daß die Welt für den Menschen nur aus einer Fülle sich wandelnder Wahrnehmungen besteht. So interessant diese für den Menschen sind, so schwer kann er in ihnen doch Fuß fassen. Er ist ihrem Wechsel ausgeliefert. Erst durch das Denken ordnet er sie zu einer Struktur, die sie in Objekte gliedert und die die Bedeutung der Einzelwahrnehmung für diese

Objekte klärt. Die Begriffe zeichnen für das menschliche Bewußtsein in die Wahrnehmungswelt erst den Umriß und Zusammenhang der Objekte ein.

Daß Wahrnehmung und Begriff in ihrem Sein garantiert werden, verdanken wir unserer Urteilsfähigkeit. Die geringfügigste wie die bedeutendste experimentelle Verbindung zweier Begriffe muß gleichermaßen vor den Thron des Urteils treten und um Bestätigung bitten. Das Urteilen ist eine absolut souveräne Tätigkeit. Es stellt fest, was ist. Das Urteilen besitzt die souveräne Kraft eines Königs, dessen Dekrete von niemandem anderen als nur von ihm selbst verfaßt werden können und solange gelten, als das Urteilen keine Neuschrift getätigt hat. Das Selbst übt mit dieser Tätigkeit seine Rechte aus. Das Urteilen gebietet über Begriffe wie Wahrnehmungen. Es «setzt», daß eine Wahrnehmung «ist», daß eine Denkbemühung dem Objekt, auf das sie gerichtet wurde, gerecht geworden ist, daß also subjektiv hervorgebrachter Begriff und Weltgesetzlichkeit übereinstimmen oder daß Begriff und Wahrnehmungsinhalt zusammengehören. Das Urteilen selbst bringt keine Begriffe hervor. Es bestätigt aber deren Existenzberechtigung. Es tut dies nicht willkürlich, sondern «einsichtig». Der Denkblick faßt mit Gelassenheit, was berechtigt ist. Das schöpferisch hervorbringende Denken muß seine Resultate immer wieder vor diesem Denkblick rechtfertigen. Auch bezeichnend ist, daß der König sein Reich, nämlich den Horizont des Selbstbewußtseins, erst dann betritt, wenn dieses Reich bereits erschaffen worden ist. Vorher übt der König seine Rechte nicht aus. Beide Aussagen sind gültig: Kein Selbstbewußtsein ohne Urteilen – kein Urteilen ohne Selbstbewußtsein.

Mit dem Selbstbewußtsein betritt der charakterisierte König die Lebensbühne. Vorher hat er im Verborgenen gewirkt, war daher bewußt nicht bestimmbar. Jetzt tritt er ins Rampenlicht, kann in seinen Äußerungen beobachtet und gefaßt werden. Die Souveränität des Ich blitzt auf.

Die selbständige Urteilsfähigkeit erwacht mit der Pubertät. Sie hat dadurch ihren einmaligen Reiz, weil die individuelle Seele mit ihr sich selbst erfassen lernt.

Das urteilende Selbstbewußtsein legt sich darüber Rechenschaft ab, wie jeder Begriff im Denken zustande gekommen ist, wie die denkende Tätigkeit ihn hervorgebracht hat. In diesem Prozeß des Hervorbringens erlebt sich das Selbst als tätig, und nur durch diese Tätigkeit findet es auch zu sich selbst als einer Tatsache, der begründet ein Sein zugeschrieben werden kann. *Die Erfahrung der tätig hervorgebrachten Begriffe ist das bedeutsamste Ereignis dieses Lebensalters.* Der Mensch wird mit Hilfe des urteilenden Denkblicks gewahr, daß alle Erkenntnis von ihm selbst abhängt. Auch wenn er sich dagegen sträubt, erlebt er, daß er in seiner eigenen Entwicklung letztlich auf sich selbst zurückgeworfen ist. Er stößt auf die «bittere» Wahrheit, daß nur er selbst sich helfen kann. Diese Wahrheit ist auf der anderen Seite befriedigend, weil der Jugendliche damit auch seine Leistungen nur sich selbst zu verdanken hat.

In dem Maße, wie das Selbst als tätig erlebt wird, bilden sich auch Erfahrung und Erkenntnis von dem, was nicht zu ihm gehört. Zum Beispiel wird die leibliche Organisation nur als ein Hilfsmittel des Selbstes erlebt. Auch wird bewußt, daß dieses Hilfsmittel Organisation sogar der Tätigkeit des Selbstes Widerstand entgegensetzt. Dadurch wird die relative Fremdheit der Organisation erfahren, auch wenn diese andererseits eng mit dem Selbst verbunden ist. Auch die Seelentätigkeiten, etwa das Denken, sind nur Instrumente dieses Selbstes, und nicht das Selbst.

Insofern Gedanke und Begriff durch das Selbst geschaffen werden, müssen sie erst einmal als rein subjektive Schöpfung bezeichnet werden. Von ihnen steht noch keineswegs fest, ob sie über die dem Subjekt gegenüberstehende Welt etwas aussagen können. Überraschend und wichtig ist dann die Erfahrung, daß die gefundenen Gedankeninhalte durchaus die «fremde Welt» aufklären können. Die Begriffe bringen nicht nur Ordnung in die ohne sie zusammenhanglose Wahrnehmungswelt, sondern der subjektiv produzierte Gedankenzusammenhang wird als jene Gesetzlichkeit erfahren, welche die Welt selbst bestimmt. Der Einwand liegt nahe, daß doch auch unzählige Fehlurteile produziert werden. Wer wollte das leugnen. Dem unterscheidenden Denkblick fehlt dann noch die Schärfe, einen Tatsachenzusammenhang mit dem für ihn notwendigen Licht in allen Details auszuleuchten. Aber das Selbst kann sich auch über solche Fehlentwürfe selbst belehren. Oder es ist dem fremden, korrigierenden Urteil zugänglich, weil dieses die Mängel des eigenen Urteils überzeugend einsichtig macht. Auch solche Korrektur ist der Anstoß für neues selbstgesteuertes Erkennen. Ferner bietet die Anwendung der Urteile im Leben eine Korrekturmöglichkeit. Der aufmerksame Betrachter merkt, daß Fehlurteile bei der praktischen Lebensgestaltung gewissermaßen nicht greifen. Er wird durch das Leben belehrt, seine Erkenntnis zu überprüfen.

Grundlegend wichtig aber ist, daß Urteile wiederum nur durch Urteile revidiert werden können. Das Urteilen bleibt bei seiner Tätigkeit immer im gleichen Medium. Es gilt also den immer weiter zu schärfenden Denkblick zu üben. Es gibt nichts, was ihn ersetzen könnte. Denken und Urteilen sind die einzigen Instrumente, die Aufklärung über die Welt und auch über die eigene Person leisten können. Der Mensch muß sich, will er sich nicht selbst aufgeben, auf die Spitze seines eigenen Urteils stellen.

Lebensbeobachtung zeigt, daß der heutige Mensch das auch will. Auf nichts reagiert er so empfindlich wie auf wirkliche oder vermeintliche Beeinflussung seines eigenen Urteils. Das tut auch schon der Jugendliche mit besonderer Heftigkeit. Auch er will nur Wege gewiesen bekommen, auf denen er durch eigene Anstrengung sein Urteil selbständig ausbilden und auch revidieren kann.

Selbstbewußtsein und Organisation – oder die Schneidung der Wirklichkeit

Die Beobachtung, daß mit den Wahrnehmungen, die gegeben sind, nicht gleichzeitig die zu ihnen gehörigen Begriffe sich im Bewußtsein einstellen, wirft Fragen auf. Die Erfahrung zeigt doch, daß erst Wahrnehmung und der zu ihr gehörige Begriff uns Einsicht in die Welt verschaffen. Erst die Einheit beider läßt uns die Wirklichkeit erkennen. Deshalb kann mit Recht angenommen werden, daß sie auch außerhalb unserer Subjektivität die uns umgebende Welt konstituieren. Warum treten aber dann Wahrnehmung und Begriff getrennt in unserem Bewußtsein auf? Warum müssen sie durch unsere Erkenntnisarbeit erst wieder zusammengefügt werden? Oder anders gewendet: Was bewirkt ihre Trennung, der Schnitt zwischen Wahrnehmung und Begriff, für unser Bewußtsein?

Zu beobachten ist, daß erst mit der Pubertät dieser Schnitt zwischen Wahrnehmung und Begriff in voller Schärfe auftritt. Erst dieser «Ur»-Schnitt schafft offenbar die Tatsache, daß der Jugendliche plötzlich auf ganz neue Weise der Welt gegenübersteht, daß er sie als «fremd» erlebt. Dasselbe tritt gegenüber der leiblichen Organisation des Jugendlichen auf. Orientierungslosigkeit ist vorerst die Folge solchen Erlebens. Aus diesem Urphänomen der Pubertät entstehen unzählige konkrete Fragen der Jugendlichen, mit denen jeder Erzieher konfrontiert ist.

Im 5. Kapitel der *Philosophie der Freiheit*[6] geht Rudolf Steiner auf das Problem dieses Ur-Schnitts ein. Wir wollen, um unseren Gedankengang besser zu verdeutlichen, den Text etwas umgestellt, aber wortgetreu referieren. Zuerst wird der Frage nachgegangen, was sich im Bewußtsein abspielen würde, wenn der charakterisierte Schnitt zwischen Wahrnehmungsinhalt und Begriff nicht erfolgte: «Wäre unser Dasein so mit den Dingen verknüpft, daß jedes Weltgeschehen zugleich *unser* Geschehen wäre, dann gäbe es den Unterschied zwischen uns und den Dingen nicht. Dann aber gäbe es für uns auch keine Einzeldinge. Da ginge alles Geschehen kontinuierlich ineinander über. Der Kosmos wäre eine Einheit und eine in sich beschlossene Ganzheit. Der Strom des Geschehens hätte nirgends eine Unterbrechung.»

Ein solcher Zustand ist durchaus denkbar, ebenso seine Konsequenzen. Die vielleicht wichtigste Konsequenz wäre, daß es in der geschilderten Wirklichkeit keine selbstbewußten Einzelwesen gäbe.

Auf diesem Hintergrund läßt sich besser verstehen, was umgekehrt zur Sonderung des Bewußtseins führt: «Der Mensch ist ein eingeschränktes Wesen. Zunächst ist er ein Wesen unter anderen Wesen. Sein Dasein gehört dem Raum und der Zeit an. Dadurch kann ihm auch immer nur ein beschränkter Teil des gesamten Universums gegeben sein. Dieser beschränkte Teil schließt sich aber ringsherum sowohl zeitlich wie räumlich an ein anderes an.» … «Wegen unserer Beschränkung erscheint uns als Einzelheit, was in Wahrheit nicht Einzelheit ist. Nirgends ist zum Beispiel die Einzelqualität des Rot abgesondert für sich vorhanden. Sie ist allseitig von anderen Qualitäten umgeben, zu denen sie gehört und ohne die sie nicht bestehen könnte. Für uns aber ist es eine Notwendigkeit, gewisse Ausschnitte aus der Welt herauszuheben und sie für sich zu betrachten. Unser Auge kann nur einzelne Farben nacheinander aus einem vielgliedrigen Farbenganzen, unser Verstand nur einzelne Begriffe aus einem zusammenhängenden Begriffssysteme erfassen. Diese Absonderung ist ein subjektiver Akt, bedingt durch den Umstand, daß wir nicht identisch sind mit dem Weltprozeß, sondern ein Wesen unter anderen Wesen.»

Die Ur-Schneidung zwischen Wahrnehmung und Begriff setzt sich also im Wahrnehmungs- und Begriffsfelde für den Menschen fort. Die Tendenz der Teilung erfaßt beide Felder und läßt nur zu, daß Einzelqualitäten oder einzelne Begriffe dem Menschen bewußt werden, nicht aber sofort auch deren wirklichkeitsgemäßer Zusammenhang. Das ist beobachtbar. Der Grund für diese Tatsache wird von Rudolf Steiner in unserer «Beschränkung» gesehen. Diese Beschränkung in Raum und Zeit gilt für das geistige Wesen des Menschen nur insofern, als es sich mit einer leiblichen Organisation verbindet. Diese ist in Zeit und Raum eingegliedert. Die leibliche Organisation bewirkt demnach den Ur-Schnitt zwischen dem menschlichen Selbst und der Wirklichkeit. Sie ist die Quelle seiner Leiden.

Die Erfahrung des Selbstbewußtseins muß unterschieden werden von der Selbstbestimmung durch das Denken. Beim Jugendlichen steht erst einmal die Selbsterfahrung im Vordergrund des Erlebens. Er beginnt erst, die denkende Bestimmung der Umwelt und seiner selbst zu üben. Ihm drängt sich vor allem die Erfahrung der Beschränkung auf. Für ihn gilt vor allem der Satz: «Mein Selbsterfahren schließt mich innerhalb bestimmter Grenzen ein.» Der Folgesatz: «Mein Denken hat nichts zu tun mit diesen Grenzen», muß ihm erst gesicherte Erfahrung werden.

Rudolf Steiner fährt fort: «In diesem Sinne bin ich ein Doppelwesen. Ich bin eingeschlossen in das Gebiet, das ich als das meiner Persönlichkeit wahrnehme, aber ich bin Träger einer Tätigkeit, die von einer höheren Sphäre aus mein begrenztes Dasein bestimmt. Unser Denken ist nicht individuell wie unser Empfinden und Fühlen. Es ist universell. Es enthält ein individuelles Gepräge in jedem einzelnen Menschen nur dadurch, daß es auf sein individuelles Fühlen und Empfinden bezogen ist. Durch diese besonderen Färbungen des universellen Denkens unterscheiden sich die einzelnen Menschen voneinander. Ein Dreieck hat nur einen einzigen Begriff. Für den Inhalt dieses Begriffs ist es gleichgültig, ob ihn der menschliche Bewußtseinsträger A oder B faßt. Er wird aber von jedem der zwei Bewußtseinsträger in individueller Weise erfaßt werden.»

In der Pubertät wird vor allem die Beschränkung und Eingrenzung der menschlichen Doppelnatur erlebt. Diese Erfahrung schiebt sich beim Jugendlichen in den Vordergrund, während die Erfahrung, daß diese Begrenzung tätig überwunden werden kann, bei ihm noch keineswegs Erlebnis ist. Damit ist aus einer neuen Sicht die Krise des Jugendalters beschrieben. *Diese Krise kann vom Jugendlichen nur tätig überwunden werden.* Ohne Tätigkeit bliebe das Erlebnis der Beschränkung vorherrschend.

Vom Denkwillen

Wie wirkt der Wille in den beiden Grundsäulen der Erkenntnis, in Wahrnehmen und Denken? Es muß durch selbständige Übung erfahren werden, daß der Unterschied zwischen dem subjektiven Gedankenprodukt und der objektiven Weltgesetzlichkeit nur folgender ist: In der Welt wirken diese Gesetze seinsbestimmend, im menschlichen Bewußtsein dagegen nicht. Im letzteren treten sie in bildhafter Form auf, der jeder Seinscharakter fehlt.

Sieht man von diesem Unterschied ab, entspricht der subjektiv hervorgebrachte Gedanke dem objektiv in der Welt wirkenden. In der gelungenen Erkenntnis verschmilzt der subjektive Denkakt mit dem objektiv wirkenden Denkinhalt, der in den Dingen lebt. Das Selbst ist dann nicht von diesem weltbestimmenden Zusammenhang grundsätzlich getrennt, sondern es kann sich im Denken mit ihm verbinden. Es bildet mit dem Wesen der Dinge für den Augenblick des Erkennens eine Einheit. Dieser Zustand wird allgemein als Intuition bezeichnet. Er tritt ein, wenn sich dem subjektiven Denkakt der objektive Denkinhalt sachgemäß eingebildet hat. In der gelungenen Intuition hat sich der subjektive Denkakt dem objektiven Denkinhalt so angebildet, daß die Deckung beider erreicht ist.

Das Verhältnis von Denkakt und Denkinhalt kann noch auf andere Weise beschrieben werden. Ohne den Denkwillen, der den Denkakt überhaupt in Bewegung setzt, könnte sich dem Denkakt kein objektiver Denkinhalt einbilden. *Im Bedürfnis nach denkender Erkenntnis lebt sich ein spezielles Begehren dar.* Dieses entfacht die Erkenntnis. Dieser begehrende Wille läßt das unmittelbar sinnenhaft Gegebene hinter sich. Er bleibt nicht resignierend im Dunkel der Wahrnehmungswelt stehen. Er richtet sich auf ein noch unbestimmtes Zukünftiges. Denn der zu suchende Erkenntnisinhalt selbst ist für das Bewußtsein im Denkakt noch nicht gegenwärtig. Er soll erst durch die Befriedigung des Begehrens der Gegenwart eingebildet werden. Der Denkinhalt tritt erst in der abgeschlossenen Intuition in die Gegenwart ein.

Wir beobachten hier eine Zeitbewegung, die allen seelischen Erscheinungen des Begehrens eigen ist. Das Gefühl der Sehnsucht als ein anderes spezielles Begehren zeigt dieselbe Geste. Ob das Ziel der Sehnsucht fest umrissen oder unbestimmt vage ist, es ist auf keinen Fall schon erreicht, sondern kann sich erst zukünftig erfüllen. Auch hier richtet sich das Begehren auf etwas Zukünftiges. Erst mit seiner Erfüllung – also der Befriedigung des Begehrens – tritt das Erstrebte in die Gegenwart. In allen Vorgängen, an denen das Begehren beteiligt ist, richtet sich dieses auf etwas, was noch in der Zukunft liegt, und will es gegenwärtig machen. Ein Aspekt dieses «Stromes», der willentlich aus der Zukunft in die Gegenwart hereingerufen wird, ist die schöpferische, die Gegenwart verändernde Intuition. Die gleichsam «verjüngende» Begehrenskraft findet im Bereich des Denkens ihren signifikanten Ausdruck im Denkakt. Er erweist sich als produktiv. *Ohne Willenstätigkeit würden das Denken und dessen Resultate nicht hervorgebracht.*

Und doch trägt das Begehren im Denken ganz andere Züge als bei anderen Begehrensformen, etwa jener der üblichen Begierden. Diese haben einen festgelegten Charakter. Auch im Erkenntnisbegehren strebt der Mensch selbstverständlich dessen Befriedigung an, ja er ruht nicht, bis diese stattgefunden hat. Trotzdem gibt der Denkwille seiner Tätigkeit das Resultat nicht vor. Im Gegenteil, das Begehren erscheint im Denkakt erfahrungsgemäß selbstlos. Der Denkwille setzt nicht einfach durch, was er im ersten Wurf produziert, sondern er verwandelt seine Produkte ganz den Gegebenheiten der objektiven Ideenwelt an. Das Erkenntnisbegehren ist erst wirklich befriedigt, wenn sich der Denkwille im Denkakt den Weltgedanken so angebildet hat, daß diese und nicht er das Ziel seiner Tätigkeit bestimmen. *Indem das Begehren in die Lichtsphäre des Denkens tritt, verliert es jeden Eigenwillen, wird es freiwillig zum Diener.* Es hat nichts anderes im Sinn, als die Weltgedanken neu, das heißt in der Form des menschlichen Bewußtseins, erscheinen zu lassen.

Auf die Weltbedeutung dieses Vorgangs hat Rudolf Steiner mit einer Frage hingewiesen: «Mit welchem Recht erklärt ihr die Welt fertig ohne das Denken?»[7] Das heißt, im menschlichen Erkenntnisprozeß tritt ein prinzipiell Neues in die Welt, hervorgebracht aus einem Selbstbewußtsein, das sich freiwillig denkend an die Welt hingibt.

Die Begehrungskraft in der Form des Denkwillens ist ein weiteres konstitutives Element des sich darlebenden Selbstbewußtseins. Wir erfahren, wenn auch gleichsam nur an einem Zipfel, daß mit dem tätigen Denkbewußtsein die Liebe in die Welt tritt. Sie ist bei der Konstitution des Bewußtseins in ihrer höchsten Form am Werke. Denn: Ohne die beschriebene Selbstlosigkeit des Begehrens im Denkakt bliebe das menschliche Bewußtsein in der Beschränkung beziehungsweise Gefangenschaft seiner Subjektivität.

Die Vorstellung von den Bildeprozessen im Bewußtseins ist nicht leicht zu fassen. Schwierig erscheint vor allem die Vorstellung eines «Zeitstromes», der sich dem, was wir üblicherweise unter Zeit verstehen, entgegenstellt, der aus der Zukunft in die Gegenwart wirkt. Ihn als «Zeitstrom» zu bezeichnen, scheint einerseits richtig, andererseits falsch. Falsch scheint diese Bezeichnung, weil der Quell dieses gegenläufigen Stromes, die ich-begabte Seele, realiter außerhalb der Zeit liegt. Man kann eigentlich nur sagen, daß ein Überzeitliches in den üblichen Zeitstrom gegenläufig hereinwirkt. Geschieht dies, so erfolgen dessen Wirkungen entgegengesetzt zum üblichen Zeitstrom. Sie heben den Vergangenheitsstrom, der das bisher Erarbeitete für die Zukunft bewahrt, gewissermaßen partiell auf, setzen diesen ein Stück weit außer Kraft. Damit schaffen sie gegenüber dem Fortwirken der Vergangenheitskräfte einen Freiraum, in dem sich Neues verwirklichen und damit auch in den üblichen Zeitstrom «einbilden» kann. Überblickt man den gesamten Vorgang, kann man durchaus von einer zeitlichen Wirkung der Seele sprechen, weil deren Hereinwirken letztlich in der Zeit erfahrbar wird. Der hergestellte Freiraum zeitigt unter anderem das «neue» Selbstbewußtsein.

Beim Menschen greift ein spezifisch gestaltetes Seelisches in die Organisation ein, nämlich ein mit einem Ich begabtes. Deswegen bildet sich beim Menschen im Gegensatz zum Tier nicht nur Bewußtsein aus, sondern Selbstbewußtsein. Das Ich bedient sich also des «seelischen Zeitstromes», um das Selbstbewußtsein zu bilden und Selbstbestimmung einzuleiten. Ja das Ich kann in der Selbsterziehung den «seelischen Zeitstrom» so richten und intensivieren, daß er verstärkt aufweckend wirkt. Dann regelt es auch willentlich die Selbstbestimmung.

Die Verbindung von Begehren als Erkenntnistrieb und Denkwille mit Begriff und Urteil zu beobachten, erweckt eine ungemein wichtige Selbsterfahrung. Sie legt zwei wichtige Tatsachen offen. Das, was im gewöhnlichen Leben als polarer Gegensatz erlebt wird – nämlich Denken und Wollen –, wirkt bei einer Erkenntnis, die nach Wahrheit strebt, zusammen. Man kann daher sachgemäß von einem Willen im Denken sprechen. Und: Der Wille begibt sich im Denken jeder subjektiven Eigenintention.

Der Einwand liegt nahe, hier werde der Erkenntnisakt idealtypisch geschildert, während er im alltäglichen Leben häufig anders verlaufe. Dem soll gar nicht widersprochen werden. Wird doch das Denken zum Beispiel dazu mißbraucht, bloße Emotionen zu rechtfertigen oder vorgefaßte Meinungen zu verteidigen. Wer dies im Auge hat, räumt aber gleichzeitig ein, daß das aufgezeigte Ideal, wenn auch schwer, so doch verwirklicht werden kann. Wer dagegen leugnet, daß das Denken überhaupt an den Gedankeninhalt der Welt herankommen kann – was selbst Kant nicht behauptet hat –, der müßte sich wenigstens darüber klar sein, daß er dieses Urteil mit Hilfe des Denkens fällt, das, seiner eigenen Aussage nach, die Wahrheit doch nicht finden kann.

Das aufmerksam gerichtete Wahrnehmen

Der Wahrnehmungsprozeß wird häufig als ein reines Ab- und Einbilden der Erscheinungen über die Sinne dargestellt, also als ein Vorgang, der für das menschliche Bewußtsein von «außen» bewirkt wird, bei dem der Mensch sich passiv verhält. Verständlich wird diese Auffassung, wenn man vor allem ein wesentliches Charakteristikum der Erscheinungen ins Auge faßt: daß sie vorgegeben sind. Wir haben mit ihrer Entstehung – im Gegensatz zu den Begriffen – nichts zu tun.

Der Versuch, die Annahme einer bloß passiven Einbildung zu rechtfertigen, wirft eine ganze Reihe von Erkenntnisschwierigkeiten auf, die hier jedoch nicht weiter verfolgt werden sollen. Der unbefangenen Selbstbeobachtung zeigt sich, daß die Erscheinungen zwar vorgegeben sind, aber auch, daß sie keineswegs sofort in ihrem vollen Umfang und in ihrer vollen Differenzierung ins Bewußtsein treten. Wichtige Qualitäten der Erscheinungen werden erst einmal «übersehen». Das kann auch bei langer Beschäftigung mit derselben Erscheinung der Fall sein. Dieser Mißstand kann durch eine bewußte Schulung der Wahrnehmungsfähigkeit schrittweise aufgehoben werden, und zwar durch gezielte Steigerung der Willenstätigkeit im Wahrnehmen. Es bedarf erhöhter seelischer Ruhe, Aufmerksamkeit und Konzentration im Beobachten.

Die genauere Beobachtung des Wahrnehmungsvorgangs zeigt uns, wie auch hier der Mensch darum kämpft, die Selbstlosigkeit des Begehrens herzustellen. Treffend und kurz hat das Goethe in seiner Abhandlung «*Der Versuch als Vermittler von Subjekt und Objekt*» dargestellt. Die dem Menschen gestellte Aufgabe sei, wahrzunehmen, was ist, und nicht, was behagt.[8] Solange der Mensch nicht erreicht, seine Subjektivität zum Schweigen zu bringen, gelangt er nicht zu einer Wahrnehmung, die den Erscheinungen entspricht, sondern nur zu einer subjektiv gefärbten, wenn nicht gar verstellten. Das Begehren streift dann beim Wahrnehmen nicht seinen subjektiven Charakter ab und verhindert dadurch die objektive Welterfahrung. Wir stoßen mit dieser Beobachtung auf den Quell mannigfaltiger Illusionen. Erst wenn die Subjektivität der Auffassung überwunden ist, erreichen die Erscheinungen der Welt überhaupt «wirklichkeitsgemäß» das Bewußtsein zu ihrer sachgerechten Bearbeitung im Denken.

Durch den Wahrnehmungsinhalt erfahren wir, wie sich die Welt bis heute gestaltet hat. Nur indem das Begehren sich in den Sinnen als willentliche Tätigkeit den geschaffenen Tatsachen entgegenstellt, werden diese uns voll bewußt. Schon die alltägliche Erfahrung lehrt, daß wir Dinge übersehen, obwohl sie in unserem Blickfeld sind. Es kostet Anstrengung, sie bewußt zu machen. Auch wenn wir sie dann wahrnehmen, zeigen sie uns noch keineswegs ihre wahre Gestalt. Erst im Laufe längerer Beschäftigung entdecken wir an ihnen immer wieder neue Qualitäten, die ihnen doch sicher schon eigen waren, als wir sie das erste Mal erblickten. Unsere willentliche Auffassung aber war damals wohl nicht intensiv genug, diese Qualitäten sofort auszumachen. Unser Blick war unter Umständen beim Beobachten mehr auf das eigene Seelenleben gerichtet als auf die Welt. Unser Interesse war noch zu sehr introvertiert. Vor allem die Wahrnehmung über das Auge führt uns wie selbstverständlich durch das Leben. Fällt sie einmal aus – etwa weil das Licht ausfällt, während wir im fensterlosen Keller sind –, merken wir erst, wie abhängig wir von ihr sind. Ohne sie erleben wir uns als nahezu hilflos. Alle Wahrnehmungen des Auges in unserer Umgebung sind aber auch längst mit Begriffen versehen und damit zur Vorstellung geworden. Huscht ein Detail eines Wahrnehmungskomplexes dieser Gegenstände an uns vorüber, wird er schnell vorstellungsgemäß identifiziert. So leben wir mit unserer Umwelt gleichsam gesichert und zufrieden.

Uns fällt dabei nicht auf, daß wir in dieser Weise unsere Umgebung nur sehr global erfassen, über wichtige Details «hinwegsehen». Erst einfache Fragen machen uns das bewußt. Hat unsere Nachbarin, mit der wir seit drei Jahrzehnten Tür an Tür wohnen, kleine oder große Hände? Eine solche Frage macht uns verlegen. Wir haben darauf nicht geachtet. Hat die Birke im Garten Blüten oder nicht? Wir antworten überzeugt mit ja. Aber schon die nachstoßende Frage: Wie sehen sie denn aus? bringt uns wieder in Verlegenheit. Wir haben uns mit diesem Teil unserer ansonsten geliebten Birke nie aufmerksam beschäftigt. Tausend solcher Erfahrungen ließen sich aufzählen. Sie alle zeigen, daß unsere Verbindung mit den Wahrnehmungsinhalten nicht besonders intensiv ist. Dabei stellen wir durchaus Unterschiede der Wahrnehmungsintensität bei verschiedenen Personen fest. Der eine von uns liebt seinen Garten besonders und weiß dort über Einzelheiten durchaus Bescheid, der andere hat längere Zeit getöpfert und hat seitdem einen geschärften Blick für Proportionen usw. Sicher aber ist, daß keiner von uns das, was das Auge bietet, ausschöpft.

Machen wir uns daran, das Auge bewußt zu schärfen, so merken wir, daß das in der Regel anstrengend ist. Der gebotenen Aufmerksamkeit stellen sich tausend Dinge in den Weg. Wir sind vielleicht mit einer Sache befaßt, die unsere Gedanken bindet. Statt uns der Wahrnehmung hinzugeben, belegen uns unsere Vorstellungen mit Beschlag. Es fällt uns schwer, sie aus dem Bewußtsein zu vertreiben. Oder wir sind an diesem Tage generell unlustig, weil wir uns geärgert haben, und der Ärger klingt nach. Er besetzt gleichsam unsere Seele und verschließt sie für anderes. Manchen Dingen und Personen gegenüber haben wir eine vorgefaßte Abneigung. Sie brauchen nur «aufzutauchen», und die Abneigung steigt wieder auf und behindert unsere unbefangene Wahrnehmung. Selbst wenn das Gegenteil der Fall ist und wir große

Freude an den Dingen erleben, müssen wir auf der Hut sein. Gar zu leicht sehen wir dann nur das, was uns an den Dingen schon immer gefallen hat, und übersehen dabei andere Qualitäten.

Zu ihrer idealen Form verlangt die aufmerksame Wahrnehmung eine gewisse Leere des Bewußtseins. Nichts soll in sie eintreten als eben jener Gegenstand, dem wir unsere Aufmerksamkeit widmen wollen. Er soll im Moment unser einziger Bewußtseinsinhalt werden. Wir beobachten, daß dabei der Wille zwei Leistungen vollbringen muß. Erst einmal hat er alle die seelischen Befindlichkeiten, die den zu beobachtenden Gegenstand gleichsam «verstellen», zurückzudrängen. Das ist ein erster Schritt, uns zu verändern. Und er gelingt nicht leicht. Gewissermaßen listig stehlen sich alle unsere Vorprägungen wieder ins Bewußtsein. Der Wille kann es gegen solche Überfälle keineswegs sichern, es sei denn, er hat auf diesem speziellen Felde lange geübt. Solange unser Wille mit solcher Abwehr beschäftigt ist, kann er sich dem Gegenstand der Wahrnehmung nicht gehörig widmen. Das sollte er aber, um mit dem Bewußtsein in dessen Einzelheiten eintauchen, sie richtig auf die Person wirken zu lassen. Es gehört höchste Aktivität zu solchem Verhalten. Im Bilde gesprochen: Der Mensch macht sich zum reinen Spiegel der Wahrnehmungswelt, will für sie nichts anderes als ein solcher Spiegel sein. Das gelassene sinnenhafte Eintauchen in die Sachen, die wir uns gegenübergestellt haben, ist der zweite Schritt der nötigen Veränderung. Der Wille wird von innen nach außen gekehrt. Er übt die Geste des selbstlosen Empfangens.

Oft ist ein lebenslanges Üben notwendig, um zur «reinen» Wahrnehmungsgestalt der Dinge vorzudringen. Dabei muß die Begehrungskraft des Interesses immer neu und konzentriert auf den Beobachtungsgegenstand gerichtet werden. In seiner höchsten Steigerung erhält der Wahrnehmungsvorgang einen meditativen Charakter. Bei sachgemäßer Beobachtung wird die Kraft der Hingabe an die Phänomene intensiviert, das wahrnehmende Subjekt in seiner Befindlichkeit geradezu vergessen, damit es vollständig in den Wahrnehmungsinhalt eintauchen kann. Bewußtseinsmäßig wird eine willentlich hergestellte Identität des Ich mit dem Wahrnehmungsinhalt angestrebt und in seltenen Fällen auch erreicht.

Was wir hier beobachten, ist wieder das Anschmiegen der Begehrungskraft an die Objekte, so daß diese sich aussprechen können. Während beim Denken im Denkakt die Begriffe erst geschaffen werden müssen, damit das Anschmiegen an die Weltgedanken beginnen kann, trifft bei der Beobachtung die Hingabekraft auf etwas Vorgegebenes, was nicht erst, damit es erscheinen kann, durch einen Schöpfungsakt gezeugt werden muß. Die Wahrnehmungsinhalte sind vorgegebene Erscheinungen schlechthin.

Trotzdem ist das bewußte und sachgemäße Ergreifen der Erscheinungen menschliche Arbeit und eine schwere dazu. Ohne Arbeit wird die von Weltgedanken gestaltete Erscheinungswelt nicht erschlossen. Wir treffen bei den Kräften, die die Wahrnehmungswelt in ihrer wahren Gestalt auffassen, wieder auf jene der Liebe, das heißt die durch keine Subjektivität tangierte Hingabe. Nur soweit diese selbstlose Hingabekraft ausgebildet ist, wird die reine Gestalt der Wahrnehmung für das menschliche Bewußtsein Besitz. Dann entfällt das bloß subjektive «Behagen» im Wahrnehmungsprozeß. Die Befriedigung des Begehrens tritt dann allein durch die reine Gestalt der Erscheinung ein, mit der das Ich bewußtseinsmäßig gleichsam eine Ehe eingeht.

Von der Begrenzung der zu erringenden Souveränität durch das Gefühl

Auf die Ergebnisse des Wahrnehmungsvorgangs antwortet der Mensch mit der Empfindung und dem Gefühl. Zu Recht werden diese Antworten als subjektiv bezeichnet. Das betrifft sowohl ihre sehr unterschiedliche Intensität als auch ihre Form, die beim gleichen Objekt bei verschiedenen Menschen erheblich divergieren kann. So reagieren zum Beispiel die einen mit Liebe, die anderen mit Haß auf den gleichen Gegenstand. Solche Antworten sagen zunächst über die emotionale Befindlichkeit des Menschen mehr aus als über die Sache, auf die er antwortet.

Dieses aktive Echo der Seele auf die Sprache der Welt muß jedoch nicht immer nur aus dem Dunkel der Emotionen, das heißt dem Unbewußten aufsteigen. Denn wahr ist auch, daß sich mit einem veränderten Erkenntnisleben die Empfindungen und Gefühle, die der Mensch der Welt entgegenbringt, verändern. Zum Beispiel kann das *Gefühl der Ehrfurcht* Platz greifen, wenn man etwa die natürliche Schöpfung genau studiert. Ist ein solches Gefühl aufgrund individueller Veranlagung vielleicht schon früher aufgetreten, so erhält es jetzt durch das Erkenntnisleben seine bewußte Rechtfertigung und damit größere Sicherheit und Intensität. In der Regel bekommt das gesamte Gefühlsleben durch neue Ergebnisse des Erkenntnisstrebens einen neuen Einschlag. Oder anders gewendet: Das Gedankenleben strahlt in den Bereich der Empfindungen und Gefühle aus. Von da ist es nur noch ein kleiner Schritt zu dem Erleben, daß die Gefühle so, wie sie spontan auftreten, zum Teil nicht jene Gestalt haben, die einem gesunden und fruchtbaren Verhältnis des Menschen zur Welt entspricht.

Wenn man einem anderen Menschen spontan Abneigung entgegenbringt, ist zum Beispiel die oft notwendige Zusammenarbeit mit ihm von vornherein grundlegend gestört. Gleiches gilt für die Abneigung gegenüber bestimmten Tätigkeiten, etwa beruflicher Art. Man bemerkt, daß solche Gefühle willkürliche Grenzen der Person gegenüber der Umwelt aufrichten. Gleichzeitig stellt sich aber auch die Erfahrung ein, daß diese Grenzen abgetragen werden können. Dazu muß sich der bewußt gerichtete Wille an der Gestaltung des Gefühlslebens beteiligen. So kann tiefe spontane Abneigung durchbrochen werden, indem man bewußt und willentlich am Objekt Qualitäten aufsucht, denen die eigene Anerkennung nicht zu versagen ist. Die globale Abneigung wird auf diese Weise langsam und mit einiger Anstrengung zum Schweigen gebracht. Dennoch braucht die Anerkennung keineswegs nur rational «kalt» auszufallen, sondern sie kann durchaus, wenn man sich das vornimmt, von der Wärme der Sympathie begleitet werden.

Mit solchen Übungen betritt der Mensch das weite Feld der bewußten Schulung der Gefühle. Diese wird nicht etwa von einem vorgegebenen Moralkodex bestimmt, der beispielsweise fordert, daß man seinen Nächsten lieben solle. Vielmehr ist die Entscheidung leitend, daß man die als willkürlich erkannte Begrenzung seines Weltverhältnisses, die durch unreflektierte Gefühle verursacht wird, durchbrechen will.

Der Anblick einer Rose ruft Freude hervor. Es gibt jedoch andere Erscheinungen, die solche lustvolle Befriedigung nicht gewähren und die deshalb mit Gefühlen der Abneigung, etwa des Ärgers, begleitet werden. Hier findet der Mensch seine Befriedigung im Akt des Verwerfens. Er genießt dabei durchaus auch die Willkür, mit der er, gleichsam «autonom», die Begegnung mit dem Objekt verwirft. Überwiegt die Intention der Ablehnung einseitig, so gerät derjenige, der sie zuläßt, in eine oft erschreckende Isolation. An solcher Isolation kann man besonders gut die ausgrenzenden, sich auf sich selbst zurückziehenden antipathischen Seelengesten studieren. Der selbstbewußte Mensch kann die Einlassungen auf die Welt sogar weitgehend verweigern. Er pocht dann auf die Durchsetzung eines Sonderdaseins, er verschließt sich.

Wir können also drei Entwicklungsstufen bei der Entfaltung der Gefühle unterscheiden. Auf der ersten äußert sich das Gefühl gleichsam elementar und in oft heftiger Weise. Diese Form der Gefühle agiert unbewußt. Ins

Bewußtsein tritt nur deren Resultat, das nun als Wahrnehmungsinhalt an der eigenen Person festgestellt werden kann. «Die Selbstwahrnehmung führt mich nicht aus dem Bereiche dessen hinaus, was zu mir gehört. Dieses Selbstwahrnehmen ist zu unterscheiden von dem *denkenden* Selbstbestimmen. Wie ich eine einzelne Wahrnehmung der Außenwelt durch das Denken eingliedere in den Zusammenhang der Welt, so gliedere ich die an mir selbst gemachten Wahrnehmungen in den Weltprozeß durch das Denken ein.»[9]

Manche Menschen bleiben bei einer Selbstwahrnehmung ihrer Gefühle stehen. Sie stellen etwa die Heftigkeit ihrer Gefühle fest und kommentieren sie mit der Aussage: So bin ich eben. Sie schreiten nicht von der Selbstwahrnehmung zu deren Bestimmung durch das Denken fort. Nur wer diesen Schritt vollzieht, wird überhaupt erkennen, daß die beschriebenen Gefühlsäußerungen eine Begrenzung der eigenen Persönlichkeit bedeuten.

Es gibt Menschen, die diesen Sachverhalt erkennen und gleichwohl hinnehmen. Sie scheuen die Arbeit der Selbsterziehung, ohne die eine Metamorphose des Gefühlslebens nicht herbeigeführt werden kann. Solche Menschen sind nicht mehr naiv. Sie durchschauen die Folgen ihrer Gefühlslage. Aber ihnen fehlt der Wille, sie zu bearbeiten.

Andere wiederum machen sich auf den beschwerlichen Weg, der in der Regel einer gewissen Dramatik nicht entbehrt. Sie wollen ihre Gefühle von der Begrenzung befreien. Die Dramatik der Selbsterziehung ergibt sich aus der Tatsache, daß der Entschluß zur Verwandlung der Gefühle noch längst nicht deren konkrete Verwandlung veranlaßt. Das Eigenleben der Gefühle widersetzt sich – oft vehement – dem gestalterischen Eingriff. Das Selbst fühlt sich ihnen oft erst einmal ausgeliefert. Nur die kontinuierliche Übung kann erreichen, daß das Selbst in diesem Teil seines Hauses, das heißt der vorgegebenen Befindlichkeit, Herr wird. Die Sprunghaftigkeit des Gefühlswechsels bei den Jugendlichen ist ein Bild dafür, daß diese Herrschaft keineswegs erreicht ist. Wie sollte sie auch! Befindet sich doch der Jugendliche vor allem im Stadium der Selbsterfahrung, für die das Erleben der Gefühlsintensität erst einmal überraschend, wenn nicht gar erschreckend ist. Der schnelle Wechsel erscheint wie eine «unbewußte Selbsttherapie», sich in der Heftigkeit einzelner Gefühle nicht zu verlieren und ihrer begrenzenden Wirkung zu entkommen.

Die Gefühle gehören zu den vielen Bedingtheiten, die wir im Leben antreffen. Obwohl sie in unserem Innern aufsteigen, kann das Selbst, wenn es seinen naiven Standpunkt verlassen hat, sich nicht mit ihnen unbedingt identifizieren. Etwas, was wir nah und wirksam erleben, ja was uns in seinen

Bann schlägt, wird mit der Pubertät zugleich leise fremd. Damit verlieren die Gefühle aber nichts von ihrer oft elementaren Gewalt. Wir alle wissen, wie uns etwa zumute ist, wenn Zorn oder Ärger uns überfallen. Im nachhinein erleben wir aber auch vielleicht die Scham, daß wir uns ihrem Wüten überlassen haben. Diese Scham ist gleichsam der «Gefühlsbeweis» dafür, daß das Selbst von den Gefühlen unterschieden ist und daß es seine Eigenständigkeit in der unreflektierten Hingabe an sie einbüßt. Wer sich in die Art der Gefühle, die bei den Jugendlichen mit der Pubertät auftauchen, wirklich einlebt, kann nachempfinden, in welchen Seelenkampf der Jugendliche geworfen ist. Und die besonders heikle Zugabe ist, daß die Auseinandersetzung um die Selbständigkeit, die sich hier abspielt, einen durchaus «moralischen» Charakter hat. Wer die Überempfindlichkeit der Jugendlichen gegenüber jedem noch so zarten Eingriff in diese Sphäre kennt, wird darüber leicht verzweifeln, auf diesem Felde erzieherische Maßnahmen zu versuchen. Sie müssen ihm fast aussichtslos erscheinen.

Macht man sich diese Situation nur gründlich genug bewußt, wird man zwei Folgerungen ziehen: Gefühlserziehung hat schon lange vor der Pubertät einzusetzen. Sie muß bereits selbstverständlich etabliert sein, wenn sie in der Pubertät durchgehalten werden soll. Und – sie muß an objektiven Tatsachen festgemacht werden und nicht auf die Befindlichkeit der Jugendlichen zielen. Jede Welterschließung, das heißt jedes Gespräch und jeder Unterricht in den ersten Schuljahren, sollte bereits mit Hinblick darauf angelegt werden, daß das Gefühl sich an ihr entfalten kann, ob wir über das Brot, einen Schmetterling, die Glockenblume oder einen Stein sprechen. Das kann nur gelingen, wenn die Welt zum Bilde gestaltet wird, an dem das Gemüt teilhat.

Solche Bilder gaben über Jahrtausende den Kindern (und damit auch den Erwachsenen) eine grundlegende Orientierung des Gefühls. Die Pädagogik heute stellt – man kann fast sagen weltweit – die Ausbildung der Intellektualität in den Vordergrund, und zwar gerade auch in jener Entwicklungsphase des Kindes, wo die Instrumente des Intellekts zu einem persönlichen Gebrauch noch gar nicht zur Verfügung stehen. Dadurch entartet das, was intellektuelle Schulung sein will, leicht zum intellektuellen Drill, der dem Gefühlsleben weder Nahrung noch Stütze und Orientierung gibt.

Durch die vorangegangenen Betrachtungen kann die Bedeutung des Gefühls für die Erziehung in den ersten beiden Jahrsiebten noch einmal deutlich werden. Hierbei kommt auch dem künstlerischen Unterricht für die Intensivierung und Differenzierung des Gefühls eine wichtige Aufgabe zu. Wie zwei Farben zueinander stehen, wie Formen sich darleben, darüber kann nur das Gefühl entscheiden. Und so verhält es sich mit allem, was Inhalt des künstlerischen Unterrichts ist. Er weckt das Bewußtsein auf und hebt die Verhältnisse der Gefühle ins Wort, so daß sie aussprechbar werden. Die Schönheit eines Gegenstandes kann nur erfaßt werden, wenn Empfindung und Gefühl sprechen gelernt haben. Damit wird aber auch der Kontrast der Schönheit zur Häßlichkeit ins Bewußtsein gehoben. Der künstlerische Unterricht ist – richtig angewendet – ein unerschöpfliches Mittel der Gefühlsbildung, auch und gerade während der Pubertät.

Die Bedeutung der Willenserziehung in der Pubertät

Der Wille, der das Denken richtet, das Wahrnehmen öffnet und das Gefühl verwandelt, wird als dem eigenen Wesen verwandt empfunden. Er erscheint als ein Hilfsmittel, mit dem das Ich seine Ziele verwirklichen kann. Das ereignet sich dort, wo der Wille selbstlos agiert, wo er seine Eigenintentionen «aufgegeben» hat.

Gerade im Verhaltensbereich können wir aber auch einen Willen beobachten, der Eigenintentionen vehement darlebt. Das Verhalten wird dabei von Instinkt, Trieb oder Begierde geleitet. Diese Willensformen sind vorgegeben wie Hunger und Durst.

Wir wollen zum Beispiel einen Gegenstand besitzen, obwohl alle Vernunft dagegen spricht, sein Kauf uns in Schulden stürzt, deren Begleichung aussichtslos erscheint. Oder wir streben die Beziehung zu einem Menschen an, obwohl dieser sich uns gegenüber ablehnend verhält. Dennoch attackieren wir ihn mit Zeichen unserer Zuneigung.

In solchen Situationen «überkommt» uns das Begehren. Es tritt so elementar auf und überrumpelt uns als Person so gründlich, daß alle zuwiderlaufenden Erwägungen dagegen nicht aufkommen können. Die Person wird dann von den Begierden regiert. Das Selbst kann sich gegenüber der Vehemenz, mit der sie «aufsteigen», nicht zur Wehr setzen, es kapituliert vor ihnen. Nicht von ungefähr fallen uns bei der Beschreibung solcher Vorgänge Bezeichnungen ein, mit denen wir auch den Krieg charakterisieren. Es findet wirklich ein Kampf statt. Und ob in diesem Seelenkampf das Selbst oder die leibgebundene Begierde siegt, ist ungewiß.

Das Selbst wird – bildhaft gesprochen – von den Begierden gejagt. Es wird zu Handlungen gezwungen, die es eigentlich nicht will, die es, wenn es die

Konsequenzen solcher Handlungen überlegt, ablehnen muß. Dieser Kampf tobt auf dem Grunde jeder Seele, auch wenn die Scham meist verbietet, über die dabei gemachten Erfahrungen zu sprechen. Dieser Kampf wird auch nicht durch ein gesteigertes gedankenvolles Bewußtsein zum Schweigen gebracht; er muß immer neu bestanden werden. Bedeutende Menschen haben diese Tatsache sehr eindeutig formuliert, so zum Beispiel Sokrates und Goethe. Beide bekannten offen, daß sie sich jedes Verbrechens für fähig hielten.

Die Jugendlichen stehen oft staunend vor den Erfahrungen, welche dieser Bereich ihnen anbietet. Das Jugendalter wird generell von dem Hunger nach persönlicher Erfahrung beherrscht. Er verlockt dazu, sich auch diesen Erfahrungen zu überlassen und in sie einzutauchen. Der Jugendliche möchte sie erproben, so wie er versuchsweise auch gern in eine fremde Rolle schlüpft. Und so wie die Rolle ihn dann führt, tun es die Verhaltensmuster der Emotionen, denen er sich dabei überläßt. Die damit verbundenen Erfahrungen werden ausgekostet und als persönliche Bereicherung erlebt.

Aber der aufmerksame Beobachter macht hierbei auch noch eine andere Erfahrung: Die Emotionen werden als etwas erkannt, was in der Welt, das heißt in der zu ihr gehörenden Organisation, seinen Ursprung hat. In diesem Moment werden sie als wesensfremd erlebt. Sie erscheinen dem eigenen Wesen von außen aufgedrängt. Daran ändert auch nichts, daß das Eintauchen in sie erst einmal Wohlbehagen bereitet. In diesem Erleben der Fremdheit liegt die Quelle der Scham. Die Scham ist die gefühlsmäßige Begleitung der Erkenntnis, daß man seine Souveränität verliert, wenn man von der Emotion überrannt wird. Die Scham stellt sich der unbedachten Hingabe an die Emotion entgegen. Sie versucht, die Integrität der Person zu hüten.

Sowenig der Jugendliche auch die hier ausgeführten Überlegungen zur Klärung seiner Situation selbst anstellt, so existentiell erfährt er doch den gegebenen Tatbestand. Er ist die Ursache für die untergründige Melancholie dieses Lebensalters – das unbewußte beziehungsweise halbbewußte Erleben des Zustands der Gefangenschaft. Diese Gefangenschaft ist die Quelle vieler heftiger jugendlicher Leiden. Für sensiblere Menschen dauern diese Leiden ein Leben lang. Der Mensch reibt sich an den Grenzen, welche die Behausung verursacht und die der Entfaltung des eigenen Wesens entgegenstehen. Leicht tritt auch Resignation auf, den Weg der Behausung überhaupt energisch zu wollen. Hilfe bei der Wegfindung durch Erwachsene ist wiederum schnell suspekt, schon deswegen, weil sie von außen, also von der «fremden» Welt kommt, von der man noch nicht weiß, ob man ihr vertrauen kann.

Das Erlebnis der «Gefangenschaft» eröffnet aber auch eine große Chance: die Selbstfindung der eigenen Wesenheit. Selbstfindung kann gerade nur im Widerstand mit dem geleistet werden, was man nicht als zum Selbst gehörig erlebt. Das Fremde sichert die Erfahrung dessen, was unzweifelhaft eigen ist; nur in der Auseinandersetzung mit ihm findet man zu sich selbst. Wer von dieser Grundtatsache überzeugt ist, wird aufhören, dem Jugendlichen Leiden ersparen zu wollen. Eine solche Haltung wird den Tatsachen, die sich jetzt im Seelenleben abspielen, nicht gerecht; sie ist vielmehr sogar ein Unheil stiftender Störfaktor für die Entwicklung. Der Erwachsene muß aushalten, den Jugendlichen in Gefährdungen tappen zu sehen und – vorerst – zu schweigen. Nichts ist dem Jugendlichen so verhaßt wie der lamentierende oder gar nörgelnde Erwachsene, weil sich mit diesem Verhalten dessen mangelnde Souveränität zeigt. Gerade das Gegenteil solchen Verhaltens kann allein dem Jugendlichen Hilfe bieten. Er braucht das Vorbild eines aktiv die Welt meisternden Menschen, der sein eigenes Leiden mit sich selbst abmacht.

So krisenhaft die Ausgangslage der Jugendlichen ist, so wächst ihnen doch mit der Pubertät auch ein neues Vermögen zu, das diese Krise schrittweise überwinden kann, wenn es von den Jugendlichen nur genutzt und von der Umwelt gezielt gefordert wird. Bei der Darstellung des Selbstbewußtseins ist uns dieses Vermögen als der frei verfügbare Wille, der als Denkwille und Wahrnehmungsaktivität benutzt werden kann, begegnet.

Unserem Urteil nach ist die Tatsache, daß mit der Pubertät der Wille für das Selbst verfügbar wird, noch keineswegs genügend gewürdigt worden. Wenn zum Beispiel darauf hingewiesen wird, daß in diesem Lebensalter die eigenständige Urteilsfähigkeit sich entwickelt, so ist nicht genügend geklärt worden, daß diese aus dem Denkwillen keimt, der überhaupt erst das Selbstbewußtsein konstituieren hilft. Das Selbst, das sich gewissermaßen in der Gefangenschaft vorfindet, hat einen einzigen Schlüssel, sein Verließ zu öffnen, nämlich bewußt den Willen in Wahrnehmung und Denken und Gefühl zu schicken, um das Bewußtsein an die Erfahrung der Wirklichkeit heranzuführen. Nur so kann doch die den Jugendlichen bedrängende und einengende Fremdheit, die alle möglichen Formen von Unsicherheit bedingt, abgearbeitet werden. Das Selbst kann seinen vorgefundenen Zustand nur mit gezieltem Einsatz des Willens verbessern. Er ist gleichsam das Haar des Münchhausen, an dem sich der Jugendliche selbst aus dem Sumpf zieht. Jede solche Willensrichtung ist der Beginn individueller Selbstbestimmung. Wer dies erkennt, wird darüber sinnen, wie durch eine Vielzahl pädagogisch gezielter Anregungen dem Jugendlichen geholfen werden kann, seinen Willen für diese Aufgaben verfügbar zu machen. *Die Erziehung im Jugendalter hat die Willenserziehung als vordringlichste Aufgabe.* Mit deren Lösung kann der Jugendliche überhaupt nur schrittweise in der «fremden Welt» selbständig beheimatet werden. Nur insoweit er sich in dieser Welt aktiv und gezielt betätigt, gelangt er zu immer neuen Erfahrungen von der partiellen Souveränität des eigenen Wesens über diese Welt. Er gewinnt auch die Erfahrung, daß diese Souveränität prinzipiell ausgedehnt werden kann, auch wenn jede Erweiterung anstrengende Arbeit erfordert.

Denn das Selbstbewußtsein kann auch als ein Gegenstandsbewußtsein bezeichnet werden.

Die Welt (und auch die Organisation, die offensichtlich zur Welt gehört) tritt dem Selbst gegenüber, das heißt sie wird zum Gegenstand. Die Schneidung zwischen Selbst und Welt wird durch das «Eintauchen» des Selbstes in Zeit und Raum, das heißt in die leibliche Organisation, bewirkt. Diese ist offensichtlich erst in der Pubertät so weit «reif», daß der Schnitt nun endgültig die Form des Bewußtseins bestimmt. Das Bewußtsein ist also abhängig von der Befindlichkeit der Organisation. Das Selbst wird durch die Organisation seinem eigentlichen Wesenszusammenhang entfremdet. Es erlebt sich in Raum und Zeit als «ausgesetzt». Mithin erlebt der Jugendliche jetzt auch die Eigenintentionen der Organisation. Dieses Erleben kann ihm niemand ersparen. Der Erzieher halte sich im Umgang mit Jugendlichen an die alte Erkenntnis: Wo viel Licht ist, ist viel Schatten. Sie weist im Verhaltensbereich auf eine bedeutsame Tatsache hin. Wo nämlich das natürliche Begehren mit großer Stärke auftritt, kann es das Seelenleben auch zu großen Leistungen befeuern. Voraussetzung ist, daß es dem Menschen gelingt, die Eigenintentionen des Willens abzuarbeiten. Dann wird das Begehren Stoßkraft für die Erkenntnis oder entfaltet große Gefühle, wie die Begeisterung, oder es befähigt zu selbstlosen Handlungen. Gelingt dies nicht, «verführt» das gleiche Begehren den Menschen zum Beispiel zu maßloser Egoität, die – oft brutal – mit Sachen und Menschen nach Belieben umspringt. Dabei werden die Eigenintentionen des Begehrens zwar auch kraftvoll, aber zugleich auch rücksichtslos ausgelebt. Der Spannung zwischen Selbstlosigkeit und Egoität ist jeder Mensch ausgesetzt. Wie der einzelne sie meistert, hat nicht nur Bedeutung für ihn, sondern gleichermaßen für die Gemeinschaft.

Es müßte gerade jeden Erzieher erschrecken, daß im Laufe dieses Jahrhunderts Egoismus und Brutalität in einem erschreckenden Maße überhand genommen haben und daß dies weltweit geschah. Das ist so offenkundig, daß Beispiele sich erübrigen. Der Wille äußert sich eben in Handlungen und

Verhaltensweisen am elementarsten. Gerade hier bedarf er der Richtung durch die Erkenntnis, soll das Selbst sich ihm gegenüber behaupten. Wir beobachten mit solchen Überlegungen die Umkehrung der bisher beschriebenen Verhältnisse. *Wurde bisher verfolgt, wie das Begehren das Bewußtsein in Bewegung setzen muß, damit es zum Gedankeninhalt der Welt überhaupt vorstoßen kann, so muß jetzt die Erkenntnis den Willen richten.* Individuelle Intentionen des Willens im Verhaltensbereich sind herzustellen, weil sie nicht von vornherein gegeben sind.

Frühere Zeiten haben das Problem des «egoistischen» beziehungsweise «unmoralischen» Willens durch religiöse oder staatliche Gesetzgebungen zu lösen versucht, die noch heute eine tragende Rolle in der Gesellschaft haben. Dennoch ist seit dem Beginn der Neuzeit in zunehmendem Maße eine Tendenz zu beobachten: Die Individualität lehnt, je selbstbewußter sie wird, desto mehr jede Beeinflussung von außen ab. Sie möchte aus eigener Überzeugung handeln, auch wenn solche Handlungen keineswegs den geltenden Normen entsprechen. Das, was Ziel des eigenen Strebens werden soll, muß aus der eigenen Einsicht entspringen. Das Selbstbewußtsein sucht eine Verständigung mit sich selbst, um seine Handlungen selbst zu bestimmen. Auf Fremdbestimmung wird sehr kritisch, ja allergisch reagiert.

Die Seelenlage in der Pubertät spiegelt diese Tendenz der Selbstbestimmung überaus deutlich. Wer von dem Jugendlichen Normen verlangt, deren Sinn dieser nicht selbst eingesehen hat, hat von vornherein verspielt. Der Jugendliche lehnt einen solchen Eingriff schon deshalb ab, weil der Erwachsene selbst dadurch als normenbestimmt erscheint, sich unfrei gebärdet. Ein «unfreier» Mensch aber ist für den Jugendlichen uninteressant, ja er langweilt ihn geradezu. Er kann für den Jugendlichen nicht Vorbild in dessen Selbstfindungsprozeß werden. Das Jugendalter überschattet eine ganz objektive Tragik: Der Jugendliche findet nur selten das vorgelebt, was er sucht – den selbstbestimmten Erwachsenen. Von der erforderlichen Selbsterziehung des Lehrers wird an späterer Stelle in unserem Buch die Rede sein.

Ein pädagogisches Hilfsmittel für die Richtung des Willens durch Erkenntnis ist unter anderem die menschliche Arbeit. Deren Bedeutung für die gesamte Erziehung ist noch kaum erkannt. Wo sie pädagogisch eingesetzt wird, wird sie keineswegs in der hier vorgetragenen Weise begründet. Was kann sie generell leisten?

Am Anfang der Arbeit steht immer die Arbeitsaufgabe. Diese ergibt sich aus den menschlichen Bedürfnissen. Mit einer Schubkarre werden zum Beispiel Steine leichter befördert als mit der Hand. Die Gestaltung der Schubkarre ergibt sich ihrerseits aus deren Funktion. Diese bestimmt zum Beispiel die Größe des Rades, die Länge der «Arme», das Volumen des Tragkastens usw. Andererseits läßt die vorgegebene Funktion durchaus Freiräume für individuelle, auch schöne Gestaltung. In der Durchführung der Arbeit – und das ist im Moment für unsere Betrachtung das Wichtigste – ist jeder Arbeitsgang Ausrichtung des Willens durch die Aufgabe. Sägen, Hobeln, Zinken, die Herstellung des Rades, das Aufziehen des Reifens verlangen, daß – bildlich gesprochen – die Aufgabe, die Sache die Hand führt. Und die Beobachtung lehrt, was bereits vielfach beschrieben wurde: daß die Hand sich erst einmal sträubt, den Intentionen der bewußten Zielsetzung zu folgen. Unzählige unbewußte Eigenintentionen des Verhaltens und der «Hand» müssen arbeitend überwunden werden, damit das Werk gelingt.

Die Arbeit – wird sie nur lang genug und *verbindlich* betrieben – baut auch neue Verhaltensformen auf. Entsprechend werden alte Vorformen des Verhaltens umgeschmolzen. Die menschenkundliche Grundfigur ist immer die gleiche, auch wenn selbstverständlich die unterschiedlichen Gewerbe unterschiedliche Fähigkeiten herausfordern: *In der Arbeit werden die Eigenintentionen des leibgebundenen Willens überwunden.*

Früher hatte man für diese pädagogisch so wichtige Tatsache noch ein Gespür. Man sprach nicht nur von einem bestimmten Stil, den Arbeit erfordert, sondern auch von Tugenden, die durch ihre sachgemäße Ausübung erzogen werden. Man wählte also eine moralische Bezeichnung für Ergebnisse, die gestaltende Arbeit am Menschen bildete. Das gelungene Werk war ein objektiver Beweis, ob und wie weit diese Tugenden vom Arbeiter schon erreicht waren. Und solche moralischen Bezeichnungen treffen ins Schwarze. Eine Tugend besagt, daß die Person in einem bestimmten Felde des Verhaltens sich eine gesicherte Herrschaft errungen hat.

Wer den Vorgang, der sich beim Arbeiten abspielt, völlig durchschaut, wird der Arbeit auch eine große Bedeutung für die Entwicklung der Erkenntnis zuschreiben. Der Wille ist einheitlich, gleich ob er sich in der Erkenntnis betätigt oder in die manuelle Arbeit fließt. Beide brauchen den selbstlosen Willen. Die Arbeit bereitet diese Selbstlosigkeit des Willens im Bereich des Verhaltens vor. *Damit stützt und fördert sie den Gebrauch selbstlosen Willens in der Erkenntnis.* Es geht aber in diesem Lebensalter um mehr als nur um Arbeitstugenden. Die gesamte Lebensführung will gelernt sein. Die Motive für sie können nur in den Erkenntnisbemühungen gefunden werden. Ob und wie sie sich bilden, hängt davon ab, wie der betrachtende Unterricht gestaltet wird. Auf einige Gestaltungsnotwendigkeiten solchen

Unterrichts geht der übernächste Abschnitt ein. Schon aus dem bisher Dargestellten ergibt sich aber eine Konsequenz, die grundlegend wichtig ist: Auch er wird einen übenden Charakter haben müssen. Das weitere Problem ist die Umsetzung der Erkenntnis in die Handlung. Die Erkenntnis muß für den Verhaltensbereich verbindlich werden. Niemand kann solche Verbindlichkeit von außen erzwingen. Aber der Jugendliche kann mit angemessenen Forderungen konfrontiert werden. Jede Arbeitsaufgabe, die möglichst selbständig zu lösen ist, ist eine solche Forderung. Wer einmal grundsätzlich verstanden hat, daß die geschilderte Situation des isolierten Selbstbewußtseins nur durch den Willen fruchtbar zu verändern ist, der wird ständig nach immer neuen Wegen suchen, den Willen des Jugendlichen anzuregen und zu fordern.

Urteilen und Begehren – polare Grundkräfte des Seelenlebens

Die Beobachtung der Bildeprozesse des Selbstbewußtseins ergibt überraschende Tatsachen. Urteilen, das die wahrnehmende und denkende Tätigkeit zusammenfaßt, und Begehren werden als polare Grundkräfte des Seelenlebens erkannt, aus deren wechselnder Verbindung der Reichtum des Seelenlebens sich entfaltet. Das Zusammenwirken dieser beiden Grundkräfte zeigt ferner, daß sie Steigerungen des seelischen Erlebens und Verhaltens ermöglichen. Diese müssen nur durch bewußte Selbsterziehung realisiert werden. Die Erkenntnis von der mannigfaltigen Begrenzung des Bewußtseins «schreit» gleichsam nach solcher Schulung, um den Gestaltungsspielraum des Selbstes zu erweitern. Und sie zeigt auch, daß dies gelingen kann.

So wie eine Steigerung des Zusammenwirkens der seelischen Grundkräfte möglich ist, so andererseits aber auch deren einseitige Festlegung, ja Perversion. Überwindet das Bewußtsein seine Isolation nicht, so kann Egoismus die Seele ergreifen. Die Begrenzung des Bewußtseins wird dann geradezu zum «Ideal» erhoben. Egoismus ist das Gegenbild einer Erkenntnishaltung, einer Verhaltensweise und eines Weltempfindens, die durch das Interesse, also die Liebe, bestimmt sind.

Es überrascht vielleicht, daß eine individuelle Seelen- und Bewußtseinsentwicklung ohne die Aktivierung der Liebefähigkeit gar nicht möglich ist. Sie ist der Antrieb aller fruchtbaren individuellen Entwicklung. In der Beschreibung jener Seelenprozesse, die durch dieses Streben bestimmt werden, schwingt nicht der geringste Hauch von Sentimentalität mit. Das besondere Charakteristikum dieses Strebens ist es ja gerade, daß es Sachdiener wird. Um das zu erreichen, muß es jede nur subjektiv bestimmte Seelenbindung prüfen, ja unter Umständen gegen sie ankämpfen. Das Wort Liebe ist durch das Wort Interesse zu ersetzen. Interesse muß sich vor allem dort bewähren, wo die Erkenntnis nicht gleich zu Resultaten kommt. Gerade in solchen Augenblicken geht das Interesse durch die Feuerprobe der Selbstlosigkeit. Der Egoismus dagegen will von vornherein in der Subjektivität beharren.

Mit der hier skizzierten Phänomenologie des Selbstbewußtseins können nun Äußerungen Rudolf Steiners über das Jugendalter beleuchtet werden. Es fällt auf, daß er unter vielen wichtigen Hinweisen zu diesem Lebensabschnitt nicht müde wird, zwei stetig zu wiederholen. Der Leser seines pädagogischen Werkes gewinnt den Eindruck, daß er sie für die Grundfesten gesunder Entwicklungsvorgänge im Jugendalter hält. Wer sie nicht versteht, gewinnt nach Rudolf Steiners Auffassung keinen Zugang zum Jugendlichen.

Der eine Hinweis ist, *daß mit der Pubertät die selbständige Urteilsfähigkeit erwache.* Und daß vor dieser Urteilsfähigkeit alles zu rechtfertigen sei, was der Erzieher mit dem Jugendlichen unternimmt. Man kann die zweite Hälfte der Aussage auch anders formulieren: Alle Erziehungsmaßnahmen sind vor dem aufkeimenden Selbstbewußtsein der Jugendlichen zu begründen. Diese Bemühung sichert dem Jugendlichen seine Selbständigkeit.

Der zweite Hinweis ist, *daß in diesem Lebensalter die allgemeine Menschenliebe «erwacht».* Das heißt, mit der Pubertät entfaltet sich Hingabefähigkeit. Sie kann jetzt potentiell im Seelenleben tätig werden, wenn sie auch keineswegs schon strukturiert ausgebildet ist. Bei der Beschreibung des Selbstbewußtseins erscheint diese Kraft als die höchste und menschlichste Form des Begehrens.

Faßt man dies ins Auge, versteht man, warum Rudolf Steiner wiederholt bei seinen Ausführungen über das Erwachen der allgemeinen Menschenliebe herausstellt, daß gerade die Sexualität nur eine spezielle Form der sie übergreifenden Menschenliebe sei. Die Begleiterscheinungen der Pubertät und hier besonders diejenigen, die mit dem Geschlecht verbunden sind, springen dem Betrachter ins Auge. Von daher ist es verständlich, daß er ihnen besondere Aufmerksamkeit schenkt und auch verführt ist, andere Phänomene dieses Lebensabschnitts von dort her zu erklären. Die Phänomene des Selbstbewußtseins, bei denen wir die allgemeine Menschenliebe am Werke sahen, drängen sich dem Betrachter nicht auf. Sie sind intim, ja fast verborgen. Deshalb gerät auch der unbefangene Leser den Ausführungen Rudolf Steiners gegenüber immer in einige Verlegenheit, wenn er liest, daß die allgemeine Menschenliebe erwache. Rudolf Steiner selbst weist vor allem auf den Zusammenhang der allgemeinen Menschenliebe mit dem Interesse hin. Und das Interesse ist es in der Tat, das alle von uns beschriebenen einzelnen Seelentätigkeiten in Gang setzt. *Ohne dieses Weltinteresse fehlt ihnen der Antrieb.* Deshalb kreisen viele pädagogische Anregungen Rudolf Steiners für die Erziehung im Jugendalter um die Frage, wie dieses Interesse angefacht und erhalten werden kann.

Rudolf Steiner konzentriert also die Aufmerksamkeit auf die beiden Grundkräfte des selbstbewußten Seelenlebens, Urteilen und Begehren. Entsprechend diesen beiden Grundkräften kann man den Unterricht, der sie bilden soll, in zwei Unterrichtsgebiete gliedern: in den betrachtenden und den gestaltgebenden Unterricht. Der erstere schult vorwiegend die Erkenntniskräfte, der letztere wendet die Erkenntnisse auf das praktische Leben und seine Gestaltung an, er läßt diese Gestaltung praktisch durchführen. Damit schult er vorwiegend die Verhaltensweisen. Daß diese Einteilung fließend ist, zeigt die Tatsache, daß selbstverständlich auch der betrachtende Unterricht Verhaltensweisen schult, etwa die Aufmerksamkeit oder die Geduld. Das kommt daher, daß beide Ziele nur durch Arbeit zu bewältigen sind, Arbeit aber immer die Kräfte der Gesamtperson beansprucht und daher auch bildet.

Verfolgt man Urteilen und Begehren genauer, wird man von ihnen an die Grenze des Seelenlebens geführt, ja über diese hinaus. Schon bei der Charakteristik des Urteilens stellten wir fest, daß sich dieses «wie ein König benimmt». (Das Ich, das heißt der menschliche Geist, tritt im Urteilen in den Umkreis des Seelenlebens. Dabei bedient er sich der Sinnes-Nerven-Organisation des Menschen.) Ebenso tritt das Begehren in der Seele wie ein Naturereignis auf. Wir haben es bisher als leib- beziehungsweise organisationsbedingt charakterisiert. Differenzierter betrachtet, liegt sein Ursprung in der Stoffwechsel-Gliedmaßen-Organisation.

Urteilen und Begehren treten also aus verschiedenen «Richtungen» in das Seelenleben. Und sie haben auch gegensätzliche Wirkungen. Das Urteilen ist Grundpfeiler der Aufklärung. Es vermittelt die Verbindung und Distanz des Subjekts zu den Objekten, mit ihm erhält das Gegenstandsbewußtsein den freien Blick auf sich selbst und die Welt.

Das Begehren ist geradezu distanzfeindlich; es möchte alle Begrenzungen, die das Urteilen feststellt und bewußtmacht, tilgen. Das Begehren will die Welt vereinnahmen. Beide Tendenzen sind für die Konstitution des Selbst notwendig. Nicht abgegrenzt würde es träumend mit der Welt verschwimmen. Dieser Zustand ist mannigfaltig zu beobachten. Als Gegenbewegung hat sich in der Kultur die Aufklärung etabliert. Sie bekämpft, was sich nicht kritisch rechtfertigen läßt. Das Ich hat diese Klärung nötig, um nicht der Illusion zu verfallen. Totale Abgrenzung aber würde Isolation bedeuten, Vereinsamung. Das Begehren bäumt sich dagegen auf, indem es fortwährend mit den Gesten des Willens die Grenzen niederreißt, nach Weltverbindung strebt. Indem das Urteilen und der von der Organisation befreite Wille zur Zeit der Pubertät im Bewußtseinshorizont ihre Tätigkeit entfalten, wird das Doppelantlitz des Ich erlebbar. Auf der einen Seite drängt es auf Individuation. Sie wird nur dadurch erreicht, daß das Ich eine unverwechselbare Gestalt erarbeitet, die von allen anderen Ichen verschieden ist. Dieses Ziel wird nur mit den Kräften der Grenzziehung erreicht. Der Wille aber richtet sich unter anderem im sozialen Bereich immer auf die Beseitigung jeder Sonderung. Idealtypisch strebt er die Verbindung des Einzelwesens mit der Menschheit an, indem er sich die Selbstlosigkeit einprägt. In dieser Einprägung gehen die doppelt gerichteten Strebungen des Ich eine Verbindung ein. Eine Steigerung der Selbstbestimmung wird angestrebt, die zugleich eine Verbindung des Ich mit der die Welt konstituierenden Geistigkeit zum Ziele hat, aus der heraus auch das eigene Geistig-Seelische geboren wurde.

Die Befreiung des Begehrens (Willens) aus der Organisation geschieht nicht vorgegebenermaßen, sondern ist eine das Leben begleitende Aufgabe des Ich, die mit der Pubertät beginnt. In der leiblichen Organisation aber wirkt auch ein Geistiges, das die Sonderung des menschlichen Geistig-Seelischen verewigen, es von seinem Ursprung ausgrenzen möchte. Die Spiegelung dieser Kräfte im Seelischen wird in der Egoität erfahren. In den Akten der Selbstbestimmung sieht sich das Streben nach einem sachgemäß orientierten Willen immer mit jenen Willenskräften konfrontiert, die in der leibgebundenen Sonderung verharren wollen. Deren Äußerungen sind vorpersonal gerichtet. Diese Orientierung kann aber durch die Selbstbestimmung abgearbeitet werden. Hier eröffnet sich ein Schauplatz intimer, bisweilen auch heftiger Auseinandersetzungen. Die unbefangene Selbstbeobachtung kommt gar nicht darum herum, von zwei Formen des Willens zu sprechen. Die eine erhält ihre Gestalt durch die Organisation, die andere durch das urteilend gefundene Motiv. Dieses realisiert sich aber nur dann, wenn die Willenskräfte des Erkenntnistriebes ihre vorgegebenen Intentionen im Erkenntnisakt abgearbeitet haben. Betrachtender und gestaltender Unterricht fordern die Doppelgebärde des Ich gleichgewichtig heraus, ebenso die vielfältige Verbindung ihrer polaren Kräfte.

Das Bemühen um Erkenntnis erweitert das Bewußtsein – der betrachtende Unterricht

Schaut man auf die Seite des Denkvorganges beziehungsweise der Urteilsbildung, so ist im Jugendalter vom Nachdenken zum selbständigen Produzieren der Gedanken und zu selbständigem Urteil fortzuschreiten. Viel Gelegenheit muß eingeräumt werden, daß der Jugendliche *selbständig* Denkakte vollziehen kann. Die Erfahrung, daß die eigene Denktätigkeit (der Denkakt) sich einen objektiven Denkinhalt anbilden kann und das Resultat wirklich die beobachtbaren Welterscheinungen klärt, gehört zum Wichtigsten, was für den Jugendlichen Erfahrung werden muß. Allein von dieser Erfahrung geht die für den Jugendlichen so dringend notwendige Sicherheit aus, daß er mit Hilfe seiner Seelenkräfte die für ihn vorerst fremde Welt durchschauen und sich in ihr behaupten kann, und zwar so, daß er dabei seine Souveränität keineswegs verliert, sondern steigert.

Wird das vom Lehrer berücksichtigt, so wird er seine Darstellungen nicht selbst mit fertigen Urteilen durchsetzen, sondern danach trachten, daß der Schüler sie selbständig findet. Ja er wird seinen Unterricht geradezu überlegt so gestalten, daß das Urteilen der Schüler durch seine Darstellung herausgefordert wird. Schon diese scheinbar einfache methodische Wendung widerspricht allem, was der Lehrer selbst in seiner Ausbildung erfahren hat. Ein erfahrener Waldorflehrer beschreibt diese Tatsache so: «Von dem, was ich von der Universität mitbrachte, konnte ich unmittelbar fast nichts für den Unterricht benutzen. Von dort zur Hilfe kam mir allein, daß ich gelernt hatte, wie man sich ein unbekanntes geschichtliches oder literarisches Wissensgebiet mit Hilfe von Fachbüchern erarbeitet. Von Gesichtspunkten für die Auswahl des Stoffes, von dessen methodischer Zubereitung im Vortrag und Fragen, von der notwendigen Veranschaulichung, das heißt von der Kunst des Erzählens, hatte ich keine Ahnung.»[10] Schon um diese Haltung der möglichst urteilsfreien Darstellung zu praktizieren, bedarf es der energischen Selbsterziehung des Lehrers. Er muß sein Wissen so umschmelzen, daß es der Seelenlage des Jugendlichen gerecht wird.

Ein Erzählen von Tatsachen, das sich der Interpretation strikt enthält, wie es idealerweise der Geschichtslehrer braucht, ist in unserer Kultur fast verlorengegangen. Aber nur über das Medium einer urteilsfreien Darstellung lernt der Jugendliche wirklich die eigene Urteilskraft zu aktivieren. Denn Grundlage jedes selbständigen Urteilens ist die unverstellte Wahrnehmung. Hier hat es der Physiklehrer gegenüber dem Geschichtslehrer scheinbar leichter, weil er mit dem Experiment arbeiten kann, mit dem er die Sache selbst vorstellt. Doch man täusche sich nicht! Genaue Beobachtung ist – wie wir gesehen haben – eine hohe Kunst, die kaum jemand von vornherein beherrscht. Weil gerade die von den Schülern geäußerten Beobachtungsresultate meist fragmentarisch bleiben und somit keinen tragfähigen Ausgangspunkt für ein sachgemäßes Urteilen ergeben, wird auch der Physiklehrer verführt, die Beobachtungsfragmente selbst zu ergänzen. Es gehört ungewöhnliche Geduld dazu, abzuwarten, bis das Beobachtungspanorama allein durch die Aktivität der Schüler vollständig zusammengetragen ist. Dieses Panorama ist dann immer noch Gemeinschaftsleistung, zu der der einzelne Schüler nur beigetragen hat. Wieder wird der Lehrer Ruhe und Geduld nur aktivieren, wenn er durch menschenkundliches Studium fest davon überzeugt ist, daß es notwendig ist, die umfassende Beobachtungsfähigkeit *auch für den einzelnen Schüler zu erreichen.*

Worauf zielt die Forderung, nach der der Unterricht methodisch gestaltet werden soll? Es ist – noch sehr abstrakt formuliert – die Durchdringung des Denkens und Wahrnehmens mit dem Willen. Nur durch diese Methode kann die Begehrungskraft des Willens in die «Kopf-Tätigkeiten» – Wahrnehmung, Denken und Urteilen – eingebracht werden. Dadurch ereignet sich zweierlei: Wahrnehmung und Denken werden gezielt belebt. Die Belebung der Wahrnehmungsfähigkeit läßt den Schüler schrittweise überhaupt erst zu den Erscheinungen vorstoßen. Diese werden dadurch gleichzeitig differenzierter und stärker von der Empfindung begleitet. Es gibt keinen besseren Weg, um das Denken beweglicher zu machen und gleichzeitig auch die Freude an ihm zu wecken, als den Schüler herauszufordern, es selbständig zu betätigen. Der Lehrer bedarf eines feinen Gespürs für die Grenzen, in denen sich seine Anforderungen bewegen dürfen, ohne Überforderungen zu werden.

Es ist ein langer und schwerer Weg, die Begehrungskraft in den Kopf-Tätigkeiten selbstlos werden zu lassen. Ohne diese Qualität des Begehrens führen Wahrnehmung, Denken und Urteilen nicht zu sachgemäßen Resultaten. Schon die leiseste Emotion verstellt die Erscheinungen. Beim Denken spricht man geradezu von der Gefahr eines Wunschdenkens. Eine elementare, unreflektierte Form des Begehrens, eben der Wunsch, bestimmt dann die Denkresultate, grenzt diese aus der objektiven Wirklichkeit aus, macht den Menschen befangen. Aber auch bereits gefaßte Vorstellungen, also frühere Denkresultate, die dem Gedächtnis einmal eingeprägt worden sind, können den neuen Denkakt irritieren. Sein Bildeprozeß wird von ihnen oft überrumpelt und dadurch in seiner schöpferischen Tätigkeit gelähmt. Die «verjüngende Potenz» des Willens erstirbt dabei.

Der betrachtende Unterricht kann eine doppelte schulende Wirkung auf das Seelenwesen der Schüler haben. Indem auf der Ebene der Erkenntnis Urteilen und Begehren sich begegnen und ineinanderwirken, verändern sich beide. Das Urteilen wird durch die willentlichen Impulse in den Wahrnehmungen und Denkakten umfassender, lebendiger, beweglicher und zugleich bewußter. Das Begehren gibt seine unterbewußten oder halbbewußten Zielsetzungen auf und wird im Idealfall selbstloser Diener der Erkenntnis. Man versteht vertieft, warum Rudolf Steiner für die Naturwissenschaften eine Phänomenologie, für die Geschichtswissenschaft eine Symptomatologie forderte. Die Frage ist, ob der Lehrer sich in beiden genug geübt hat, und ob er sie im Unterricht mit den Schülern durchhält. Vordergründig geht es um Wissensvermittlung. In Wirklichkeit wird «am Wissen» etwas viel Bedeutsameres angeregt und bis zu einem gewissen Grad auch geübt: *die seelische Disposition zur Freiheit.* Denn mit dieser Methode werden die «Beschränkungen», die die Selbstwahrnehmung aufzeigt, in Bewegung gesetzt. Ob sie ein Stück weit aufgehoben werden, hängt wesentlich vom Willen der Jugendlichen ab. Aber nicht nur. Ebenso wichtig ist, ob der Lehrer die beschriebenen Seelenprozesse in der von der Sache geforderten Art «vorgeübt» hat. Denn die geforderte Konfiguration des Bewußtseins gilt ebenso für den Erwachsenen, also für den modernen Menschen schlechthin. In diesem Sinne ist der Jugendliche tatsächlich «in das Leben entlassen». Es fragt sich, ob er die Hilfe von den in diesem Leben schon erfahrenen Menschen erhält und annimmt. Hilfe für den Jugendlichen kann nur von Menschen kommen, die diese Seelenverfassung bei sich – wenigstens anfänglich – verwirklicht haben. Besonders der Jugendliche hat ein feines Gespür dafür, ob er gleichsam einer theoretischen Forderung begegnet oder einem Menschen, der nach dieser Forderung lebt. Nur das zweite Verhalten ist für ihn überzeugend.

Die gestaltenden Fächer leiten zum Handeln an und üben Selbstbestimmung

Das Bild von dem Ineinanderwirken der beiden seelischen Grundkräfte wird vervollständigt, wenn wir nicht nur den Erkenntnisprozeß, sondern zusätzlich den Handlungsprozeß verfolgen. Viele Handlungen des Menschen werden impulsiv, das heißt ohne Mitwirkung des Urteilens vollzogen. Schon eine erste noch oberflächliche Betrachtung sagt von ihnen, daß sie sich jenseits der Person abspielen, vom Ich nicht geleitet werden. In ihnen folgt das Begehren Intentionen, die aus seiner natürlichen Grundlage aufsteigen. Deren Befriedigung wird zwar oft lustvoll genossen, andererseits aber auch wieder als fremd erlebt. Fremd wird sie dann, wenn die Erkenntnis jene Handlungen zu reflektieren beginnt. Aber schon das Gefühl erlebt solche Handlungen öfters als bedrängend, ja überwältigend. Die Person fühlt sich ihnen gegenüber unfrei. Dieses Gefühl schwindet in dem Maße, in dem die Handlungen mehr und mehr durch die Erkenntnis gerichtet werden, die Erkenntnis die Ziele des Handelns bestimmt. Die Intentionalität des Willens bleibt erhalten, aber sie erfährt durch das Motiv eine neue Richtung.

Die Motive des Egoisten belehren aber auch darüber, daß es nicht nur auf das Motiv allein ankommt. Die Erkenntnis muß alle Befangenheit abstreifen, um zu Motiven zu kommen, die aus den objektiven Gesetzen geschöpft sind. Wenn das Motiv nur verwendet wird, um bloß egoistische Handlungen zu rechtfertigen, kaschiert es die Begierde lediglich. Jede bloß instinktive Handlung erscheint dann sympathischer, weil naiver.

Es gibt durchaus auch Handlungen, die aus einem ehrlichen und beständigen Erkenntnisbemühen hervorgehen. Dann waltet ein Aspekt objektiver Weltgeistigkeit in der gestaltenden Arbeit. *Die Arbeit wird spiritualisiert.* Was in dem Prozeß des Denkaktes schon zu beobachten war, nämlich daß das Begehren sich seiner vorgefaßten Intentionalität begibt, wird jetzt auch auf der Handlungsebene erreicht: Der Mensch folgt bei der Arbeit – idealtypisch gesprochen – nur seiner Erkenntnis. Nur der aus Erkenntnis Handelnde realisiert ein Stück Freiheit.

Zielvoll gerichtete Handlungen – wobei die Ziele sich aus der Notwendigkeit der Aufgabe durch vernünftige Überlegungen ergeben – durchführen zu lassen, leitet die Schüler an, das Hereintragen der Gedanken in die Handlungsebene zu üben. Das klingt so einfach und ist doch ein langer Weg mit schier unendlichen Schwierigkeiten. Denn nicht nur die Intentionen ursprünglicher Begehrungen sind umzuschmelzen, die Unlust, die sich oft dabei einstellt, ist zu verjagen, auch die Körperlichkeit ist erst für solche Zielsetzungen als Instrument geschmeidig zu machen.

Die pädagogische Aufgabe, Urteilen und Begehren zu verbinden, wird bei den gestaltenden Fächern im Verhaltensbereich fortgesetzt, und zwar hier vor allem bei der Übung der verschiedenen Geschicklichkeiten, des richtigen Werkverhaltens und der sinnvollen Arbeitsweisen. Denn diese müssen nach objektiven, also in der Sache liegenden Kriterien neu geordnet werden. Wie das zu geschehen hat, muß der Jugendliche selbständig übend erkennen. Dann aber muß er die gewonnenen Erkenntnisse gegenüber dem Material wie auch gegenüber der Befindlichkeit der eigenen Organisation durchsetzen. Einfach ausgedrückt: Er muß danach trachten, daß die Organisation seinen eigenen Intentionen gehorcht, gleich ob es sich um Eurythmie, Instrumentalspiel, Schreinern oder Schmieden handelt. So verschiedene Fähigkeiten die aufgezählten Fertigkeiten zu ihrer sachgemäßen Bewältigung auch herausfordern, eines ist ihnen gemeinsam: die Verwandlung eines elementaren Begehrens und dessen Formung durch das Urteil. Damit wird das elementare Begehren – sicher auf unterschiedliche Art durch die verschiedenen Aufgaben – spiritualisiert.

Die gestaltenden Fächer sind frei von jenem Erfolgszwang, der an den betrachtenden Unterricht oft von außen herangetragen wird. Ihre Arbeit kann sich ausschließlich pädagogischen Zielsetzungen widmen. Schon ab der Vorpubertät kann die Aufgabenstellung so sein, daß sie die zu erringende Selbständigkeit herausfordert. Die 7. Klasse führt in der Physik in die Mechanik ein. Die Aufgabenstellung für das Handwerk in derselben Klasse ist bewegliches Spielzeug. Welch wunderbare Gelegenheit, alle Transmissionsmöglichkeiten von Bewegung durchspielen zu lassen, um eine Idee für eine Spielzeugbewegung zu finden. Deren handwerklich exakte und schöne Ausführung ist ein zweiter Schritt. Wer den ersten, nämlich die spielerische und *entdeckende Aufklärung* über die Übertragungsmöglichkeiten ausließe, würde entscheidende pädagogische Möglichkeiten ungenutzt lassen. Die Entdekkerlust, die jetzt zu fördern ist, würde brach liegen bleiben, das Engagement für die Ausführung wäre nur halb so groß als es ist, wenn die eigene Entdekkung umgesetzt wird. Gerade die gestaltenden Fächer können immer wieder offene, das heißt nicht vorgeprägte Situationen schaffen, *die zu Entdeckungen anregen.* Die Freude über sie beflügelt dann die Aktivität. Die vorgegebenen Hindernisse im Verhaltensbereich werden leichter überwunden.

Schon eine skizzenhafte Darstellung, welche die Entwicklung des Selbstbewußtseins und der Selbstbestimmung verfolgt, wirft ein deutliches Licht auf die zwei pädagogischen Grundziele, die Rudolf Steiner in der *Allgemeinen Menschenkunde* stellt.

«Aber man muß alles im Zusammenhang denken. Man muß wissen, daß Eurythmie, von Sinn durchzogene äußere Tätigkeit, Vergeistigen der körperlichen Arbeit und Interessantmachen des Unterrichts in nicht banaler Weise – wörtlich genommen – Beleben, Durchbluten der intellektuellen Arbeit ist. Wir müssen Arbeit nach außen vergeistigen; wir müssen die Arbeit nach innen, die intellektuelle Arbeit, durchbluten! Denken Sie über diese zwei Sätze nach, dann werden Sie sehen, daß der erste eine bedeutsame erzieherische und auch eine bedeutsame soziale Seite hat; daß der letztere eine bedeutsame erzieherische und auch eine bedeutsame hygienische Seite hat». [11]

Die umfassende Tätigkeit des Geistig-Seelischen

Wir haben das Seelenleben bisher mit jenen Phänomenen charakterisiert, die einer aufmerksamen Selbstwahrnehmung zugänglich sind. Dabei wurden wir zu dem Begriff des Selbst geführt, das sich gegenüber den Gestaltungen des Seelenlebens als souverän erweisen kann, und zu dem des Leibes, der die Form, in der Bewußtseinsinhalte auftreten, bestimmt. In dem Selbst fassen wir die geistige Wesenheit gleichsam an einem Zipfel. Dieses erweist sich als der eigentliche Beweger und potentielle Neugestalter unseres Seelenlebens, der in der Lage ist, die Bedingungen, unter denen wir angetreten sind, zu verändern.

Die Selbstwahrnehmung zeigt uns auch erst einmal Grenzen auf, welche die Tätigkeit des menschlichen Geistes behindern. Diese Behinderungen sind jene Bedingtheiten, die wir zum Beispiel durch unsere physische Organisation verursacht vorfinden. Zu diesen Bedingtheiten gehören auch jene Verhaltensformen, die sich durch unsere weitgehend unbewußte Sozialisation, also milieuhaft, bis zum Erwachen des Selbstbewußtseins strukturiert haben. Indem das Selbst sich erfährt, erlebt es diese Vorprägungen als nicht zu ihm gehörig. Das Selbst kann aber die Möglichkeit finden, das, was ihm fremd erscheint, sich «anzubilden». In diesem Vorgang der vielfältigen Umbildung kann das Geistige als schöpferisch erlebt werden. Soweit dies real geschieht, spielt sich eine Bewußtseinserweiterung ab, die soweit gehen kann, daß sie die Grenzen des Gegenstandsbewußtseins durchbricht. Dann erlebt das Selbst nicht nur die zu führende Auseinandersetzung mit der physischen Organisation und den Strukturen der ersten Sozialisation, sondern es erfährt auch, daß dem jetzt erlebten Kampf ein anderer vorausgegangen ist. Er wurde unbewußt zwischen dem Geistig-Seelischen und der Organisation während der bisher stattgefundenen Reifung der physischen Organisation geführt und ist mit der Pubertät noch keineswegs abgeschlossen. Er dauert bis zur endgültig abgeschlossenen Reifung der leiblichen Organisation an.

Nur wer diesen Vorgang zusätzlich verfolgt, gewinnt ein vollständiges Bild der individuellen menschlichen Seele. Denn bevor diese sich in den beobachtbaren seelischen Phänomen äußert, ist sie leibgestaltend und leibformend wirksam. Sie versucht, den Vererbungsleib nach den Erfordernissen ihrer eigenen Gestalt so umzuprägen, daß dieser ein mit ihr übereinstimmendes Instrument wird. Wer die Seele so erfaßt, dem wird ihre pränatale Existenz bewußt und ihre von Raum und Zeit unabhängige Wirkensweise. Er kann dann von einer Inkarnation des Geistig-Seelischen sprechen beziehungsweise von Inkarnationsschwierigkeiten, wenn zum Beispiel der Vererbungsleib dem Eingriff des Geistig-Seelischen besonderen Widerstand entgegensetzt.

Die umfassende Seele beendet zu bestimmten Zeiten ihre Tätigkeit am Leibe. Von da an setzt sie ihre Tätigkeit im Umkreis der Seelenfähigkeiten fort.

Die Metamorphose leibbildender Kräfte zu seelischen Tätigkeiten

Hinweise der Geisteswissenschaft auf die Metamorphose leibschaffender Kräfte in solche, die dann dem Seelenleben zur Verfügung stehen, finden sich in den pädagogischen Kursen Rudolf Steiners.[12] Jedoch sind die Metamorphosen, welche die Übergänge der Jahrsiebte charakterisieren, dort keineswegs systematisch dargestellt. Auch im Gesamtwerk muß man entsprechende Hinweise erst zusammenrücken, um eine erste Übersicht über diese Vorgänge zu gewinnen. Dabei ergeben sich überraschende Resultate.

Die in den leiblichen Bildeprozessen wirkenden geistig-seelischen Kräfte, die letztlich die Reifegestalt der menschlichen Organisation zum Ziele haben, sind zum ersten unterschiedlicher Herkunft. Es bewirken sie drei verschiedene Weltwirksamkeiten, die jeweils ein Jahrsiebt lang an der physischen Organisation arbeiten. Die individuelle Seele muß hier als eine Repräsentation aller in der Welt wirksamen seelischen Kräfte gedacht werden. Indem die Menschen früherer Zeiten dies ins Auge faßten, sprachen sie von der «Weltseele». So wie die menschliche Seele gegliedert erscheint, so diese «Weltseele». Genauer gesagt ist jene Gliederung, die wir in der menschlichen Seele antreffen, eine Folge der Gliederung der Weltseele. Wie charakteristisch auch für die menschliche Seele ihre individuelle Form und Eigenheit sind, sie behält doch mit ihrem Ursprung Verbindung. Sie ist spezieller Ausdruck der Tatsachen, aus denen sie hervorgegangen ist. In ihrem für die

Individualität vorerst unbewußten Wirken an der leiblichen Organisation aktiviert sie diese bestehende Verbindung.

Mit dem Reifezustand, der am Ende eines Jahrsiebts erreicht wird, beenden die Seelenkräfte *zum Teil* ihre Arbeit in der leiblichen Organisation. Die nun «überschüssigen» Kräfte finden eine neue Wirksamkeit im Seelenbereich. Sie werden mit dem Beginn eines neuen Jahrsiebts für die Seele gleichsam als neue Fähigkeiten «geboren». Die Verwandlung dieser leibgestaltenden Kräfte in seelische Kräfte ist ein natürlicher Vorgang. Die Verwandlung vollzieht sich in der Regel bei jedem sich heranentwickelnden Menschen. Andererseits ist dieser Vorgang bereits oft individuell gefärbt, das heißt bei einzelnen Kindern vollzieht er sich schneller, intensiver und mit besseren Resultaten als bei anderen.

Rudolf Steiner bemerkt nun zusätzlich, daß nicht alle leibgestaltenden seelischen Formkräfte, die sich am Ende eines Jahrsiebts von der Arbeit im Leibe emanzipieren, für die neu erwachenden Seelentätigkeiten genützt werden. Nur ein Teil von ihnen wird dafür gebraucht, ein anderer bleibt ungenützt, sozusagen «brach» liegen.

Am Ende jeder Metamorphose finden wir also eine Dreiteilung der wirkenden Kräfte vor. Der eine Teil bleibt am und im Leibe tätig. Er bewirkt jetzt nicht mehr das Wachstum und die Ausformung der Organe, sondern er erhält nur noch das Geschaffene. Er reguliert zum Beispiel den Austausch der Materie, der bekanntlich im Ablauf von sieben Jahren ein vollständiger ist.

Der zweite Teil schießt in die neuen Seelenfähigkeiten und ermöglicht deren Entfaltung. Mit ihm arbeitet die Erziehung.

Ein dritter Teil unterliegt nicht der Gestaltung in neue Seelenfähigkeiten. Er emanzipiert sich zwar von der Tätigkeit am Leibe und wird dadurch «frei». Dieser Teil bleibt aber im Unbewußten. Der Mensch behält gleichsam eine Reserve für eine weitere seelisch-geistige Entwicklung zurück. Die Metamorphose dieser unbewußten Seelenkräfte wird nicht mehr durch einen gleichsam natürlichen Prozeß veranlaßt. Sie kann einzig und allein vom bewußten und tätigen Ich vollzogen werden. Dann gewinnen diese «brachliegenden» Kräfte eine neue Gestalt in den seelischen Organen der übersinnlichen Erkenntnis.

Wir haben darauf hingewiesen, daß die Kräfte, die in den ersten drei Jahrsiebten in dieser Weise wirken, unterschiedlicher Herkunft sind. Dementsprechend ruft auch ihre Verwandlung ins gewöhnliche Seelenleben unterschiedliche Fähigkeiten auf den Plan. Dasselbe gilt für jene drei Teile, die für die menschliche Entwicklung vorerst «brach» liegen bleiben. Ruft sie das

Ich des Menschen zur Wirksamkeit auf, so bilden jene Kräfte, die im dritten Jahrsiebt noch leibgestaltend wirken, die Grundlage für die Imagination, jene des zweiten Jahrsiebts die für die Inspiration, während die leibschaffenden Kräfte des ersten Jahrsiebts für die Intuition ihre Anwendung finden.

Anhand dieser ersten Zusammenfassung wird nun auch jene schwer verständliche Bemerkung Rudolf Steiners einsichtig, daß die Kräfte, mit denen die okkulte Forschung arbeitet, Gesundheitskräfte schlechthin seien. Es sind eben jene Kräfte, welche die Reifegestalt des Menschen hervorbringen und aufbauen.

Das, was hier Seele genannt wird, ist demnach viel umfassender als das beobachtbare Seelenleben. Die Seele ist nach geisteswissenschaftlichen Erkenntnissen zuerst gestaltend am und im Leib tätig. Ein Teil von ihr emanzipiert sich später von dieser Tätigkeit und tritt in seinen Resultaten im Umkreis des bewußten Seelenlebens in Erscheinung. Dieser Teil ist aber nicht die Totalität der von der Leibgestaltung emanzipierten Seelenkräfte. Es bleibt etwas übrig, was weder leiberhaltend wirkt noch in das bewußte Seelenleben übergeht. Dieser «Überschuß» ist der dritte Teil der Seele, wenn diese in ihrer Totalität erfaßt wird.

Weil diese Aspekte der Geisteswissenschaft für die Menschenerkenntnis so grundlegend wichtig erscheinen, sollen sie später durch Stellen aus dem Vortragswerk noch einmal verdeutlicht werden.

Existentiell wirkende und abgelähmte Seelenkräfte

Diese geisteswissenschaftliche Darstellung wirft eine Reihe von Fragen auf. Eine besonders wichtige möchten wir aufgreifen: Wie kommt es, daß die leibschaffenden Kräfte, die innerhalb des Organismus seinsbestimmend wirken, in ihrer Metamorphose zu Seelenkräften werden, die den seinsbestimmenden Charakter verlieren? Denn die Seinsqualität ist zum Beispiel bei der vorstellenden Tätigkeit verschwunden. Die Vorstellung hat Bildcharakter. Alle Erkenntnisprozesse sind frei von vorgegebener, existentieller Bestimmung.

Wir beobachten bei der ersten Leib-Seelen-Metamorphose, die um das 7. Lebensjahr herum geschieht, das Auftauchen der Fähigkeit, Vorstellungen zu bilden. Das, was sich konkret in der Umgebung des Kindes befindet und abspielt, wird «innerlich» noch einmal entworfen. Erst durch diesen Entwurf, und nur soweit er gelingt, wird die Umgebung für das Kind auf neue Art bewußt. Das Hauptcharakteristikum dieser Vorstellungen ist, daß sie ausschließlich Bild sind. Wer lähmt die metamorphosierten leibschaffenden Kräfte in ihrem existentiellen Wirken so ab, daß ihnen «nur» ein Bildentwurf der Welt gelingt?

Man kann sich erst einmal klar machen, daß unserem Bewußtsein mit Vorstellungen, die Seins-Charakter trügen, wenig gedient wäre. Würden doch solche Vorstellungen, wenn sie im Bewußtseinshorizont auftauchten, sofort unser Handeln festlegen, uns das «sein» lassen, was das aufgefaßte Objekt will. Trotzdem ist ein solches Bewußtsein denkbar, ja sogar beobachtbar, auch wenn es nur in Zuständen auftritt, die wir als krankhaft bezeichnen.

Seelisch kranken Menschen erscheint ihre Vorstellungswelt bisweilen als bedrängende Wirklichkeit, der gegenüber sie ihre Souveränität verlieren; sie werden von ihren Eindrücken bei ihrem Handeln getrieben und bestimmt. Dabei tritt offensichtlich die vom gesunden Menschen bewirkte Ablähmung der Seelenkräfte zum Bilde nicht auf. Diese produzieren dann einen Bewußtseinsinhalt, an den der Mensch ausgeliefert ist, an den er sich als Person verliert.

Geisteswissenschaft klärt darüber auf, daß es die Beschaffenheit des physischen Leibes ist – vor allem diejenige des Nerven-Sinnes-Systems –, die diese Ablähmung bewirkt. Sie staut gleichsam den existentiellen Wirkensstrom und filtert ihn zum Bilde.

Der Einwand liegt nahe, daß auch der psychisch kranke Mensch eine physische Organisation besitzt, die in seinem Falle die charakterisierte Ablähmung jedoch keineswegs bewirkt. Die Fehlleistung müßte also in einem Defekt der physischen Organisation begründet sein. Das Instrument des Geistes und nicht der Geist selbst erwiese sich dann bei der sogenannten Geisteskrankheit als «verbildet». Die Ursache für diese Mißbildung wäre in der umfassend begriffenen Seele zu suchen, die in ihrem leibgestaltenden Wirken eine zarte oder schwerwiegende Deformation hervorrufen kann.

Normalerweise organisiert aber die umfassend gedachte Seele den Leib so, daß der Mensch die Welt, zu deren Erfassen er durch Erkenntnis strebt, zum Bilde ablähmt. Die Offenbarung der Wirklichkeit in Wahrnehmung und Begriff übt so keinen existentiellen Zwang auf das Bewußtsein aus. Das Instrument des die Seelenkräfte ablähmenden Leibes bewirkt dann die potentielle Freiheit des Menschen. Denn nur diese Ablähmung erlaubt, die Motive individuellen Handelns nach eigenem Ermessen zu setzen. Dazu

Rudolf Steiner: «Also Sie müssen sich geradezu vorstellen – wenn Sie es sich bildhaft vorstellen – Ihren Lebensgang verlaufend zwischen den beiden horizontalen Linien, begrenzt rechts und links durch Geburt und Tod.

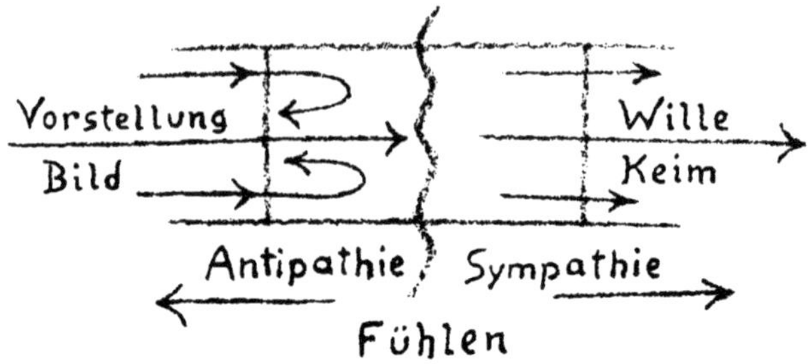

Sie müssen sich dann weiter vorstellen, daß fortwährend von jenseits der Geburt das Vorstellen hereinspielt und durch die menschliche Wesenheit selber zurückgeworfen wird.»[13]

Daß mit dem hier verwendeten Begriff *menschliche Wesenheit* der physische Mensch gemeint ist, ergibt sich aus demselben Vortrag: «Nun haben sie in gewisser Weise das menschliche Seelenleben in zwei Gebiete zerteilt: in das bildhafte Vorstellen und in den keimhaften Willen; und zwischen Bild und Keim liegt eine Grenze. Diese Grenze ist das Ausleben des physischen Menschen selbst, der das Vorgeburtliche zurückwirft, dadurch die Bilder der Vorstellung erzeugt ...».

Die hier dargestellte Beschreibung ist uns bereits aus den referierten Stellen der *Philosophie der Freiheit* vertraut. Auch die Ur-Schneidung der Wirklichkeit in Wahrnehmung und Denken wird durch die Organisation des Menschen verursacht. Indem ein Geistig-Seelisches die Organisation benutzt, «erleidet» es diese Schneidung. Die Ausführungen aus der *Allgemeinen Menschenkunde* konkretisieren diesen Vorgang aber in einem wesentlichen Punkt. Der Bildcharakter von Wahrnehmung und Vorstellung wird ebenfalls durch den Leib verursacht. Auch die Denktätigkeit erleidet in ihren Resultaten erst einmal die von der physischen Organisation ausgehende Ablähmung zum Bilde.

Im Denken haben wir trotzdem eine Tätigkeit, die uns den schöpferischen Charakter der Seele deutlich vor Augen führt. Der Gedanke muß von uns hervorgebracht werden, ehe er Tatsache im menschlichen Bewußtsein wird. Wir sind bei seinem Hervorbringen ständig dabei. Die Seelenkraft des Denkens wird zum «durchsichtigen» Instrument des Ich. Gerade diese «Durchsichtigkeit» verdanken wir den Kräften der Ablähmung. Es ist eine offene Frage, ob durch willentlich verstärkte Denktätigkeit die Ablähmungskräfte der Organisation teilweise oder ganz außer Kraft gesetzt werden können, also ein «leibfreies» Denken möglich wird.

Diese Frage ist nicht theoretisch zu beantworten, sondern nur praktisch. Praktisch in dem Sinne, daß man sich auf das Abenteuer eines Experiments einläßt. *Die Philosophie der Freiheit* ist ein Bericht über ein solches Experiment. Das sagt schon ihr Motto: Seelische Beobachtungsresultate nach naturwissenschaftlicher Methode. In einem Brief schreibt Steiner: «Ich darf es meinen Freunden – aber nur diesen – gestehen, daß ich es mit Schmerz empfinde, daß Nietzsche mein Buch nicht mehr hat lesen können. Er hätte es als das genommen, was es ist: in jeder Zeile als *persönliches* Erlebnis».[14] Und dieses «persönliche Erlebnis» läßt Rudolf Steiner die von uns aufgeworfene Frage positiv beantworten. Es kann gelingen, die ablähmenden Kräfte der Organisation vorerst im Denken zum Schweigen zu bringen.

Erinnern wir uns an die beiden oben (S. 60) angeführten Grundziele der Pädagogik. Interessantmachen des Unterrichts wurde dort bildhaft als ein Beleben und Durchbluten der intellektuellen Arbeit bezeichnet, das die verstärkte Eigentätigkeit im Denken und Wahrnehmen wecken soll und dadurch das Erreichen eines für die Entwicklung des Menschen grundlegend wichtigen Ziels fördert: die Überwindung der durch Schneidung und Ablähmung bedingten Grenzen der Erkenntnis. Die Pädagogik soll danach streben, die bedingte «Beschränkung» des Menschen aufheben zu helfen. Gleichzeitig wird durch dieses Erleben aber auch das Tor zum Zugang der erwähnten vom Leibe emanzipierten, aber noch brachliegenden Kräfte der Seele aufgestoßen. Kein Wunder, daß Rudolf Steiner die beobachtete Denkerfahrung als die wichtigste bezeichnet, die der heutige Mensch machen kann.

Die unterschiedliche Herkunft der leibgestaltenden Kräfte nach der Darstellung Rudolf Steiners

«Der Mensch ist die Resultante zwischen übersinnlichen und untersinnlichen Kräften. Welche Kräfte der Menschennatur sind übersinnliche, welche Kräfte der Menschennatur sind untersinnliche? Übersinnlich sind alle mit dem Erkennen zusammenhängenden Kräfte; alles das, was wir aufbringen für das Erkennen, ist übersinnlich, und es sind das dieselben Kräfte, di*e auch unseren Kopf formen*, unser Haupt formen. So daß wir sagen können: Die übersinnlichen Kräfte sind die Erkenntniskräfte.

Nun wirken in den Menschen hinein auch die untersinnlichen Kräfte. Was sind denn das für Kräfte? Das sind die Willenskräfte. Alle Willenskräfte, alles Willensartige in der Menschennatur ist untersinnlich.»

«Die Kräfte, welche in der Erde wirksam sind, die offenbaren sich in dem, was sie vollbringen an dem Menschen bis zu seinem siebenten Lebensjahre hin. Und wiederum vom siebenten bis zum vierzehnten Lebensjahre wirken im Menschen die Kräfte des Luftkreises, also auch noch dasjenige, was zur Erde gehört, die Kräfte der Atmosphäre. Aber die sind vorzugsweise wirksam in alldem, was sich im Menschen ausbildet zwischen dem siebenten und dem vierzehnten Lebensjahr. Dann ist der *wichtigste* Abschnitt vom vierzehnten bis zum einundzwanzigsten Jahr. Da geht, ich möchte sagen, *das Untersinnliche in das Übersinnliche über.* Da bildet sich eine Art *Ausgleich* zwischen dem Unter- und dem Übersinnlichen. Da wirken die Kräfte des ganzen Sonnensystems, des zur Erde gehörigen Sonnensystems organisierend auf den Menschen…» «Erst mit dem einundzwanzigsten Jahre reißt sich gewissermaßen der Mensch los von den Einflüssen desjenigen, was von außen durch den Planeten [gemeint ist die Erde – *E.F.*] und durch das dazugehörige Planetensystem in ihm bewirkt wird…» «Es sind körperliche Vorgänge, die durch Kräfte vom Inneren des Planeten bis zum siebenten Jahre bewirkt werden. Es sind körperliche Vorgänge, die von dem Luftkreislaufe im Zusammenhange mit der Atmung zwischen dem siebenten und vierzehnten Jahre gebildet werden. Es sind durchaus körperliche Vorgänge, es sind Umgestaltungen der leiblichen Organe, die da bewirkt werden; mit dem Größerwerden, mit dem Wachstum des Menschen hängt alles zusammen. Der Mensch wächst also heraus aus dem, was die Erde an ihm gestaltet; das hört mit dem einundzwanzigsten Jahre auf.»[15]

Drei Weltenrichtungen, aus denen und mit deren Hilfe das Seelische schaffend gestaltet, werden hier genannt. Wenn von der Erde, dem Luftkreis und dem Sonnensystem gesprochen wird, so ist klar, daß deren sinnliche Erscheinung von denselben Kräften gebildet worden ist, die die Seele beim Aufbau des Leibes aktiviert. Es sind geistige Kräfte, die wesenhaft und deshalb differenziert vorzustellen sind. Hier taucht eine erste Ahnung davon auf, welche Dimensionen das hat, was wir als umfassende Seele (S. 61f.) bezeichnet haben. Sie «besteht» aus allen geistigen Kräften des Sonnensystems, die sich an ihrer Bildung beteiligen, und diese wirken durch sie und mit ihr an der Bildung der Leibesorganisation. Gleichsam ein individuell gefärbter Extrakt der «Weltseele» tritt uns in der menschlichen Seele entgegen. Diese «Repräsentation» ist aber auch weiterhin mit den sie konstituierenden Kräften verbunden.

Aber noch von einer anderen Seite erhält die umfassende Seele einen prägenden Einschlag. Er kommt von der Verbindung eines Ichs mit dieser Seele. Diese Verbindung bleibt nicht wirkungslos. Das Ich arbeitet in diese Seele hinein, impulsiert sie zur Tätigkeit, strukturiert sie neu. In dem bisher Dargestellten wird dieser Eingriff besonders bei der Gestaltung der seelischen Überschußkräfte zu übersinnlichen Erkenntniskräften interessant. Nur das Ich kann sie aktivieren. Es formt sie zu übersinnlichen Erkenntnisorganen. Nur ein Ich kann deren Gestalt gezielt und von ihm beherrscht hervorrufen.

Mit Hilfe der Imagination tritt dann auch das erste Mal das, was das Selbst als solches konstituiert, vor den Erkenntnis-Blick. Gleiches wird von einem durch das Ich zum Erkenntnisorgan gebildeten Gleichen erkannt. Dadurch erfahren Erkenntnis und Selbsterkenntnis eine ungewöhnliche Steigerung. Gleichzeitig ist dieser Vorgang eine Befreiung des Seelischen von der ablähmenden Wirkung des Leibes auf die Form der Erkenntnis. In den Augenblikken imaginativer Erkenntnis ist die Beteiligung des Leibes am üblichen Erkenntnisprozeß prinzipiell überwunden. Die erkennende Tätigkeit erreicht eine erste Stufe der Unabhängigkeit vom Leibe, gleichzeitig aber auch eine erste Autonomie gegenüber den bislang in der Seele unbewußt waltenden Kräften. Diese werden ihrer Qualität (ihrem Wesen) und ihrem Ursprung nach erkannt.

Unterschiedliche Seelenfähigkeiten durch die Metamorphose der leibgestaltenden Kräfte

Das erste Jahrsiebt

«... dieselbe Tätigkeit, die später im *Denken und Erinnern* lebt, lebte im Organismus, war dort tätig, um die Zähne herauszutreiben. Es ist gewissermaßen eine organische Tätigkeit, metamorphosiert, umgewandelt zu einer geistig-seelischen Tätigkeit. Und als solche geistig-seelische Tätigkeit lebt sie nun weiter im Menschen.» In diesem Vortragsabschnitt wird auf die erste

Metamorphose der leibgestaltenden Kräfte bis zum Zahnwechsel hingewiesen. Rudolf Steiner fährt fort: «Man versuche nur einmal hinzuschauen, wie in starker Weise in den ersten sieben Lebensjahren dasjenige im Organismus tätig ist, was später nur als Gedankenarbeit, als Erinnerungsarbeit wirkt. Nun sage man sich, man nähme diese verstärkte Tätigkeit des Denkens, des Vorstellens auf, man halte sich daran, nicht bloß die umgesetzte geistig-seelische Tätigkeit der späteren Jahre in seiner Seele arbeiten zu lassen, sondern die stärkere Tätigkeit, die imstande war, nicht bloß Gedanken zu Erinnerungen zu formen, sondern die Zähne herauszutreiben.»[16]

Wodurch aber wird solch ein Einfluß auf die brachliegenden seelischen Kräfte möglich? Durch eine bewußt gesteigerte Denktätigkeit, die zur Meditation wird. «Meditieren ist nichts anderes als ein verschärftes Denken, als ein intensiver gemachtes Denken, als ein ausgebildetes Denken» ... «Dann ergreift man in dem Menschen *ein Wesen*, das ätherisch-denkerisch ist und das zugleich dasjenige ist, das durch die Geburt oder sagen wir durch die Empfängnis aus übersinnlichen Welten heruntergestiegen ist und eben als Plastiker, als Architekt am menschlichen Leibe mitgearbeitet hat. Wir haben dasjenige erfaßt, was am menschlichen Leibe arbeitet, und wir haben damit lebensvoll uns zurückversetzt in das, was wir Menschen waren, bevor wir in diesen physischen Leib heruntergestiegen sind und den Leib angenommen haben, der uns gegeben worden ist durch die Vererbung von Vater, Mutter und so weiter. Wir haben ein Erlebnis von dem Vorgeburtlichen oder von dem Leben vor der Empfängnis, ein Erlebnis von dem, was unser übersinnliches Dasein war vor dem jetzigen physischen Dasein.»[17]

Ein Ergebnis solcher Meditation kann also das Bewußtwerden der Tatsache des Vorgeburtlichen sein. Das Tor zum Erfassen der eigenen Vergangenheit wird geöffnet.

Das zweite Jahrsiebt

«Ich möchte aber jetzt hinweisen auf die andere Seite desjenigen, was im Menschen entwickelt werden muß, damit er aufsteigt von der sinnlichen Erkenntnis zu der übersinnlichen Erkenntnis. Dieses andere ist der Wille.» «In der zweiten Lebensepoche ist dasjenige, was *später* als Wille auftritt, das Organgestaltende. Und es tritt, im Jünglingsalter dann, im 17., 18. Jahr bis in die Zwanzigerjahre hinein zutage, *in dem es den Jüngling durchglüht mit Idealen.* Es ist frei geworden dasjenige, was gearbeitet hat an dem, was dann als Geschlechtliebe, als Menschenliebe überhaupt, erscheint. Was da frei geworden ist nach dem 14., 15. Lebensjahr in der Geschlechtsreife, es hat gearbeitet bis zum 7. Jahr; der Wille ist es – erst der Wille, der an das Organ gebunden ist, dann der frei werdende Wille. Nimmt man das wiederum auf, und zwar in der Weise, *daß man jetzt an den Willen sich wendet* und das, was man gewöhnlich eigentlich passiv als Mensch hinnimmt, ins Aktive verwandelt, dann wird man sehen, daß sich eine zweite, *besondere geistig-seelische Kraft* in der menschlichen Innerlichkeit entwickelt.» «Geisteswissenschaftliche Methode besteht gerade darin, daß man auf diesem Gebiete auch die Entwickelung selbst in die Hand nimmt, daß man ernster, als man das sonst tut, zum Beispiel die sittlichen Ideale nimmt, diese sittlichen Lebensideale sich selber einverleibt, prüft, wie man irgend etwas, *das man sich vorsetzt*, so gestalten kann, daß man es will, *wie man essen will, wenn man hungrig ist...*»

«Man bekommt ... wenn man also seine menschliche Entwicklung aktiv in die Hand nimmt, *ein Gefühl von dem Durchdringen des Geistig-Seelischen gegenüber dem Physisch-Leiblichen.* Wie man im Denken, wenn man es entwickelt, *frei wird von dem Leiblichen,* so wird man es durch die andere Entwickelung, die ich jetzt erörtere, die einfach dasjenige, was vom 7. bis 14. oder 15. Lebensjahr hin im Organismus wirkt, so intensiv aufnehmen, daß da die Liebe nicht bloß so wirkt wie sonst im Leben, im sozialen oder im individuellen Leben, sondern daß die Liebe so wirkt, *daß sie organisch uns erst zum Leibe gestaltet.* Wenn man nun jene Intensität der Liebe auf die eigene Selbsterziehung anwendet, dann erlangt man in dem Willen dasjenige, was stark genug ist zu wirken, wenn auch dieser Leib der Erde oder den Elementen übergeben wird.» ... «D*ann erlangt man durch diese andere Seite der Entwickelung die Möglichkeit, zu begreifen, was nach dem Tode ist.*» ... «Dann, wenn dieses erreicht ist, hat man etwas, was so auftreten kann wie der Inhalt meiner »Geheimwissenschaft» etwa. So wie man von einer äußeren naturwissenschaftlichen Wissenschaft aus über die Außenseite der Welt spricht, so kann man über die Innenseite der Welt sprechen.»[18]

Die Aussage, daß die Verstärkung des Willens so weit gehen kann, «daß sie organisch uns erst zum Leibe gestaltet», ist schwer zu verstehen. Ist es doch der Wille im Denken, der gerade die Befreiung vom Leibe herbeiführt, indem er sich ins Denken ergießt und dieses belebt. Wie ist die Organgestaltung, von der hier gesprochen wird, zu verstehen? Offensichtlich muß bei ihr der Wille in meditativer Konzentration gestaltend tätig werden.

Wir greifen noch einmal auf die in diesem Kapitel referierte Darstellung aus der *Allgemeinen Menschenkunde* zurück. Dort wird darauf hingewiesen, daß der Wille Keim bleibt. Jeder Keim besitzt aber die Möglichkeit, die in ihm ruhende Wirklichkeit unter bestimmten Bedingungen zu entfalten. Solange er Keim bleibt, tut er es nicht. Dann bleibt die Wirklichkeit solchen Keimwillens verborgen. Auch das, was der durch das Ich ergriffene und gerichtete Wille in den Handlungen schafft, hat vorerst den Charakter des Keims. Dem scheint die Erfahrung zu widersprechen. Die Ergebnisse der Handlungen werden doch offenbar, und sie tragen auch durchaus die Züge des Handelnden. Doch das stimmt nur bis zu einem gewissen Grade. Wer jemals in seinen Taten mißverstanden worden ist, weiß, wie unvollkommen die Intentionen in den Handlungsresultaten sichtbar werden. Sie werden in der Handlung nur zum Teil «ausgedrückt». Sie lösen sich von uns ab und wirken in der Welt weiter. Sie sind real, aber schwer überschaubar. Die Wirkung jeder Handlung entfaltet sich unter Umständen in ihrer Gesamtheit viel später. In diesem Sinne bleibt der Handlungswille für das gegenwärtige Bewußtsein Keim. Seiner Frucht begegnen wir erst im späteren Schicksal.

Indem der Wille vom Ich aus der Organisation entbunden und in der Erkenntnistätigkeit den Weltgesetzen verbunden wird, schafft er Folgen für die geistige Wirklichkeit; auch indem das Ich Motive setzt und den Willen nach der Weltgesetzlichkeit handeln läßt. In beiden Fällen sind die Taten, das haben die bisherigen Ausführungen verdeutlicht, liebebestimmte Frucht. Diese Früchte haben sich der Weltentwicklung eingefügt.

Wer so lebt, verändert auch seine Organisation. Er bringt die in der Organisation nur unvollständig ausgebildeten übersinnlichen Organe zur Reife, so daß sie ihre Funktion aufnehmen können. Der zielgerichtete Wille kann in einem solchen Falle wirklich organbildend wirken, wenn auch diese Organe keine physischen sind. Sie brauchen dennoch eine abgeschlossene Form, die nicht die Natur, sondern nur der auf ihre Ausbildung gerichtete Wille ihnen geben kann. In diesem Sinne tritt der Wille als Vollender der menschlichen Organsiation auf.

Das dritte Jahrsiebt und die Zusammenfassung der ersten drei Jahrsiebte

Auch über den meditativen Weg zu den schlummernden Kräften, die die leibliche Organisation im dritten Jahrsiebt gestalten, spricht Rudolf Steiner, wenn auch kurz, im Vortrag vom 24.9.1919:

«Da hört (– um das 20. Lebensjahr –) eine gewisse geistig-seelische Kraft auf zu organisieren. Da wird sie bloß imaginäre, innere Kraft, seelische Kraft. Da ist sie nicht mehr so stark wie früher, wo sie eingreifen mußte in die menschliche Organisation. Findet man sie schlummernd in der Menschennatur, diese Kraft, die vorher eine bildende Kraft war und jetzt nach dem 20. Jahre nicht mehr ist, und bildet man sie aus, so daß sie vorhanden ist nach dem erreichten 20. Jahr wie früher, da sie im Leibe wirkte, dann wird sie zur imaginativen Kraft...»

«... auch diejenigen Kräfte sind schlummernd im späteren Menschen, welche vom 7. Jahr ungefähr, vom Zahnwechsel bis zur Geschlechtsreife, die wichtigste Organisation, die da vor sich geht, bewirken ... wenn diese geistig-seelischen Kräfte heraufgeholt werden aus ihrem Schlummer, ihrem Schlafzustand, dann sind sie die Kräfte der Inspiration...»

«Und wenn wir gar die tiefer in der menschlichen Natur schlummernden Kräfte, die von der Geburt bis zum Zahnwechsel als die stärksten gegenüber der menschlichen Organisation gewirkt haben, dann aber auch *am tiefsten sich zurückgezogen haben vom äußeren leiblich-physischen Leben*, diese Kräfte, die in der ersten Kindheit die organisierenden sind, wenn wir die für die späteren Lebenszeiten heraufholen und mit ihnen durchsetzen dasjenige, was Imagination, Inspiration ist, dann bekommen wir die intuitiven Kräfte der übersinnlichen Erkenntnis, diejenigen Kräfte, durch die der Mensch fähig wird, unterzutauchen in die Wirklichkeit der geistigen Welt, wie er durch die Sinne und den gewöhnlichen an den Leib gebundenen Willen in die physische Welt untertaucht.»

Das, was hier zusammengetragen wurde, erfährt an anderen Stellen im Werk Rudolf Steiners durchaus noch weitere Differenzierungen. Auf diese soll hier nicht eingegangen werden, da sie an dem grundlegend Wichtigen der hier vorliegenden Aussagen nichts ändern.

Der referierte Aspekt der Geisteswissenschaft zu den ersten drei Lebensjahrsiebten ist erkenntnismäßig nicht gerade leicht zu «verdauen». Das erscheint bei ruhigem Bedenken sogar als Vorteil. Denn ein schnelles, nur vorstellendes Verständnis bringt nicht viel. Ihm scheint zwar alles «klar», aber die Produktivität im Umgang mit den Heranwachsenden wird durch solche «Klarheit» wenig gefördert. Eine ganz andere Haltung regt Rudolf Steiner an:

«Worauf es ankommt, das ist, daß der Mensch in der Tat die Möglichkeit behält, das ganze Leben hindurch sich auf jedes neue Jahr zu freuen, weil jedes Jahr die göttlich-geistigen Inhalte seines Inneren in neuen Gestalten hervorzaubert. Das ist etwas, was ich damit bezeichnen möchte, daß wir in Wahrheit und Wirklichkeit lernen müssen, nicht bloß unsere Jugend als entwickelungsfähig zu erleben, sondern das ganze Dasein zwischen Geburt und Tod. Dazu wird natürlich eine neue Erziehung notwendig sein. Indem unsere alten Leute an ihre Schuljahre zurückdenken, denken sie gewöhnlich an nichts Angenehmes zurück. Wir müssen in die Lage kommen, die Schuljahre so zu gestalten, daß sie, wenn wir uns an sie zurückerinnern, immer ein neuer Quell des Auflebens für uns sind. Sie sehen daraus, daß der Mensch sich auch in dieser Beziehung die Möglichkeit eröffnen kann, das Göttlich-Geistige in seinem Innern wirklich wahrzunehmen, etwas in sich zu erleben, was über das von außen angeregte und erregte Leben hinausgeht.»[20]

Was hier über den Vorgang der Reifung ausgesagt wird, erweitert übliche Vorstellungen entschieden. Bislang sah man diesen Vorgang als allein biologisch determiniert an. Die Forschung Rudolf Steiners fügt zu den Entwicklungsfaktoren Vererbung und Milieu einen dritten hinzu: die Wirksamkeit des individuellen Geistig-Seelischen. Mit der Einführung dieses zusätzlichen Gestaltungsfaktors wird die Wirksamkeit der beiden anderen Faktoren nicht geleugnet.

Die grundlegenden Arbeiten Blechschmidts zur Keimesentwicklung[21] haben gezeigt, daß diese sofort menschliche Züge trägt, das biogenetische Grundgesetz wurde nicht durch die Tatsachen bestätigt. Das Geistig-Seelische beginnt bereits kurz nach der Empfängnis seine Arbeit an der Keimgestaltung. Erst mit der Vollendung der Reifegestalt zieht es sich von der gestaltenden Arbeit am Leibe zurück. Hier ist eine Forschung über die ich-bestimmte Signatur der Organe gefordert, die noch in den Anfängen steckt. Mit den Darstellungen Rudolf Steiners wird eine weitere Frage aufgeworfen. Wenn bei der Emanzipation des Geistig-Seelischen vom Leibe ein Teil jener Kräfte im Unbewußten wirksam wird, wie ist dann mit diesem Teil der Seele durch Pädagogik, Selbsterziehung, Sozialverhalten umzugehen? Wie sind die Bildetendenzen dieses Seelenteils zu berücksichtigen? Wir treffen hier auf den Quell zukünftiger Entwicklung des Menschen. Kann dieser Quell durch unvernünftige Erziehung des bewußten Seelenteils verschüttet werden? Oder kann Erziehung auch dazu beitragen, diesen Quell für das spätere Leben zu aktivieren? Wir werden an einem bestimmten Punkt der Darstellung den angeschnittenen Problemen wieder begegnen. Hier sei nur vermerkt, daß Rudolf Steiner wiederholt darauf hingewiesen hat, daß die heutige Erziehung das Unbewußte zu wenig berücksichtige.

Das dritte Jahrsiebt noch einmal anders betrachtet – Grundlegende Ziele

Im dritten Jahrsiebt wird also das pädagogisch erreichbar, was im zweiten Jahrsiebt vor allem die Stoffwechsel-Gliedmaßen-Organisation zur «Reife» gebracht hat. Die primären und sekundären Geschlechtsmerkmale zeigen den Abschluß dieses Gestaltungsprozesses an, auch wenn dieser – wie bei der Zahnbildung – weiterklingt. Mit der Pubertät aber ist die Metamorphose dieser Kräfte ins bewußte Seelenleben erreicht. Die neuen Kräfte wollen jetzt innerhalb der Seele betätigt werden.

Wir haben im ersten Kapitel bereits auf die das Jugendalter charakterisierende Rastlosigkeit hingewiesen, die sich im sprunghaften Wechsel auf allen drei Seelenebenen äußert. Der frei gewordene Wille ist gleichsam mit Händen zu greifen. Ihm fehlt aber die neu reflektierte Zielvorgabe. Deshalb erscheint er schwankend, obwohl es ihm an Intensität keineswegs fehlt. *Auf diesem Hintergrund wird das zentrale Erziehungsziel des dritten Jahrsiebts deutlich: die Bildung, die Formierung des «frei gewordenen» Willens.*

Wir haben in dem Kapitel über die Entstehung des Bewußtseins detailliert dargelegt, wo im Erkenntnisleben der Wille tätig wird und wie er gehandhabt werden muß, *damit sachgemäße Erkenntnis zustande kommen kann.* Dabei konnten wir zwei Erfahrungen gewinnen. Sachgemäße Erkenntnis ist, ohne daß der Wille im Erkennen auflebt, überhaupt nicht möglich. Dem Erkennen fehlt ohne die Impulsierung durch den Willen die rechte Anbildekraft an die objektiv vorgegebene Welt, seien es die Welterscheinungen oder die Weltgedanken. Die Liebefähigkeit eröffnet sie erst. Der Wille kann bei richtiger Handhabung des Erkennens «selbstlos» werden. Aus dieser Erfahrung ergibt sich eine Methode des Erkenntnisverhaltens, auf die wir – noch sehr elementar – schon in dem Abschnitt über den betrachtenden Unterricht eingegangen sind. *Dem Schüler sollten gerade nicht die eigenen Denkbemühungen erspart bleiben. Die richtige Methode des Unterrichts im Jugendalter fordert solche Anstrengungen geradezu heraus, weil sie bewußt Willensbildung im Erkennen leisten möchte.*

Aber das gleichsam «umgekehrte» Verfahren der Willensbildung im praktischen Unterricht darf nicht vergessen werden. Hier geht es um das Herantragen von Zielgedanken in jenen Verhaltensbereich, wo der Wille unmittelbar und meist unreflektiert tätig ist. *Die Maximen des Handelns sollten ebenfalls an und aus der Sache selbständig entdeckt werden.* Da handelt es sich wiederum um Erkenntnis, wenn auch eine solche für das praktische Tun. Diesem Vorgang folgt dann aber der für die Willensbildung eminent wichtige Schritt, die gefundenen Ziele des Handelns im Tun durchzusetzen. Welche Widerstände treten hier auf! Sie resultieren vor allem aus schon vorgeprägten Verhaltensformen. Hier die Liebefähigkeit, das heißt jetzt, das von der Sache gebotene Handeln zu realisieren, erscheint mindestens so schwer wie die Überwindung der äußeren Widerstände, die jedem Handeln entgegenstehen.

Mit der einmal erkannten Bedeutung der Willensbildung für das dritte Jahrsiebt verlieren die traditionellen Gewichtungen von intellektueller und praktischer Arbeit durch die heutige Schule ihre Bedeutung. Denn sowohl Erkenntnis als auch praktische Arbeit erscheinen im Erziehungsprozeß dieses Jahrsiebts unter dem Hauptgesichtspunkt der Willensbildung gleichermaßen notwendig und auch gleichermaßen bedeutungsvoll. Wer sich den dargelegten Erziehungsnotwendigkeiten dieses Lebensalters verschreibt, wird beide – und zwar gleichgewichtig – für die Erziehung im dritten Jahrsiebt einsetzen, auch wenn die bisherige Erziehungstradition anders verfährt.

Ist doch oft folgendes zu beobachten: Schüler mit bescheidenen intellektuellen Leistungen absolvieren eine Lehre und wachen plötzlich in dem Sinne auf, daß sie neu von sich aus das Bedürfnis nach Erkenntnisarbeit entwikkeln, die sie vorher vehement abgelehnt haben. Solche «Überraschungen» sind aus den vorher geschilderten Fakten relativ einfach zu erklären. Bei diesen Jugendlichen war das Begehren so ungeschult, daß sie an den hohen Forderungen, die der Lehrplan an das Erkennen stellte, erst einmal scheiterten. *Dieses Scheitern sagt häufig nichts über die intellektuelle Begabung eines Schülers aus, viel aber über seinen ungeformten Willen.* Nun, nachdem sie ihr Begehren auf einem anderen Felde, nämlich dem der praktischen Arbeit, gebildet haben, wollen die Jugendlichen den gefestigten Willen auch erkenntnismäßig anwenden. Wird ihnen dazu nicht die Gelegenheit verwehrt, sind sie in der Regel erfolgreich. Auch solche konkreten Beispiele können die Sicherheit bestärken, daß in der Erziehungsmaxime der Willensbildung die grundlegende Erziehungsaufgabe des dritten Jahrsiebts besteht. Zugespitzt kann man durchaus behaupten: Die Belebung (Durchblutung) der intellektuellen Arbeit ist ohne die gleichzeitige Erziehung durch praktische Arbeit gar nicht möglich. Zumindest wird die Erziehung am erfolgreichsten sein, wenn beide Bildungsmöglichkeiten für den Willen geübt werden, eine wechselseitige Durchdringung beider Ausbildungsformen des Willens angestrebt wird.

Der gesamte Lehrplanentwurf Rudolf Steiners für die Waldorfschule folgt dieser Erziehungsmaxime. Der Lehrplan bringt immer die Willensbildung durch praktische Tätigkeit ins Spiel, schon am Beginn der Schulzeit. Auch die methodisch-didaktischen Hinweise zielen von vornherein auf die Bildung des Willens. Diese Zielrichtung hat als menschenkundlichen Hintergrund auch die unterschiedliche Entwicklungs-«Reife» der drei physischen Organisationen (Nerven-Sinnes-Organisation, rhythmisches System und Stoffwechsel-Gliedmaßen-Organisation), auf die wir noch eingehen werden. Es besteht eine grundlegende, die Jahrsiebte sogar übergreifende Erziehungsnotwendigkeit: «Eigentlich brauchen wir nur den Gliedmaßenmenschen [d.h. den Willen *E.F.*] auszubilden und einen Teil des Brustmenschen... die haben dann die Aufgabe, den Kopfmenschen aufzuwecken, so daß Sie also hier eigentlich erst die *wirkliche Charakteristik des Erziehens und Unterrichtens* bekommen.»[22]

Nach der Pubertät gewinnt das Erziehungsziel der Willensbildung noch erhöhte Bedeutung, weil jetzt die Bildekräfte der Stoffwechsel-Gliedmaßen-Organisation als freigewordener Wille neu seelengestaltend auftreten. «Dasjenige, was wir als das Beste der Erziehung bewirken können, das ist eben die Willenserziehung und ein Teil der Gemütserziehung.»[23] Diese Maxime muß in ihrer grundlegenden Bedeutung gerade für die Erziehung im Jugendalter neu erkannt und mit viel Phantasie und Entschiedenheit realisiert werden.

Dabei ist zusätzlich der «Kompromißcharakter» des ersten Lehrplans der Waldorfschule zu berücksichtigen. Keiner hat diesen Kompromiß, der damals zwischen Bildungstradition – vertreten durch Schulaufsicht – und den Forderungen des Jugendalters geschlossen werden mußte, besser überschaut als Rudolf Steiner selbst. In immer neuen Anläufen versuchte er zu retten, was noch zu retten war. Diese Anläufe werden wenigstens punktuell in die folgenden Betrachtungen mit einbezogen.

Der Vorklang der Pubertät in den letzten Schuljahren der Klassenlehrerzeit – der Nachklang des zweiten Jahrsiebts in den ersten Klassen der Oberstufe

Die Zeit zwischen dem zwölften und sechzehnten Lebensjahr

In *Erziehungskunst. Methodisch-Didaktisches*[24] wird die Zeit zwischen dem 12./13. und dem 15./16. Jahr immer wieder als ein zusammenhängender Lebensabschnitt behandelt. Während dieser Zeit ist die Verbindung der jugendlichen Seele mit der Umwelt zu begründen. Technisches und soziales Verständnis sollen erweckt werden. Das heißt, der Unterricht lenkt das Interesse eindeutig auf die Umwelt und die dort anzutreffenden Verhältnisse; deren Verständnis wird angestrebt. Dafür bietet dieser Lebensabschnitt nach Rudolf Steiners Auffassung die beste Gelegenheit.

Als Rudolf Steiner diese Vorträge hielt, war die Eröffnung von acht Klassen der Waldorfschule entschieden. Die endgültige Organisation der Schule war damals noch offen. Es wurde erst einmal an eine 10-klassige Schule gedacht. Dieser Punkt ist wichtig, denn Rudolf Steiner hat damals jene Unterrichtsinhalte, die später die Klassen 11 und 12 bestimmen, gedanklich schon dem universitären Bereich zugeordnet beziehungsweise dessen «Vorschule». *Der Einschnitt zwischen der 10. und 11. Klasse beziehungsweise zwischen dem 16. und 17. Lebensjahr wird offensichtlich als so markant angesehen, daß er ein Ende der Schulzeit rechtfertigt.*

Die von Rudolf Steiner getroffene Dreiteilung der Jahrsiebte ist bekannt. Er leitet sie aus Entwicklungsvorgängen ab, die unbefangener Beobachtung durchaus zugänglich sind. Im ersten Drittel jedes Jahrsiebts klingt und wirkt nach, was Grundtenor des vorangegangenen Jahrsiebts war. So sind die ersten Lebensjahre im zweiten Jahrsiebt noch stark beeinflußt von der Nachahmung, die das erste Jahrsiebt beherrscht. Aber es gibt auch ein Vorklingen beziehungsweise Vorwirken des folgenden Jahrsiebts in das vorangehende.

Der Lehrplan antwortet sowohl auf Nach- wie Vorklingen. Zum Beispiel wird die Ausbildung von Verstand, Vernunft und Phantasie, die hauptsächlich den Lehrplan des dritten Jahrsiebts beherrschen, durch den Lehrplan des letzten Drittels des zweiten Jahrsiebts schon vorweggenommen. Die Klassen 6 bis 8 erhalten den Charakter eines Präludiums, was später ausführlich dargestellt wird.

Folgt man der Gesetzlichkeit der Dreiteilung innerhalb der Jahrsiebte gedanklich konsequent, so wird die *wirklich selbständige* Handhabung von Verstand, Vernunft und Phantasie, Hauptanliegen der Erziehung im dritten Jahrsiebt, für den Jugendlichen erst beim Übergang in die 11. Klasse voll erreicht sein. Im ersten Schulentwurf wird dieser Zeitabschnitt der Vorschule der Universität zugeordnet – eine Zuordnung, die zu denken gibt. Wir wollen im folgenden die Zeit zwischen dem 12./13. und dem 15./16. Lebensjahr unter dem Gesichtspunkt ihrer Gemeinsamkeit verfolgen.

Die Grundfigur des zweiten Jahrsiebts

Die innere Grundfigur des zweiten Lebensjahrsiebts ist die Hingabe des Schülers an die geliebte und selbstverständliche Autorität des Lehrers. Da dieser Begriff von Autorität den vielfältigsten Mißinterpretationen ausgesetzt ist, seien zu ihm einige Bemerkungen gemacht. Zuerst ist mit diesem Begriff gesagt, daß ein Kind seine eigenen Kräfte am besten entfalten kann, wenn sich ein selbstverständlich vertrauensvolles Verhältnis von Schüler und Lehrer ergibt. Dieses Verhältnis weckt und beflügelt die Seelenkräfte des Kindes. Sie können sich in der seelischen Wärme, die ein solches Verhältnis charakterisiert, am besten entfalten. Das Kind findet unter solchen Lebensbedingungen auch am meisten zu sich selbst. In diesem Lebensalter heißt das: Es lernt, zum Beispiel seinen Arbeitswillen deshalb einzusetzen, weil es dem geliebten Lehrer damit Freude macht.

Genauer betrachtet, ist die Beziehungsfigur zwischen Schüler und Lehrer dennoch kompliziert. Primär wird sie durch das Gefühl bestimmt, das der Schüler dem Lehrer entgegenbringt. Dieses ist durch und durch sympathisch. Das Kind begegnet in diesem Lebensalter der Welt durchaus gemüthaft. Was das Gemüt beeindruckt, wird leicht und willig auch mit Vorstellungen begleitet. Das Gemüt ist das Tor zu einer Vorstellungsbildung, die innerster Besitz wird, weil sie sich dem Gedächtnis tief einprägt. Was durch dieses Tor an das Kind herantritt, regt es zum eigenen Sinnen an. Und dieses Sinnen gibt sich phantasievoll und gar nicht intellektuell, wenn es nicht durch eine betont intellektuelle Bildung verbogen wird. Der Typus des altklugen Kindes zeigt eine solche Verbildung. Hört man es seine «Weisheit» von sich geben, klingt sie so äußerlich wie bei einem Papagei. Man kann sich des Eindrucks nicht erwehren, daß es dressiert worden ist, daß die Vorstellungen aufgesetzt und nicht aus dem eigenen Erleben geformt und persönlich gereift sind. Sie sind wie ein Kleid, das zum Kind nicht paßt, weil der kindlichen Eigentätigkeit nicht erlaubt wurde, sich zu entfalten.

Der Lehrer muß durch bewußte Selbsterziehung dahin gelangen, daß das Gefühl des Vertrauens sich beim Kind entfalten kann. Der Schüler muß empfinden können, daß ihm durch den Lehrer die Welt in der richtigen Weise vermittelt wird. Das heißt: durch und durch von Gefühl durchseelt. Dann kann im Unterricht auch das eigene Gefühl und Gemüt des Kindes atmen. Ist dies möglich, dann weckt solches Miterleben der Welt zum Beispiel die Freude an ihr, die wiederum den Willen des Kindes impulsiert. Wie können Kinder in diesem Lebensalter bisweilen mit dem Einsatz der letzten Faser ihres Wesens arbeiten! Der gefühlsbefeuerte Wille weckt am effektivsten das eigene Denken.

Wie können Kinder sich aber auch zu Tode langweilen, wenn das Lehrer-Schüler-Verhältnis gestört ist. Dieses Verhältnis kann also nur gedeihen, wenn der Lehrer den springenden Punkt, nämlich die elementare Gefühlsbefindlichkeit des Kindes in diesem Lebensalter richtig durchschaut und – was viel schwerer ist – den Unterricht so gestaltet, daß diese Tatsache dabei voll berücksichtigt wird. Das ist leichter gefordert als getan. Bedeutet es doch im Konkreten, das, was der Lehrer in seiner Ausbildung gelernt hat, völlig umzuschmelzen. Denn das Wissen unserer Zeit hat diesen Gefühlscharakter nicht. Die Gefühlskomponente der Welterscheinungen ist an den Phänomenen selbst vom Lehrer erst neu zu entdecken. Gefühl kann keineswegs intellektuell sentimental als «Zuckerguß» allem Unterricht beigegeben werden, sondern es muß von Grund auf, das heißt aus dem Wesen dessen, was als «Stoff» unterrichtet wird, sich ergeben. Für den Lehrer, der sich auf die Aufgabe einläßt, die sachgemäßen Gefühlskomponenten zu entdecken, ist das schwere Arbeit. Man mache sich doch etwa am Beispiel der Pflanzenkunde klar, was Rudolf Steiner vom Lehrer an Umbildung seines Denkens, aber auch seines Gefühls, ja der ganzen Person verlangt! *Aber nur auf dem Boden solcher gezielten, gewollten Veränderung des Lehrers kann das rechte Autoritätsverhältnis des zweiten Jahrsiebts gedeihen.*

Der Lehrer muß führen. Er wird in der Führung der Kinder sicher werden, wenn er sich auf den Schulungscharakter der Geisteswissenschaft einläßt.

Autorität nur äußerlich zu fordern, ist von vornherein zum Scheitern verurteilt. Bloß äußerliche Autorität erwärmt die kindliche Seele nicht, sie läßt sie im Gegenteil zunehmend erkalten. Das Lehrer-Schüler-Verhältnis trocknet dann aus. Es impulsiert den kindlichen Willen nicht. Es erfüllt nicht die elementare Sehnsucht des Kindes, die Welt im Atem der Gefühle zu erleben. Auch in der Begegnung mit dem Erwachsenen will das Kind frei atmen. Das kann es aber nur, wenn das soziale Verhältnis von der Seite der Erwachsenen her durch die Bemühungen um Selbsterziehung bestimmt ist.

So wie das Kind im ersten Jahrsiebt «fordert», daß der Erwachsene nachahmenswert ist, daß es dessen moralische Existenz gleichsam «trinken» kann, so möchte es im zweiten Jahrsiebt die Welt durch den Lehrer vorempfunden wissen, und zwar so, wie es der Sache entspricht. Wir stoßen hier auf ein Grundelement geisteswissenschaftlicher Schulung. In deren Aufbau gibt es einen Übungsabschnitt, wo der Übende der erfahrbaren Welt Gleichnischarakter abgewinnen soll. Genau diese Lebenshaltung sollte beim Lehrer selbstverständliches Streben werden. Die Kinder im zweiten Jahrsiebt verlangen nach Bildern, nicht nach Begriffen. Und diese werden nur durch die Phantasie geschaffen. Die Beweglichkeit, die in der Verwandlung der Bilder gegeben ist, wo zum Beispiel die Blüte der Pflanze als festgehaltener Schmetterling angeschaut werden kann, der Schmetterling als die vom Sproß befreite Blüte, schafft dem Kinde erst das gesunde, freilassende Atmen. Und die Beweglichkeit ist nicht mit dem Gleichnischarakter der Bilder erschöpft, sie pulst auch in dem die Bilder begleitenden Gefühl. Denn es ist eine beobachtbare Tatsache, daß das Bild immer viele und wechselnde Gefühle im Betrachter anregt, die das Interesse für die Welt eröffnen.

So gesehen ist die kindliche Sehnsucht nach geliebter Autorität gleichzeitig diejenige, welche die Welt im Gleichnischarakter des Bildes erleben möchte. Gleichnisbilder können durch den Lehrer neu erworben werden, wenn er die Gesetze der Schulung praktiziert. Nur solche Schulung arbeitet bewußt am Gleichnischarakter der Welt. Das Kind braucht den Lehrer als Vermittler. Es möchten den lieben, der ihm die Welt in Bildern vermittelt. Mit einer umwerfenden Naivität setzt das Kind voraus, daß jeder Erwachsene, also auch der Lehrer, in diesem Sinne «auf dem Wege» ist. Aber auch die Enttäuschungen diesbezüglich sind manchmal groß, dementsprechend auch die seelischen Verbiegungen oder Kränkungen, die zum Beispiel ein trockener, nur auf Begriffe zielender Unterricht hervorruft und der die Biographie der Kinder verbildet.

Die Wirkung bildhaften Unterrichts auf das Kind – die Bemühung des Lehrers um imaginative Schulung

Man kann die hier vorgetragene Deutung von Autorität am Lehrplan Rudolf Steiners prüfen. Die Forderung nach dem Gleichnischarakter des Bildes zieht sich variantenreich durch alle Angaben Rudolf Steiners zur Pädagogik des zweiten Jahrsiebts. In der geisteswissenschaftlichen Schulung wird das Bemühen um den Gleichnischarakter der Welt als Vorstufe zur Imagination charakterisiert. Das Gleichnis ist noch nicht Imagination, aber es fördert sie. Auch Poesie zum Beispiel, insofern sie die Metapher in mannigfacher Form und doch streng handhabt, erweist sich als eine solche Vorschule der Imagination. Die vielfältigen Anregungen Rudolf Steiners zum bildhaften Unterricht sind es auch. Nur erfüllen die Bildergleichnisse bei der Schulung und in der Pädagogik polare Aufgaben.

Die Schulung hat die zentrale Aufgabe, das Geistig-Seelische des Menschen von der leiblichen Grundlage unabhängiger zu machen. Der Person soll durch die Beweglichkeit des Bildes und der Empfindung eine größere Souveränität gegenüber den dem Leibe eingeschriebenen festen Vorstellungen vermittelt werden. Die Bildproduktion muß deshalb von dem, der sich der Schulung widmen will, in allen Einzelheiten selbst ausgehen. Die Wirkung wird um so größer sein, je mehr der Übende bewußt und produktiv in die *Bildeprozesse* solcher bildschöpferischen Tätigkeit eintaucht. Dazu braucht er die bewußte Kontrolle durch das Selbstbewußtsein.

Im zweiten Jahrsiebt steht das Kind noch vor der Schwelle des Selbstbewußtseins. Ziel der Erziehung ist es, die umfassende Seele bei der Arbeit am Leibe nicht zu behindern. Diese bedient sich bei ihrer Leibgestaltung vornehmlich der Atmung. *Was bei der Atmung physisch im Rhythmus sich abspielt, das wiederholt sich seelisch im Spiel der Gefühle zwischen Sympathie und Antipathie.* Die Gefühle vertiefen oder verflachen wiederum die Atmung, impulsieren sie oder lähmen sie ab. Die Atmung aber reguliert auch das Begegnen der Kopfnatur und der Stoffwechsel-Gliedmaßen-Organisation des Menschen. Sie läßt das Bild und die Emotion sich verbinden und arbeitet an deren Balance. Seelisch weckt das Bild sowohl den Willen – da zum Beispiel über das Gefühl Begeisterung entfacht wird – als auch das Denken, das durch das Bild zum Sinnen angeregt wird. Grundlegend wichtig ist deshalb, daß in diesem Lebensabschnitt die effektivste Aktivierung des Geistig-Seelischen und dessen intensivste Verbindung mit dem Leib vom Gefühl beziehungsweise dem Bild ihren Ausgang nehmen.

Fassen wir die Grundfigur des zweiten Jahrsiebts zusammen: Sie erweist sich als elementare Sehnsucht, über das Bild in die Welt eingeführt zu werden. (Hierfür geeignete Bilder können nur durch Phantasie gefunden werden.)

Sie sucht den Lehrer als Vermittler dieser Weltbetrachtungsweise. Insofern der Lehrer in der Lage ist, dieses Bedürfnis zu befriedigen, wird vom Kind ein Autoritätsverhältnis eingegangen, das sich in vertrauensvoller Hingabe auslebt.

Das dritte Jahrsiebt braucht den «Vorklang» der Imagination

Was bestimmt von dieser Grundfigur des zweiten Jahrsiebts den Anfang des dritten Jahrsiebts? Die Pubertät verlangt, von der Kenntnis zur Erkenntnis fortzuschreiten. Das eigene Urteilen, dessen Vorstufen in den Klassen 6 bis 8 schon geübt werden, wird jetzt das vorherrschende Bedürfnis. Es bestimmt gründlich den Charakter des dritten Jahrsiebts. Rudolf Steiner bringt aber das Urteilen in einen überraschenden Zusammenhang mit der Phantasie. Wegen ihrer Bedeutung seien seine Ausführungen darüber im Wortlaut wiedergegeben:

«Sehen Sie, diese Dinge alle, die müssen mit einer Vollbewußtheit beim Übergang von der 9. in die 10. Klasse den Lehrer durchdringen. *Denn gerade das völlige Verändern des Kurses, das ist es, was in diesem Falle zur Pädagogik gehört.* Wenn Sie die Kinder bekommen im 6., 7. Lebensjahre, dann ist ja der Einschnitt schon dadurch gegeben, daß die Kinder in die Schule hereinkommen, dann brauchen Sie sie nicht in eine andere Lebenslage zu versetzen. Wenn Sie aber die Kinder von der 9. in die 10. Klasse hinüberführen, dann müssen Sie sie eben in eine andere Lebenslage versetzen, dann muß das Kind merken: Donnerwetter, was ist denn mit dem Lehrer geschehen? Bisher haben wir ihn für ein außerordentliches Glanzlicht gehalten, für einen Menschen, der viel zu sagen hat, aber jetzt beginnt viel mehr als ein Mensch zu reden: die ganze Welt beginnt aus ihm zu reden. Und wenn man in sich empfindet das intensivste Interesse an den einzelnen Weltfragen und dann in die glückliche Lage versetzt ist, sie anderen jungen Menschen mitzuteilen, dann redet die Welt aus einem; dann ist es tatsächlich so, als ob Geister aus einem redeten. Und aus so etwas muß Schwung kommen. Schwung muß der Lehrer entgegenbringen den Kindern zwischen dem 14. und 15. und dem

20., 21. Jahre; Schwung, der vor allen Dingen auf die Phantasie geht; denn trotzdem die Kinder die Neigung zu urteilen aus sich heraus entwickeln, wird gerade das Urteil für uns aus der Phantasiekraft geboren. Und wenn man bloß intellektualistisch das Intellektuelle behandelt, wenn man nicht in der Lage ist, das Intellektuelle mit einer gewissen Phantasie zu behandeln, dann verspielt man dennoch bei den Kindern.»[25]

Das richtige Verhältnis zwischen Schüler und Lehrer wird demnach jetzt durch eine Empfindung des Schülers bestimmt, die sich bildet, wenn der Schüler begründet sagen kann: «Aus ihm, dem Lehrer, spricht die ganze Welt!» Also Souveränität ist verlangt, profunde Weltkenntnis. Aber diese soll sich nicht in der Form üblicher Wissenschaft äußern. Das vermerkt Rudolf Steiner ausdrücklich. Wissenschaft dürfe in diesem Lebensalter nur «reif verarbeitet» an den Schüler herangetragen werden. Die Phantasie solle dem Wissen eine besondere Form geben.

Mit dem Phantasiecharakter des Unterrichts und der damit besonderen Art der Stoffvermittlung klingt das zweite Jahrsiebt im dritten nach. Diese Tatsache begründet unter anderem die relative Einheit der Jahre 12/13 bis 15/16 , also der Klassen 6 – 10. So wie im ersten Drittel des zweiten Jahrsiebts nicht mehr bloß die Nachahmung das leitende Erziehungsprinzip ist, sondern zur Vorstellungsbildung fortgeschritten wird, so muß nach der Pubertät zum Urteil fortgeschritten werden. *Aber es sollte das Urteilen in Bilder münden.*

Wie ist dies zu verstehen? Wir wählen als Illustration das Fach Geschichte. Auffälligerweise sind die Inhalte dieses Faches in der 8. und 9. Klasse gleich: Geschichte der Neuzeit bis zur Gegenwart. «Im 8. Schuljahr versuche man, mit den Kindern die Geschichte bis herauf zur Gegenwart fortzuführen, wobei man aber wirklich das *Kulturgeschichtliche durch und durch berücksichtigt.* Das meiste von dem, was den Inhalt der heute noch gebräuchlichen Geschichte ausmacht, erwähne man überhaupt nur nebenbei. Es ist viel wichtiger, daß das Kinde erfahre, wie die Dampfmaschine, der mechanische Webstuhl und so weiter die Erde umgestaltet haben, als daß es allzufrüh solche Kuriositäten erfahre wie die Korrektur der Emser Depesche oder dergleichen.»[26] Das Kind soll *Bilder* davon erhalten, wie der menschliche Geist die Erde und zugleich die sozialen Verhältnisse umgestaltet hat. Hier wird auch dem Verständnis der Umwelt Rechnung getragen. Rudolf Steiner hält es für ausschlaggebend wichtig, «Kulturgeschichte durch und durch» zu vermitteln. Wie das im einzelnen exemplarisch aussehen könnte, hat Christoph Lindenberg in seinem Buch *Geschichte lehren* darzulegen versucht.[27]

Der Umschwung zur 9. Klasse besteht darin, daß der gleiche Inhalt nun unter dem Gesichtspunkt der in der Geschichte wirksamen Kräfte dargestellt wird. Rudolf Steiner selbst gibt Themen an, die – so ist anzunehmen – seinem Urteil nach diese Wirksamkeit treffen. Für das 15./16. Jahrhundert stellt er die Erweiterung des Gesichtskreises der Menschen und die Bedeutung dessen für die geschichtlichen Ereignisse in den Vordergrund, also den Bewußtseinswandel, der sich in der damaligen Zeit vollzieht; für das 17. Jahrhundert den Untergang der alten sozialen Wirklichkeiten und das Entstehen der neuen Staatsverbände; für das 18. Jahrhundert die geschichtlichen Auswirkungen der Aufklärung und für das 19. Jahrhundert das «Zusammenfließen der Völkergeschichte».

Was wird hier angeregt? Zuerst: Die Tatsachenfülle der Geschichte hat die Tendenz, unüberschaubar zu werden. Die Fachliteratur, die akribisch Einzelprobleme verfolgt, beweist es. In der Tatsachenfülle kann man leicht die Orientierung verlieren. Erzeugte der Geschichtsunterricht aber Unsicherheit, verfehlte er sein pädagogisches Ziel. Also ist Auswahl geboten. Derjenige, der auszuwählen hat, steht immer vor der Frage nach den Kriterien der Auswahl. Die Hinweise für den Geschichtsunterricht der 9. Klasse bieten solche Kriterien an. Lindenberg interpretiert diese Hinweise als «Ideen», als «innere Motive» und «große Züge» der Geschichte. Man könnte sie auch die geschichtliche Essenz des Jahrhunderts nennen. Für den Lehrer und dessen Unterricht verbindlich können diese vorgeschlagenen Themen nur werden, wenn er sie vor der eigenen Erkenntnis rechtfertigt. Lindenberg schildert zum Beispiel ehrlich, wie er mit Steiners Motto für das 19. Jahrhundert erst einmal nichts anfangen konnte. «Dieses Thema erscheint auf den ersten Blick vielleicht etwas sonderbar, man kann sich nichts rechtes darunter vorstellen.» (Zudem gibt es in den übrigen geschichtlichen Vorträgen Rudolf Steiners andere beziehungsweise zusätzliche Leitlinien für die Geschichte der Neuzeit, die in den Lehrplanhinweisen für die 9. Klasse keinen Niederschlag finden.) Mit solchen Hinweisen steht der Lehrer vor einem offenen Erkenntnisproblem, und jede Lehrergeneration wird es aus ihren Voraussetzungen neu zu lösen haben.

Betrachten wir einmal den Idealtypus des Geschichtsunterrichts, auf den Rudolf Steiner mit seinen Anregungen zielt. Es sollen die hervorstechenden, das Jahrhundert prägenden Manifestationen des Zeitgeistes gefunden werden. *Wie* können sie gefunden werden? Sicher erst einmal durch den urteilenden Vergleich. Genügt allein das Urteilen? Wird nicht auch ein gerüttelt Maß an Phantasie und Mut verlangt, um die vielen Einzelurteile zu einem «Gesamtbilde» zusammenzuschließen? Also Phantasie ist vom Lehrer gefordert, die nach Rudolf Steiner auch in diesem Lebensalter das Urteil im Jugendlichen hervorlockt. Damit keine Mißverständnisse aufkommen: Die zu entwickelnde Phantasie soll keineswegs das Urteilen «verschwommen» machen. Nein, das Urteilen muß Schritt für Schritt aus den Tatsachen selbst entwikkelt werden, mit Präzision und Klarheit. Die Phantasie aber hat die Aufgabe, die so gewonnenen Urteile experimentell in immer neue Zusammenhänge zu bringen, die dann wieder zu prüfen sind. Die Phantasie also hat dafür zu sorgen, daß die urteilende Tätigkeit bei aller Präzision «beweglich» bleibt, aber auch, daß die «Ideen», «Motive», «großen Züge» der Geschichte letztlich bildhafte Gestalt gewinnen. Wird das Urteilen in dieser Weise von Phantasie begleitet, dann wird Bildkraft mit den Jugendlichen vorgeübt. Das Motiv für das 19. Jahrhundert, «Das Zusammenfließen der Völkergeschichte», weist bis in die Wortwahl seine Herkunft als Imagination aus. Seine Wesenhaftigkeit wird uns erst am Ende dieses Jahrhunderts verständlich. Demnach muß der Lehrer, will er das latente Begehren der Jugendlichen dieser Altersstufe befriedigen, die Kraft für die Imagination üben. Das hat er schon in der Rolle des Klassenlehrers getan, um zum Gleichnischarakter der Welt vorzustoßen. Jetzt hat er als Oberstufenlehrer diese innere Arbeit zu intensivieren. Die Seelenlage der ihm anvertrauten Schüler fordert von ihm die Berührung mit den in der Geschichte wirksamen Leitbildern. Und diese Imaginationen sind durch die urteilende Tätigkeit an den sinnfälligen Tatsachen, also von unten, zu entwickeln. Sie sind aus den einzelnen Tatsachen zu verdichten. Könnerschaft ist gefragt, die die einzelnen Fakten überschaut und immer neu in die Richtung des Bildes bewegt. Bloße Routine des Sachwissens genügt nicht. Aus ihr entspringt keineswegs die von Rudolf Steiner für dieses Lebensalter als notwendig erachtete Begeisterung des Lehrers. Im bildhaften Zusammenfassen, das zwar immer auch das Risiko birgt, die Tatsachen zu vergewaltigen, kann sie entstehen. Erst wenn der Bildentwurf den Tatsachen standhält, also aus ihnen selbst geschöpft ist, ist die Gefahr der subjektiven Vergewaltigung überwunden.

Das, was wir exemplarisch für die Geschichte angedeutet haben, gilt für alle Fächer. Es verwundert daher nicht, daß Rudolf Steiner bei diesem Übergang auf eine neue «Schulstufe» an das Verantwortungsgefühl des Lehrers appelliert; im vorliegenden Falle an das Verantwortungsgefühl, auf seinem Unterrichtsfelde ein Könner zu sein, ein Zeitgenosse, der kennt, was sich auf seinem Felde tut. Aber vor der hier angesprochenen Verantwortung genügt das allein offensichtlich noch nicht. Es ist Voraussetzung für den nächsten zu tätigenden Schritt: die Kenntnisse ins Bild, in die Imagination zusammenzuschauen, damit das noch ungeübte Urteilen der Jugendlichen an ihnen Orientierung erfährt. Gewiß keine leichte Aufgabe.

Das Bedürfnis der menschlichen Seele nach Kenntnis der Kultur

Augustinus behauptet, daß alle Errungenschaften der Kultur Leistungen des Geistig-Seelischen im Menschen sind. Folgt man seiner Auffassung, so wäre die Kulturgeschichte eine Manifestation der Eingriffe des Menschen in Raum und Zeit. Mit dieser These kann man auch ein Urteil über besondere Fähigkeiten dieses Geistig-Seelischen gewinnen, indem man die Eigenschaften und Fähigkeiten, die zu immer neuen Einschlägen in die Kulturgeschichte geführt haben, genau verfolgt.

Die erste überraschende Feststellung beim Studium dieser Verhältnisse ist, daß sich die Wirkungen der Seele im Laufe der Geschichte offensichtlich sehr verändert haben. Denn die Kultur Ägyptens zum Beispiel haben andere Fähigkeiten gestaltet als die Errungenschaften des heutigen naturwissenschaftlichen Zeitalters. Sind diese veränderten Fähigkeiten auf eine essentielle Verwandlung der Seele selbst zurückzuführen oder auf ein sich veränderndes Verhältnis dieser zu jenen Wesensgliedern, die Raum und Zeit angehören (physischer Leib und Ätherleib) oder auf beides? Eine Psychologie der Kulturgeschichte ist also gefragt.

Im Sinne des Augustinus wären für eine gezielte Pädagogik des Jugendalters die in der Kultur wirkenden Kräfte bewußt zu machen. Die für den Geschichtslehrplan der 8. Klasse bereits referierte Bemerkung, «Kulturgeschichte durch und durch» sei vorrangig durchzunehmen, gewinnt durch den Gesichtspunkt des Augustinus eine neue Erhellung. *Demnach liegt eine wesentliche Orientierungsmöglichkeit für die jugendliche Seele in einem Studium der kulturgeschichtlichen Leistungen.*

An Betrachtungen über Kulturgeschichte kann der Jugendliche sich wichtige Tatsachen bewußt machen, zum Beispiel jene, daß jeder bei entsprechendem Arbeitseinsatz doch viel in der Welt bewirken kann! Oder anders gewendet: Die Welt ist veränderbar. Die eigenen Intentionen verpuffen nicht ohne Folgen in der Welt. Allein schon diese Erfahrung ist für den Jugendlichen außerordentlich wichtig. Sie kann ein bestimmtes aktiv gestimmtes Lebensgefühl begründen, das dem Jugendlichen hilft, sich in der sozialen Umwelt zu behausen. Das Interesse wird dabei auf die Außenwelt gerichtet und nicht auf die eigene Person.

Diese Lebenshaltung hält Rudolf Steiner für grundlegend notwendig. Sie zu erzielen, also Weltinteresse zu erzeugen, ist eine Aufgabe der Pädagogik des Jugendalters. Deshalb will Rudolf Steiner, wie wir gesehen haben, den «schwungvollen» Unterricht (siehe Zitat auf S. 83f.). Dieser Schwung darf jedoch nicht künstlich sein. Er muß aus der Überzeugung des Lehrers kommen, daß die Welt wirklich interessant ist, daß man in ihr immer neu Unvorhergesehenes entdecken kann, das auch den Lehrer neu begeistert, und daß sie auch heute veränderungswürdig ist. Ja, Rudolf Steiner geht in dieser Forderung so weit, daß er Erkenntnisskepsis aus dem Unterricht dieses Lebensalters mindestens bis hin zum 17./18. Jahre verbannt wissen will. Es scheint für das genauere Verständnis hilfreich, seine eigene Formulierung hier einzuschieben.

«Skepsis darf man ihnen gar nicht entgegenbringen in diesem Lebensalter, namentlich nicht in der ersten Hälfte dieses Lebensalters. Das schädlichste Urteil, das man fällen kann für das Lebensalter zwischen dem 14. und 15. und etwa dem 18. Lebensjahre, ist dasjenige, wo in einer erkenntnis-pessimistischen Weise auftreten Dinge wie: Das kann man nicht wissen. Dies ist etwas, was die Seele des Kindes, des jungen Menschen gerade in diesem Lebensalter am allermeisten *zermürbt.* Mit dem 18. Jahre geht es dann schon eher, daß man übergeht zu demjenigen, was mehr oder weniger zweifelhaft sein kann. Aber vom 14., 15. bis zum 18. Jahre das Kind in eine gewisse Skepsis einführen, ist *seelenzermürbend.* Es kommt viel weniger darauf an, wie man das eine oder andere behandelt, als darauf, daß man die Jugend nicht in diesen zermürbenden Pessimismus hineinbringt.»[28]

Skepsis lähmt den Willen. Es erscheint sinnlos, daß er in die Erkenntnis eingebracht wird, wenn die Erkenntnis doch keine Sicherheit liefert. Die Skepsis stößt den Jugendlichen in die Orientierungslosigkeit. Sie ist das genaue Gegenteil vom schwungvollen Unterricht, der seine Willenskräfte anspannt und ihm Ziele zeigt. Das Begehren des Jugendlichen, über die durch das Selbstbewußtsein geschaffene Distanz hinweg in der Welt neu Fuß zu fassen, wird von vornherein untergraben. Es kommt in ein den Jugendlichen deprimierendes Stocken, dem er hilflos gegenübersteht. Die Seele wird – wie Rudolf Steiner es ausdrückt – zermürbt. Das Selbst wird der Hilflosigkeit ausgesetzt. Kein Wunder, wenn es sich verliert – oder revoltiert.

Idealtypisch will Rudolf Steiner genau das Gegenteil. In dieser Lebensspanne sollen alle Fragen der Jugendlichen beantwortet werden. Der Lehrer soll sich also in das Seelenleben seiner Schüler so einleben, daß er auch wahrnimmt, was sie untergründig bewegt, und er soll selbst diese Seelenbewegung in seinen Unterricht mit einbeziehen. Eine ungemein hohe Anforderung an den Lehrer, die er an anderer Stelle des gleichen Vortrages so formuliert:

«Die Zeit vom 14., 15. bis zum 18. Lebensjahre, die muß in der sorgfältigsten Weise gerade aufgebaut werden auf die grundmoralische Beziehung zwischen dem Lehrer und seinen Schülern. Unter dieser grundmoralischen Beziehung ist das Moralische im weitesten Sinne zu verstehen, so zum Beispiel, daß der Lehrer das allertiefste Verantwortlichkeitsgefühl sich vor die Seele ruft gegenüber seiner Aufgabe. Dieses moralische Verhältnis muß sich namentlich auch darin ausleben, daß man tatsächlich sich nicht selber dieses Abgelenktsein auf die eigene Subjektivität, auf die eigene Persönlichkeit allzuviel gestattet. Denn da wirken wirklich die Imponderabilien vom Lehrer auf die Schüler. Wehleidige Lehrer, fortwährend morose Lehrer, Lehrer, die sich selbst in bezug auf ihr niedriges Ich ungeheuer gern haben, die erzeugen gerade in diesen Jahren ihre getreuen Spiegelbilder in den Kindern, oder aber, wenn sie nicht die getreuen Spiegelbilder erzeugen, erzeugen sie furchtbare Revolutionen.»[29]

Eine «grundmoralische Beziehung» kann nur auf Ehrlichkeit basieren. Es kann dem Lehrer nicht verwehrt werden, zum Beispiel seine skeptische Welterfahrung zu vermitteln. Nur ist er dann kein Erzieher, der die Krise des Jugendalters gleichsam therapeutisch zu gestalten in der Lage ist, sondern er vertieft diese Krise. Er taugt nicht zu seinem Beruf. Von der Skepsis abhalten könnte ihn nur eine Einsicht in die seelische Situation des Jugendlichen. Aber auch das wäre nur eine Scheinlösung. Wirklich ehrlich bliebe er nur, wenn er bei sich selbst seine Skepsis prinzipiell überwunden hätte. Der «wehleidige», der «morose» Lehrer lebt dem Jugendlichen doch vor, was dieser bei sich selbst überwinden möchte. Er ist deshalb eine schlechte Medizin für den Jugendlichen, weil er bei sich selbst die Pubertätskrise – auch wenn er viel älter ist – noch nicht überwunden hat. Sein eigenes Selbstbewußtsein hat die Verständigung mit sich selbst nicht durchgreifend geleistet. Aber die Frage ist, ob er sich dies rückhaltlos eingesteht, also seine Verantwortung, an die in dem Zitat appelliert wird, überhaupt erkennt. Offensichtlich kann der Lehrer der Notwendigkeit der Selbsterziehung und der Schulung nicht entgehen.

Die Gefahr seelischer Gefangenschaft, wenn der Lehrer keine Brücke zur bestehenden Welt schlägt

Wir wollen die Bestrebungen, eine Brücke zum Verständnis der Welt zu schlagen, mit dem Begriff «begründete Sinngebung» belegen. Alle Fragen der Jugendlichen sollen dabei eine einsehbare, beurteilbare Begründung erfahren. Inhaltlich noch so berechtigte Skepsis hat vorerst zu schweigen, um die begründete Sinngebung nicht sofort zu relativieren. Ja diese begründete Aufklärung hat alle wesentlichen Lebensgebiete zu erfassen; gerade auch das den Jugendlichen umgebende «künstliche Menschendasein», also die von Menschen geschaffene Zivilisation.

«Bedenken Sie nur, wieviel unserer ganzen Zivilisation nach dieser Richtung hin eigentlich fehlt. Fragen Sie sich einmal, ob es nicht zahlreiche Menschen gibt, die sich heute des Telephons, des Tramway bedienen, ja man kann sogar sagen, des Dampfschiffes bedienen, ohne eine Vorstellung davon zu haben, was da eigentlich geschieht im Dampfschiff, im Telephon und in der Fortbewegung des Tramwaywagens. Der Mensch ist ja innerhalb unserer Zivilisation ganz umgeben von Dingen, deren Sinn ihm fremd bleibt. Das mag denjenigen als unbedeutend erscheinen, die da glauben, für das Menschenleben habe nur das eine Bedeutung, was sich im bewußten Leben abspielt. Gewiß, im Bewußtsein läßt es sich ganz gut leben, wenn man bloß ein Tramwaybillett kauft und bis zu der Station fährt, zu der man fahren will, oder wenn man ein Telegramm empfängt, ohne eine Ahnung zu haben, auf welche Weise es zustande gekommen ist, ohne jemals etwas gesehen zu haben von einem Morseapparat. Für das gewöhnliche Bewußtsein, kann man ja sagen, ist das gleichgültig; aber für dasjenige, was sich in den Tiefen der menschlichen Seele abspielt, ist es eben nicht gleichgültig; der Mensch in einer Welt, deren er sich bedient und deren Sinn er nicht versteht, ist wie ein Mensch in einem Gefängnis ohne Fenster, durch das er in die freie Natur hinausschauen könnte.»[30]

Nimmt man diese Schilderung ernst, so produziert eine Pädagogik, die ein gründliches Verstehen der Kulturgeschichte beim Schüler nicht erzielt – Gefangene. Wie ist dieses drastische Bild zu verstehen?

Wenn man die Kulturgeschichte im Sinne des Augustinus als die in Entwicklung befindliche seelisch-geistige Leistung der Menschheit auffaßt, so hat sie in dem Augenblick, in dem der Jugendliche in ihr heimisch zu werden versucht, einen bestimmten Stand. An diesen Stand möchte der Jugendliche

Anschluß gewinnen, ja er möchte ihm gegenüber souverän werden. Das gehört zu den Gesten der Behausung in der Zeit, in die der Jugendliche hineingeboren worden ist. Tritt diese Behausung nicht erfolgreich ein, so wird der Jugendliche notwendigerweise vom Zeitgeschehen und auch dessen sozialen Auswirkungen bewußtseinsmäßig isoliert. Er lebt dann neben der Zeit, nicht in ihr. Er bleibt von dem Zeitgeschehen ausgegrenzt und ist damit gefangen. Von da ist es dann nur noch ein kleiner Schritt bis zur Angst vor den undurchschauten Phänomenen der Zeit.

Was wird zum Gefängnis? Die eigene seelische Befangenheit, die durch gezielte Pädagogik nicht aufgehoben wurde. So wie das Kind im ersten Jahrsiebt zum Beispiel auf eine nachahmenswerte Umgebung angewiesen ist, um sich ungehindert zu entwickeln, so ist auch der Jugendliche zur Behausung noch auf die Hilfe des Erwachsenen angewiesen. Der Lehrer befindet sich ihm gegenüber in der Verantwortung. Also müßte er dem Jugendlichen helfen, das Leben seiner Zeit umfassend zu überschauen.

Das Gegenbild von Weltinteresse: Machtkitzel und Erotik

Mangelnde Behausung in der Umwelt und im Zeitgeschehen birgt eine zusätzliche Gefahr. Wenn die seelischen Kräfte, die mit der Pubertät ein Betätigungsfeld suchen, nicht über das Interesse an die Außenwelt «gebunden» werden, schlagen sie gleichsam in sich selbst zurück. Der Astralleib wird dann besonders dort empfindungsmäßig erfahren, wo er emotional mit dem organischen Geschehen, also mit dem Ätherleib und physischen Leib eng verbunden ist, nämlich im Stoffwechsel-Gliedmaßen-Bereich des Menschen. In diesem Bereich führt die Seele vorwiegend ein schlafendes *Bewußtsein.* Eines wird jedoch unter anderem bewußtseinsmäßig erfahren, weil es die stärksten beziehungsweise elementarsten Empfindungen hervorruft, die Sexualität. Rudolf Steiner wendet sich zwar, wie wir gesehen haben, mit aller Entschiedenheit gegen die Auffassung, daß die Erotik mit dem Eintritt der Pubertät eine naturgegebene Tatsache sei, mit der man bei allen folgenden pädagogischen Maßnahmen rechnen müßte. Er interpretiert vielmehr unbeherrschte Sexualität als Folge einer fehlgeschlagenen Erziehung. Erotik stelle sich dann ein, wenn es der Pädagogik nicht gelungen sei, ein wirklich intensives Weltinteresse zu entwickeln. Immer wenn Rudolf Steiner die Erotik erwähnt, spricht er gleichzeitig vom Machtkitzel. Er sieht offenbar die Erotik mit ihrer möglichen Perversion, die auf die Unterjochung des Partners zielt und damit unmenschlich wird, zusammen. Erotik und Machtkitzel sind nach dieser Auffassung die Folge einer Erziehung, die nicht schon im Vorfeld der Pubertät auf allen Lebensgebieten energisch das Weltinteresse geübt hat.

Einer der zahlreichen Hinweise Rudolf Steiners zu diesem Gefahrenmoment der Entwicklung lautet: «Es liegt in dem, was ich heute auseinandergesetzt habe, die Möglichkeit, daß selbst für die Mädchenerziehung dasjenige leicht zurücktritt, worüber heute die Menschen so furchtbar viel Wesens machen, die Erotik. Wenn man es dennoch sieht, wenn die Erotik in einem besonders erschreckenden Verhältnis in diesem Lebensalter bei der Jugend hervortritt, so sind die Lehrer daran schuld, indem sie urlangweilig sind und kein Interesse erwecken. Und wenn die Kinder kein Interesse an der Welt haben, ja, an was sollen sie denn denken? An nichts anderes, als was in ihrem Körper, in ihrem Herzen, ihrem Magen, in ihrer Lunge vor sich geht, wenn in einer langweiligen Weise geredet wird vom Mathematischen, Geschichtlichen und so weiter. Durch die Ablenkung des Interesses an die Welt soll man das einzig und allein verhindern, und darauf kommt ungeheuer viel an. Im Grunde genommen ist bei dem Überwiegen der Erotik, überhaupt bei diesem zuviel Rücksicht Nehmen auf die Erotik der Kinder in diesem Lebensalter, wenn sie noch in der Schule sind, dann immer die Schule daran schuld.»[31]

Die Therapie einer möglichen Gefangenschaft im Leibe, wobei die Organprozesse das Seelisch-Geistige zu drangsalieren beginnen, hat nicht nur Bedeutung für den einzelnen. Solche Gefangenschaft stellt den einzelnen Menschen auch mit sehr schlechten Bedingungen in die soziale Gemeinschaft hinein. Die Konflikte, die sich auf sexuellem Felde heute gesellschaftlich abspielen, sind dafür beredte Illustration. Sie zeigen aber auch, daß die von Rudolf Steiner gestellte pädagogische Aufgabe für die Pubertät heute noch keineswegs gelöst ist. Es gilt nach wie vor: «Denn in diesem Lebensalter [gemeint ist das volle 3. Jahrsiebt. *E.F.*] wirkt tatsächlich alles, was man an Fehlern macht, in das ganze folgende Leben des Menschen verheerend hinein, außerordentlich verheerend hinein. Namentlich wirkt es verheerend auf das Verhältnis von Mensch zu Mensch. Richtiges Menscheninteresse für das ganze Leben ist nicht möglich, wenn nicht ein richtiges Weltinteresse erregt worden ist beim fünfzehn-, sechzehnjährigen Menschen.» [32]

Das Interesse als gerichteter Wille öffnet den Menschen für neue Eindrükke. Es fördert die Aufmerksamkeit, befeuert die Wahrnehmungsintensität, aber auch die Empfindungen, die sich an die gewonnenen Wahrnehmungen anschließen. Der ganze Mensch erfährt durch das Interesse Beweglichkeit und Belebung. Hier wird zusätzlich angedeutet, daß das Weltinteresse auch Interesse für den anderen Menschen erzeugt. Die sozialen Beziehungen sind kompliziert. In der Menschenbegegnung Balance zwischen Hingabe und Distanz, die unser Selbst sich nicht verlieren läßt, zu finden, ist bisweilen nicht leicht. Eine Glockenblume, einen Bergkristall, eine Maschine mit allergrößtem Interesse zu betrachten, fällt dagegen leichter, da diese uns nicht attackieren. Bei der Begegnung mit dem anderen Menschen erleben wir diesen keineswegs nur als Objekt, sondern auch als agierendes Subjekt, demgegenüber wir uns behaupten müssen. Es ist leichter, die Hingabe an die Welterscheinungen zu entwickeln, als selbstlos Menschen wahrzunehmen.

Die Beschäftigung mit Kultur und Technik führt den Jugendlichen nicht nur in die vielfältig gestaltungsoffene Gegenwart ein, *sondern sie ist auch indirekt Selbsterkenntnis.* Denn die Kräfte, die die äußere Werkgestalt dieser Zivilisation gestaltet haben, leben und wirken auch in der Seele des Jugendlichen. Für ihn ist es ungemein wichtig, daß er sie im tätigen Nachvollzug der kulturgeschichtlichen Phänomene kennen- und auch handhaben lernt. Nehmen wir als Beispiel den Elektromotor. Im verständnisvollen Durchdringen jener Tatsachen, die bei einem Leiter, der durch ein Magnetfeld bewegt wird, hervorgerufen werden, geht es um Naturerkenntnis. In der sinnvollen Ordnung dieser Erkenntnisse zu einem technischen Apparat wird Verstandeskraft auf die gewonnene Naturerkenntnis angewendet. Indem dies geübt wird, wird das Geistig-Seelische strukturiert.

Schon 1906 bemerkt Rudolf Steiner:

«Erst vom vierzehnten bis zum einundzwanzigsten Jahr wird der Astralleib frei. Mit der Geschlechtsreife fängt er an sich herauszuentwickeln, bei den Mädchen etwas früher als bei den Knaben. Der Astralleib ist Träger des Verstandes, des bewußten Urteils. Das ist dann der Zeitpunkt, durch Ausbildung der Urteilsfähigkeit auf den Astralleib einzuwirken.»[33]

Die Physik kann bei den Phänomenen des bewegten Leiters im magnetischen Felde stehen bleiben. Sie wird aber auch auf die praktische Anwendung der gefundenen Gesetzlichkeiten dann großen Wert legen, wenn sie auch die Seelenlage des Jugendlichen im Auge hat. Dann erst bewegt sie sich gleichsam «auf den Spuren des Augustinus».

Wenn also eine konkrete und mannigfaltige Einführung in die Kulturgeschichte nicht geschieht, gerät der Astralleib in die beschriebene «Gefangenschaft». Wichtig ist in diesem Zusammenhang die Bemerkung, daß der bewußte Mensch mit diesem Defizit durchaus leben kann, der unbewußte aber nicht. Die noch nicht in die Entwicklung des Menschen eingetretene umfassende Seele erlebt die Ignoranz gegenüber der Umwelt als Schwächung. Sie leidet an jeder Ausgrenzung. Wie wir später sehen werden, urständet gerade in ihr das Streben nach Totalität.

Dieses Unbewußte, die «umfassende Seele», die sich aus den Leibbildeprozessen zurückgezogen hat und gleichsam «brach liegt», «wartet» auf ihre Betätigung durch das Ich. Sie aber verkümmert ohne das weitgespannte Urteil. Ist doch das Urteilen jene in der Auseinandersetzung mit der Welt zu erübende Kraft, die in die übersinnliche Erkenntnis mitgenommen werden muß, um in ihr die Souveränität des Selbstes zu wahren. Von diesem Denk-Urteil geht allein die aufweckende Kraft für den «brachliegenden» Teil der Seele aus. Um als Aufwecker tätig zu werden, muß das Urteil durch die Probe der Ablähmung zum Bilde hindurchgehen. Diese Aufweck-Kraft wird aber nur erübt, wenn die Welt in einem möglichst großen Umfange urteilend durchdrungen wird. Macht das Urteil gar schon vor jenen Erscheinungen halt, die dem Erdengang durch die Menschheit selbst einverleibt worden sind, also bei den unmittelbaren Folgen menschlicher Taten im sozialen Umfeld, dann entsteht bei der unbewußten Seele der «Eindruck», daß sie ihren Aufwecker verliert. Sie fühlt sich «verlassen», weil die Zielkraft des Ich erlahmt. Die Fenster des Kerkers werden geschlossen. Von da ist es nur ein kleiner Schritt zur Rebellion des Unbewußten gegen alles, was die Zivilisation hervorgebracht hat, weil der Faden des Sinnzusammenhangs für den Jugendlichen gerissen ist. Selbst- und Kulturzerstörung sind dann die Folge. Auch dafür liefert die Gegenwart deutliche Beispiele.

Gerade die jugendliche Seele, deren Urteilskraft es erst zu festigen gilt, ist für Einflüsse aller Art aus ihrer Umgebung «offen». Der Nationalsozialismus – aber nicht nur er – hat diese Labilität instinktiv für seine Zwecke ausgenutzt. So wird das Jugendalter zur wichtigsten Lebensphase für die künftige Biographie. In ihr wird die Stoßrichtung für die weitere Biographie festgelegt. «Diese Umgebung hat also einen starken Einfluß auf mich. Das gilt ja ganz besonders für die Zeit der Ausbildung des Astralleibes vom vierzehnten bis einundzwanzigsten Jahre, und es ist eine fast alltägliche Erfahrung, daß ein junger Mensch in diesen Jahren leicht durch seine Umgebung astral verdorben wird.»[34] Das «Verderben» äußert sich unter anderem in einer Betäubung der individuellen Seele. Gruppenhaftes übernimmt deren Führung, wodurch die beschriebene Gefangenschaft noch auswegloser wird. Sachgemäße Zielbilder beeinflussen sie kaum mehr. Sie folgt dann nur gruppenhaften Zielen.

Pädagogische Maßnahmen, die solches Fehlverhalten zu verhindern suchen

Eine der entscheidenden pädagogischen Hilfen, solchem Fehlverhalten entgegenzuwirken, sieht Rudolf Steiner in der gezielten *Einführung des Jugendlichen in das praktische Leben.* Die Anschauung des Augustinus gibt die Begründung für solches Vorgehen. Auf diesem Hintergrund sind alle Anregungen zu verstehen, die Rudolf Steiner in dieser Richtung für den Lehrplan gegeben hat. Aber wir sollten uns klar darüber sein, daß Rudolf Steiner selbst sich gerade bei diesen Anregungen durch die bei der Begründung der Waldorfschule waltenden Zeitumstände behindert fühlte. Das kommt unter anderem in dem folgenden Vortragsabschnitt deutlich zum Ausdruck:

«Was allen als Ideal vorschwebte, schon seit Jahrzehnten, das war uns damals [bei der Begründung der Waldorfschule. *E.F.*] klar: Man kann nur versuchen – weil man eben Rücksicht nehmen muß auf die übrigen Verhältnisse –, so weit den Kompromiß zu treiben, daß man sagt: für die ersten drei Schuljahre muß die Sache so verlaufen, daß da nur maßgebend ist, was die Menschennatur lehrt, für Lehrziel und Lehrplan. Mit der vollendeten sechsten Klasse (zwölftes Lebensjahr) und vollendeten achten Klasse (vierzehntes Lebensjahr) wollten wir die Kinder so weit haben, daß sie auch in eine andere Schule übertreten können. Wir wollten die Möglichkeit schaffen, auf der einen Seite durch möglichst lange Zeit den Waldorfschul-Gedanken zu verwirklichen und dennoch den Kindern die Möglichkeit bieten, überzutreten.

Das ist etwas, was sich eigentlich für die acht Volksschulklassen leichter durchführen läßt als für jene Erweiterung, die auch als eine Notwendigkeit sich herausgestellt hat, für jene Erweiterung, die sich durch die neunte, zehnte, elfte, zwölfte Klasse ergeben hat, wo Gymnasial- und Realschulbildung angesetzt wird an die Volksschul- und Bürgerschulbildung. Wo ja, jetzt sagt man, die jungen Damen, jungen Herren so weit gebracht werden müssen, daß sie ihr Abiturium ablegen müssen und in eine Hochschule kommen können. Wenn auch bei einzelnen Menschen der gute Wille hervorgetreten ist, eine Hochschule zu begründen, so sind das vorläufig noch Riesenillusionen; die Dinge, die wir pflegen, sollten immer auf einen ganz realen Boden aufgestellt werden.

Nun, die Schwierigkeiten, die liegen natürlich darin, daß wir schon genötigt sind, die jungen Damen und jungen Herren so zu entlassen, daß sie das Abiturium machen können, um dann eine Hochschule besuchen zu können, aus der heraus sie eben Zeugnisse bekommen für dasjenige, was man heute das praktische Leben nennt, um eben in dieses Leben eintreten zu können. Da stellt sich sofort bei diesen höheren Klassen heraus, wieviel schwieriger es ist, zurechtzukommen mit der idealen Waldorfschulforderung, den Lehrplan, das Lehrziel von der Menschennatur abzulesen, auf der anderen Seite den ‹Zufallslehrplänen› gerecht zu werden, die gar nichts von dem haben, was die Menschennatur fordert.

Wenn das vierzehnte, fünfzehnte, sechzehnte Jahr erreicht ist, dann müßte man die jungen Damen und jungen Herren einführen in das wirkliche praktische Leben, das heißt, sie sollten etwas verstehen von dem, was nun im wirklichen praktischen Leben geschieht. Statt dessen kommt der Lehrer des Lateinischen und des Griechischen, wirft einem an den Kopf, wenn man die realen Forderungen aus Menschenerkenntnis realisieren will, wenn da Schulstunden sind in chemisch-technologischen Dingen, in Weberei, in Spinnerei, kurz Dinge, die man im Leben kennen soll – dann kommt der Lateinlehrer und sagt: Dann hab ich nur soviel Lateinstunden, daß ich nichts vorbereiten kann für das Abiturium.

Und so kommen dann jene *unlöslichen Konflikte* heraus dadurch, daß man auf der einen Seite immer bestrebt ist, in der reinsten, schönsten Weise den Waldorfschul-Gedanken zu verwirklichen, auf der anderen Seite, ihn zu unterbrechen durch alle möglichen Kompromisse, die naturgemäß gegeben sind dadurch, daß man den jungen Menschen eben aus dem, verzeihen Sie, sogenannten praktischen Leben nicht herausreißen darf. Nicht wahr, wir stellen ihn zwar in das Leben hinein, wie er hineingestellt sein sollte, aber das sogenannte praktische Leben stößt ihn dann zurück, und er wird zum Bohemien. – Das Wort habe ich neulich beim schweizerischen Kursus gebraucht und gleich entschuldigen müssen, weil da Anwesende aus Böhmen waren. –

Aber es ist schon so, daß wirklich das durchgreifend eingesehen werden muß, daß wir nicht nach dem Ideal der Bohème hinstreben, sondern nach einem wirklich praktischen Leben, nach einem solchen Erziehen und Unterrichten, das die Menschen wirklich ins praktische Leben hineinstellt. *Aber da muß erst im weitesten Umfange ein Verstehen desjenigen, was nun das menschliche Wesen eigentlich enthält und fordert, eintreten.*»[35]

Diese Aussage Rudolf Steiners ist unserem Urteil nach ungemein wichtig. Sie zeigt exemplarisch, wie er selbst mit den Zeitverhältnissen, konkret: mit deren «Zufallslehrplänen» zu kämpfen hat und daß das Ergebnis dieses Kampfes ein Kompromiß ist, der durchaus seine Schattenseiten hat. Und offenkundig kämpft Rudolf Steiner auch mit den eigenen Lehrern.

Man trifft gelegentlich auf die Auffassung, daß mit dem Lehrplan, wie ihn Rudolf Steiner selbst vorgegeben hat, der ideale Lehrplan der Waldorfschule als einer Zukunftsschule vorläge, der noch für lange, lange Zeiten seine Gültigkeit habe. Diese Auffassung ist naiv. Sie resultiert aus einem unkritischen Mißverständnis dessen, «was nun das menschliche Wesen eigentlich enthält und fordert». Zumindest der Lehrplan der Oberstufe blieb nach Rudolf Steiners eigenen Worten ein durchaus fragwürdiger Kompromiß.

In der Auseinandersetzung zwischen dem, was die Menschennatur fordert, und dem, was das «sogenannte praktische Leben» der staatlichen Schullehrpläne auch heute noch einklagt, bleiben manche Forderungen der Menschennatur in dem ersten Waldorflehrplan, und genauso heute, unerfüllt. Interessant ist, daß die Auseinandersetzung darüber auch innerhalb der Lehrerschaft der ersten Waldorfschule selbst geführt wird. Der Lateinlehrer wirft dem, der die Forderungen der Menschennatur verteidigt, nämlich Rudolf Steiner selbst, «an den Kopf», daß er bei den vorliegenden Verhältnissen mit der Vorbereitung für das Abitur nicht zurechtkomme. Nur der wiederum Naive glaubt, daß solches Verhalten Rudolf Steiner gegenüber nicht möglich gewesen sein könne. Es war noch mehr möglich, darüber geben die «Konferenzen» hinlänglich Auskunft. Der grenzenlose Respekt vor der Freiheit des anderen Menschen läßt Rudolf Steiner auf das einzige Auskunftsmittel hinweisen: individuell erarbeitete Menschenkunde, aus der allein persönliche Motive für eine Veränderung des vorgegebenen Kompromisses entspringen können.

Dem an einer Anschauung des Augustinus verdeutlichten Aspekt des Astralleibes steht also das herrschende sogenannte «praktische Leben» mit der ganzen Wucht seiner Denktradition gegenüber. Es verhindert eine wirklich *praktische* Einführung des Jugendlichen in das Leben, wie es die «offenbare» und doch «verborgene» Menschennatur eigentlich verlangt. Präziser und damit auch radikaler formuliert: Die aus dem sogenannten «praktischen Leben» resultierenden «Zufallslehrpläne» verursachen die charakterisierte «Gefangenschaft» der jugendlichen Seele, die entweder in der Tendenz zu Erotik, Sexualität und Machtkitzel ihre Ausflucht nimmt oder Revolte begründet – nicht selten beides zugleich.

Die aufzulösende Spannung zwischen Spezialisierung und Totalität im Seelenleben

Differenzierung als Folge des «freigewordenen» Astralleibs

«Indem der Mensch ... in die Differenzierung nach Mann und Frau eintritt, wird er auch reif, in die anderen Differenzierungen des Lebens einzutreten, und er muß eben in das wirkliche Leben eingeführt werden.»[36]

Hier stoßen wir auf eine weitere Begründung für die Einführung der Jugendlichen in das praktische Leben. Mit der Ausbildung des Selbstbewußtseins in der Zeit der Pubertät tritt gleichsam die Ur-Differenzierung zwischen dem Selbst und der Welt auf. Diese Ur-Sonderung macht auch alle anderen Differenzierungen erlebbar, zum Beispiel die der Geschlechter. Aber damit ist das Feld der Differenzierungen ja keineswegs abgeschlossen:

«Da kommt natürlich auch schon das in Betracht, daß ja die Schüler und Schülerinnen nunmehr in das Alter eintreten, wo sie in einer gewissen Weise differenziert werden müssen darnach – natürlich einzelne auch wiederum nach anderen Richtungen –, aber darnach vor allen Dingen, ob sie einen mehr geistigen Beruf oder einen mehr handwerklichen Beruf ergreifen.»[37] Man wundert sich, daß Rudolf Steiner dieses Thema wieder aufgreift. In zwei Konferenzen der Stuttgarter Waldorfschule wurde es im Jahr 1921 diskutiert und dabei nach einer praktischen Lösung gesucht. Das Ergebnis war wegen der behördlichen Vorgaben absolut negativ. Der Übersicht wegen seien die wesentlichen Passagen aus den Konferenzen vom 16.1. und 23.3.1921 hier eingefügt.

Die Konferenz vom 16.1.1921

Dr. Steiner: Dann diese Sache mit den Austritten, wie verhält sich das?

X.: Viele Eltern nehmen die Kinder nach der 8. Klasse heraus, um sie in einen Beruf zu stecken. Die Proletarier sind übermäßig empfindlich.

Dr. Steiner: Nicht wahr, das wird wahrscheinlich schwer gehen [die Schüler auf der Schule zu halten. *E.F.*], wenn wir nicht *in der Lage sind, für die höheren Klassen hinauf den Unterricht zu erweitern durch irgendwelche Dinge, die die Leute so ansehen können, daß es ihnen Ersatz gibt für das, was sie durch irgendeine Lehrlingszeit haben.* Da müßten wir unsere höheren Klassen *so einrichten, wie es in meinen volkspädagogischen Vorträgen* steht. Dann würde man das erreichen können, daß die Kinder bleiben. Aber wenn wir also nicht zu dem übergehen, dann wird es sehr schwer werden, daß die Eltern sie darin lassen. Es werden viele nicht einsehen, worauf das hinaus will bei ihren Kindern. Wir stehen immer vor der Schwierigkeit, daß man die Kinder bis zum Abiturientenexamen bringt. Das ist eine sachliche Schwierigkeit. Da müßte man einen Ausweg suchen. *Möglich* wäre es trotzdem, die Kinder zum Abiturientenexamen zu bringen, *wenn sie auch praktisch arbeiten.* Es müßten diejenigen, die für praktische Arbeit geeignet sind, mehr für das Praktische unterrichtet werden, ohne daß man die Schule gabelt. Ich glaube nicht, wenn wir die Schule auslaufen lassen in eine «höhere Lehranstalt», daß wir dann darum herumkommen, daß mit dem fünfzehnten Lebensjahr eine Anzahl austritt.

X.: Es sind neun ausgetreten. Es ist schwer, den Schülern in der 8. Klasse das beizubringen, was sie für die höheren Klassen brauchen.

Dr. Steiner: Sie sind in ihrer ganzen Lebensverfassung – wobei ich in keiner Weise irgend etwas anderes meine –, in der innerlichen Seelenverfassung sind sie nicht in das hinaufzubringen, was man gewöhnlich hat als höhere Schule. In die höhere Schule, die eine Art Bourgeoisanstalt ist, da ist der Proletarier – er ist als Streber hineinzukriegen, wenn er hinaufrücken will in die Bourgeoisie. *Man müßte die Schule einrichten, wie ich es in den volkspädagogischen Vorträgen beschrieben habe.* Dann würde es sich herausstellen, wie man diese Schüler durchbringt zu einer *richtigen Bildung.* So lange man genötigt ist, etwas von der Schulverfassung des Gymnasiums zu haben, was die reine Bourgeoisieschule ist – es gibt nichts, was nicht zugeschnitten wäre auf die Bourgeoisie –, da wird der Proletarier nicht hineinpassen.»[38]

In dieser Konferenz werden wichtige Themen angeschlagen. Der schon erwähnte Kompromiß (Abitur) verhindert, die Schule so einzurichten, wie sie Rudolf Steiner in den sogenannten volkspädagogischen Vorträgen[39] konzipiert hat.

Trotzdem fällt der Satz: «Da müßte man einen Ausweg suchen.» Rudolf Steiner hält das Konzept der volkspädagogischen Vorträge offensichtlich nach wie vor für richtig. Darauf folgt ein Satz, den leider niemand hinterfragt: «Möglich wäre es trotzdem, die Kinder zum Abiturientenexamen zu bringen, wenn sie auch praktisch arbeiten». Wie hat Rudolf Steiner sich das wohl konkret vorgestellt? Die Frage bleibt offen.

Dann fallen die Bemerkungen über die «höhere Schule» als Bourgeois-Anstalt, in die der Proletarier nur als «Streber» hineinzubringen sei, und als Gegenwurf noch einmal: «Man müßte die Schule so einrichten, wie ich es in den volkspädagogischen Vorträgen beschrieben habe. Dann würde es sich herausstellen, wie man diese Schüler durchbringt zu einer richtigen Bildung.» Im letzten Satz erkennt man den Realisten, der weiß, wie abhängig er von den Menschen ist, die den konkreten Versuch durchführen.

Die Konferenz vom 23. 3. 1921:

X.: Wir wollen die Frage der *Fortbildungsschule* vorbringen.

Dr. Steiner: Gibt es da konkrete Möglichkeiten? Wir müssen einmal den Lehrplan der 10. Klasse festsetzen. Da muß etwas hinein, was wirkliche Lebenspraxis ist. Aber Fortbildungsschule? Liegen denn konkrete Möglichkeiten dafür vor?

X.: Es handelt sich um die Kinder, die ausgetreten sind, daß man die gefaßt hätte. Es war jetzt nicht möglich, aus Platzmangel und Geldmangel. Man müßte es vorbereiten für das nächste Jahr.

Dr. Steiner: Die Vorbereitung würde darin bestehen, zu sorgen, daß die Behörden uns nicht in die Suppe spucken.

X.: Es ist so, daß nichtstaatliche Fortbildungsschulen vorgesehen sind. Sie müssen nachweisen, daß der Lehrplan nicht unter dem von anderen ist.

Dr. Steiner: Wir hätten den Wahnsinn machen sollen, die Kinder in spezielle Sachen hineinzustecken. Wir können das nicht mitmachen, wenn wir bei unserer Pädagogik bleiben wollen. Wir können doch nur dasjenige einrichten, was den Menschen vorwärtsbringt. Wenn wir Fortbildungsschulen errichten wollen, müssen wir es so einrichten, daß die Kinder etwas davon haben für ihre menschliche Fortbildung.

Von *uns* wird entschieden, was für eine Schule wir errichten wollen. Es hat kein Mensch bezweifelt, daß Strakosch berufen war zu einer allgemeinen Fortbildungsschule. Es sollte eine Art praktisch-gymnasiale Fortbildung sein, eine menschliche Fortbildungsschule. Eine andere Sache zu errichten, haben wir nicht die geringste Veranlassung. Es ist doch nicht nötig, daß man dasselbe macht, was die anderen auch machen.

X.: Die Sache ist so: die Kinder, die in einen Beruf hineinkommen, müssen eine von den staatlichen Schulen besuchen.

Dr. Steiner: Die, die schon in solche Fachschulen gehen, kommen doch nicht zu uns hinein. Wir werden niemand darinnen haben in unseren Klassen. Was uns fehlt, ist die Möglichkeit, die Kinder vom fünfzehnten Jahr an nach unserem Lehrplan zu unterrichten. Das ist dazumal konstatiert worden. Die Frage ist vorläufig erledigt. Das haben wir schon einmal verhandelt; wir können es hier nicht weiter erörtern. Die ganze Frage ist die akuteste: *wie ist die Zeit auszufüllen zwischen Volksschule und Hochschule?* Wenn wir die Möglichkeit dadurch schaffen könnten, daß wir die Behörden dazu kriegen, uns anzuerkennen, dann würden wir furchtbar Zulauf haben.

Ist denn eine Möglichkeit vorhanden, wenn nicht eine solche Lehrlingszeit vorliegt, daß jemand solche Leute in einen Betrieb aufnimmt?

X.: Wer nicht bei einem anerkannten Meister gelernt hat, kann nicht angestellt werden.

Dr. Steiner: Man kann nichts machen! Es ist alles so abgezirkelt, daß es bloß noch kein Gesetz gibt, wie man die Gabel halten muß.

Die Frage müßte studiert werden, auf welche Weise man Fortbildungsschulen einrichten kann, daß sie im Sinne der volkspädagogischen Aufsätze Fortbildungsschulen sein können. Die Waldorfschule müßte versuchen, das bei den Behörden durchzudrücken. Man müßte der Schule mehr Ansehen verschaffen.»

Die Reglementierung der «Freien» Waldorfschule durch den Staat, ihr mangelnder Bewegungsraum innerhalb der bestehenden Gesetzgebung, wird hier «klassisch» vorgeführt. Eine gewisse Verbitterung bei Rudolf Steiner ist kaum überhörbar. Aber mittendrin wird das eigentliche Problem genannt: «Die ganze Frage ist sehr akut: Wie ist die Zeit auszufüllen zwischen Volksschule und Hochschule?»[40]

Dennoch wird das Thema – obwohl dessen Realisierung doch aussichtslos erscheint! – im Vortrag vom 5.1.1922 erneut behandelt.

Totalität und Spezialisierung

Der erste Gedanke des Vortrags vom 5.1.1922[41] gilt dem nach der Pubertät für den Jugendlichen auftretenden Erleben der Differenzierung, das ja auch die individuelle Begabung erfahren läßt. Rudolf Steiner hält das pädagogische Eingehen auf diese erlebbaren Unterschiede gerade in einer «Einheitsschule» für unerläßlich. Eben weil die Einheitsschule keine Auslese vornimmt, also die gleiche Erziehung für alle Schüler bis zur Pubertät für wichtig und fruchtbar hält, erscheint es als notwendig, ab der Pubertät auf die hervortretende Spezialisierung einzugehen. Auch die volkspädagogischen Vorträge sprechen schon von solch notwendiger Spezialisierung ab der Pubertät, aber keineswegs von einer Gabelung der Schule auf der Oberstufe. Diese lehnt ja Rudolf Steiner selbst in den referierten Konferenzen ausdrücklich ab. Der Grund dafür liegt wieder in einer menschenkundlichen Tatsache, die den Gegenpol zur Spezialisierung bildet: das Streben des astralischen Leibes nach Totalität.

«Dabei muß durchaus berücksichtigt werden, daß eine auf wirkliche Menschenkenntnis gebaute Erziehungskunst ja wie als etwas Selbstverständliches erkennt, daß die einzelnen Glieder der menschlichen Natur nach Totalität hinstreben. *Es muß nur immer eine Einsicht vorhanden sein, wie diese Totalität angestrebt werden soll.* Man muß natürlich diejenigen Schüler und Schülerinnen, die ihrer besonderen Begabung nach für mehr geistige Berufe taugen, in diesem Sinne erziehen und unterrichten. Aber dasjenige, was auch in den späteren Lebensaltern einseitig in dem Menschen heranentwickelt wird, muß in gewissem Sinne durch eine andere Entwicklung wiederum zu einer Art Totalität erhoben werden. Wenn wir auf der einen Seite dem Schüler und der Schülerin Willensimpulse beibringen, die nach einer mehr geistigen Seite gehen, dann müssen wir die Erkenntnisseite – denn der astralische Leib verlangt, wenn er seine Willensimpulse nach einer gewissen Seite hin ausbildet, daß die auch in ihm liegenden Erkenntnisimpulse nach der anderen Seite des Lebens auch ausgebildet werden –, wir müssen die Erkenntnisimpulse dann so ausbilden, daß der Mensch *wenigstens* eine Einsicht hat, und zwar eine anschauliche Einsicht, in Gebiete des praktischen Lebens, die ihm einen Sinn beibringen für die Gesamtheit des praktischen Lebens.»[42]

Jedes Sonderdasein hat einen anderen Weg zur Totalität. Der geistig Strebende übt notwendigerweise die Abstraktion. Er verliert dabei leicht den Zusammenhang mit dem einzelnen konkreten Phänomen. Sein Streben nach Totalität wird deshalb durch Konkretion, in der Bemühung um das Detail unterstützt werden müssen. Darüber hinaus sollte er umfassend wenigstens modellhaft «Einsicht» in das praktische Leben gewinnen. Praktische Übung sollte dabei exemplarisch vorkommen.

Der immerfort praktisch Tätige begegnet umgekehrt der Gefahr, im Pragmatismus zu ertrinken. Er kettet sich zu stark an seine einzelnen Vorstellungen, verpaßt dadurch die Gelegenheit, «im Abstand» zu reflektieren. Sein Streben nach Totalität wird Reflexion, gedankliche Überschau üben müssen.

Das Streben nach Totalität hat dennoch für jede Berufsdifferenzierung ein anderes Gesicht. «Es muß nur immer eine Einsicht vorhanden sein, wie diese Totalität angestrebt werden soll.» Und Rudolf Steiner weist formelhaft die Richtung: «Nun handelt es sich darum, *in möglichst umfassender Weise* denjenigen, der sich einem mehr geistigen Berufe zuwendet, mit den Dingen des äußerlichen handwerklichen Lebens bekanntzumachen, und umgekehrt denjenigen, der sich dem handwerklichen Leben zuwendet, *soweit er urteilsfähig wird,* in gewissen Grenzen mit dem, was den Menschen als geistiger Beruf zugeführt wird.»[43]

In dieser «Formel» finden wir zwei ungemein interessante Unterschiede. Der geistig Strebende soll «in möglichst umfassender Weise» mit den Dingen des äußerlichen «handwerklichen» Lebens bekannt werden. Dadurch findet dieser Menschentyp die Balance zwischen Spezialität und Totalitätsstreben. Der, der sich dem handwerklichen Leben zuwendet, soll – soweit er urteilsfähig wird – also in gewissen Grenzen – mit dem, was den Menschen im «geistigen Beruf» zugeführt wird, bekanntgemacht werden. Auch hier soll die polare Strebensrichtung Totalität ermöglichen. Die Beschränkung solcher Bemühungen wird nüchtern aufgezeigt. Wird hier etwa der Benachteiligung des künftigen Proletariers das Wort geredet? Wohl kaum! Es werden nur die konkreten Möglichkeiten der zweiten Schülergruppe ins Auge gefaßt. Die offensichtlichen «Einschränkungen» bei der zweiten Schülergruppe, die ihr Lebensziel in einem praktischen Beruf findet, sind verständlich, wenn man sich durch genaue Beobachtung von der Illusion befreit, daß jedes Stoffangebot schon auf jeden Schüler eine nützliche pädagogische Wirkung habe. Die Auffassung ist immer noch weit verbreitet, daß schon bloße Teilhabe am Unterricht für den Schüler Gewinn sei. Sie ignoriert die offenkundige Tatsache, daß *Fähigkeiten* sich nur dort bilden, wo der Schüler in die Lage kommt, mit einer gewissen Selbständigkeit mit dem Stoff umzugehen. Daher die von Rudolf Steiner gemachte Einschränkung, die «gewisse Grenzen» bei der zweiten Schülergruppe ins Auge faßt. Die Erfahrung lehrt zusätzlich, daß gerade dort, wo der von Rudolf Steiner vorgeschlagene Weg praktisch versucht wird, das heißt wo mit dieser Schülergruppe vorwiegend «handwerklich» gearbeitet wird, auch eine stringente Urteilsbildung am zu fertigenden Werkstück angeregt wird. Sie geschieht also an der zu tätigenden Arbeit. Sie ist dann besonders wirkungsvoll, wenn der Jugendliche angeleitet wird, die notwendigen Urteile für die Herstellung des Werkstücks selbst zu finden, wenn also auf das Grundbedürfnis des Jugendalters nach Selbständigkeit bei der Methode der Vermittlung eingegangen wird. Von jenen Jugendlichen dieser Gruppe, die, zeitlich verzögert, sich dann später auch die Studierfähigkeit erwarben, haben wir bereits berichtet. Es kann für diese Schülergruppe geradezu schädlich sein, wenn sie mit einer intellektuellen Forderung konfrontiert wird, die sie im Augenblick beim besten Willen nicht erfüllen kann. Dann wird, sicher ungewollt, eine Lähmung des Willens hervorgerufen, ja manchmal sogar Niedergeschlagenheit und Resignation. Dem speziellen Streben nach Totalität, dem wir hier begegnen, muß in anderer Weise Rechnung getragen werden.

Rudolf Steiner weist die pädagogische Aufgabe, die diese Schülergruppe stellt, nämlich die handwerklich-industrielle Fertigung zu erlernen, eindeutig der Schule zu. Auch die kurz zurückliegende Erfahrung mit der Fortbildungsschule irritiert ihn offensichtlich nicht in seinen erneuten Forderungen. Vertraut er auf eine zukünftige «vernünftigere» Entwicklung? Jedenfalls sagt er:

«Dabei muß betont werden, daß es durchaus wenigstens angestrebt werden muß, diese praktische Seite des Lebens durch die Schule selbst zu pflegen. Auch das Handwerkliche sollte nicht eigentlich dadurch gepflegt werden, daß man die jungen Leute sogleich unter die Erwachsenen in die Fabrik steckt, sondern man sollte innerhalb des Schulmäßigen selbst die Möglichkeit zur Hand haben, die praktische Seite des Lebens zu berücksichtigen, damit dann der junge Mensch dasjenige, was er in einer kurzen Zeit, ich möchte sagen, bildlich gesprochen, am Modell sich angeeignet hat, in das praktische Leben übersetzen kann. Das Aneignen am Modell kann nämlich so praktisch sein, daß durchaus die betreffende Sache ins praktische Leben hineingetragen werden kann. Ich sehe auch nicht ein, da es doch einmal in unseren Gefängnissen gelungen ist, die Gefangenen so arbeiten zu lassen, daß sie Dinge fabrizieren, die dann im Leben draußen irgendeine Rolle spielen, warum nicht auch in den Schulwerkstätten Dinge sollten fabriziert werden, die dann einfach ans Leben hinaus verkauft werden könnten.

Aber daß der junge Mensch möglichst lange in dem schulmäßigen Milieu bleibt, *das allerdings dann gesund sein muß*, darauf ist zu sehen; denn es entspricht eben einfach der inneren Wesenheit des Menschen, nach und nach an das Leben heranzutreten und nicht mit einem Stoß in das Leben hineingeführt zu werden.»[44]

Beide, Differenzierung und Streben nach Totalität, entstehen in der Seele selbst. Die spezielle Begabung, die ein Mensch in das Leben mitbringt, ist immer ein Erkenntnisrätsel gewesen. Woher stammt sie? Tatsache ist, daß das Kind nicht als ein unbeschriebenes Blatt die Erde betritt, ferner, daß der Verweis auf unterschiedliche Vererbung und unterschiedliches Milieu dieses Rätsel keineswegs löst. Die historisch alte Annahme einer göttlichen Zeugung der Seele vor der Geburt hat Fragen nach der Gerechtigkeit Gottes aufgeworfen. Die Tatsache, daß der Mensch nur auf der Erde sich selbst Fähigkeiten aneignet, die er vorher nicht besaß, verwies manche Menschen auf die Annahme einer früheren Biographie auf der Erde. Die Erkenntnisinstrumente, den jetzt lebenden Menschen auch in einem vorangegangenen Leben zu erfassen, hat jedoch erst die Geisteswissenschaft geliefert.

Die bisherige Pädagogik hat es sich leicht gemacht, auf die Tatsache der unterschiedlichen Begabungen und Lernvoraussetzungen zu antworten. Das dreigeteilte Schulsystem war diese unbefriedigende Antwort. Sie schrieb damit gewissermaßen die Resultate einer früheren Biographie fest und verlor dabei den Gedanken der biographischen Entwicklungshilfe aus den Augen.

Rudolf Steiner antwortet auf diese Tatsache mit der Einheitsschule. Ihr voraus geht die Forderung, daß jeder Mensch, unabhängig von seiner Begabung, ein Recht auf Bildung habe. Dieses Recht wird ihm bis zum 18./19. Lebensjahre zugebilligt. Eine solche Forderung war, vor allem auf dem Hintergrund des Jahres 1919 betrachtet, revolutionär radikal. Im Rückblick auf diese Forderung, die engagierte Pädagogen auch heute noch begeistert, werden leicht drei Tatsachen übersehen:

1. Das Konzept der volkspädagogischen Vorträge, in denen diese Forderung auftaucht, *sah eine ab der Pubertät spezialisierte Einheitsschule vor.* Die Konferenzen des Jahres 1921 zeigen, daß eine derartige Spezialisierung gegen die bestehende Gesetzgebung nicht durchzusetzen war. Damit war aber auch das Grundkonzept der Einheitsschule, wie sie Steiner vorschwebte, schwer behindert. Man kann sich fragen, warum Rudolf Steiner trotzdem die «Einheitsschule» weiter verfolgte. Zu diesem Zeitpunkt bestand die Schule bereits eineinhalb Jahre und arbeitete im Klassenlehrerbereich verheißungsvoll. Es gab Verpflichtungen gegenüber Schülern und Eltern, auch solche gegenüber den berufenen Lehrern und Emil Molt. Hatte Rudolf Steiner Hoffnung, daß sich die Verhältnisse der Gesetzgebung ändern würden? Hoffte er auf öffentliche Anerkennung der pädagogischen Leistung dieser Schule, die ihr mehr Freiheiten der Gestaltung einbringen würde? Daß er das der spezialisierten Einheitsschule zugrundeliegende Thema etwa zwei Jahre nach den deprimierenden Konferenzen Anfang 1921 wieder aufgriff, zeigt zumindest, daß er nicht resigniert hatte.

Man muß aber festhalten, daß der konkrete Lehrplan für diejenigen Jugendlichen, die einen praktischen Beruf und keinen akademischen sich zum Ziel gesetzt hatten, von ihm selbst nicht entwickelt werden konnte. Diese spezielle Bildung fand in der ersten Waldorfschule keine ihr angemessene Gestalt. Rudolf Steiner konzentrierte sich auf jene «spezielle» Bildung, die denjenigen Jugendlichen diente, die an ein Hochschulstudium dachten. Das wurde so nicht ausgesprochen. Aber es ist doch eindeutig, daß die Instrumente und die Methodik und Didaktik für die zweite Gruppe von Jugendlichen der spezialisierten Einheitsschule nicht geschaffen werden konnten.
2. Schon eine menschenkundlich verantwortbare Pädagogik für die erste Schülergruppe stieß auf allergrößte Schwierigkeiten. Auch dabei fühlte sich Rudolf Steiner durch die gültigen Anforderungen von außen schwer behindert. Wer die Charakteristik der damaligen Bildung durch Rudolf Steiner in den volkspädagogischen Vorträgen aufmerksam liest, wird sich kaum darüber wundern. Er rechnet dort hart mit dieser Bildung ab, die seiner Meinung nach eine überholte geschichtliche Situation konservierte. Er fordert, Sozialrevolutionär, der er ist, die «große Abrechnung» mit dieser Bildung und nicht die «kleine». Rudolf Steiner ist auch bei seinem Kampf für eine menschenkundliche Pädagogik für diese erste Schülergruppe – bildhaft gesprochen – vom erwähnten Lateinlehrer abhängig. Der wiederum lebte in der «Gefangenschaft» jener Zielvorgaben, die aus der «alten Bildung» geschöpft waren. Man mache sich doch einmal die Dramatik dieser Tatsachen klar, um den Vorgang wirklich zu verstehen. Das, was der Entwicklung des Jugendlichen dient, war gedanklich präzise erfaßt. Aber die Umsetzung der Leitgedanken in den praktischen Unterricht stieß dauernd auf unüberwindliche Schwierigkeiten, so daß das ideale Konzept auch für die erste Schülergruppe nur fragmentarisch konkrete Gestalt gewinnen konnte.
3. Wir haben schon vorher die Auffassung, daß der zu Lebzeiten Rudolf Steiners entworfene Lehrplan für lange Zeiten hinaus gültig sei, als naiv bezeichnet. Unser Urteil wird über die bisherigen Darstellungen hinaus noch im folgenden weiter begründet werden. Aber schon aus dem bisher Dargestellten ergibt sich eine Frage an die heutigen Waldorfschulen. Sind sie auf der Oberstufe mit dem heute gehandhabten Instrumentarium den Anforderungen, die die Jugendlichen an sie stellen, gewachsen? Wir sprechen hier nicht von äußeren Anforderungen, etwa Prüfungen, sondern von solchen, die der Jugendliche für seine individuelle Entwicklung stellt. Kann man diese ohne die von Rudolf Steiner konzipierte Spezialisierung befriedigen, wenn man die Auslese – zu Recht! – ablehnt? Oder erliegt man einer Illusion, weil

man in diesem Punkte die eigene Arbeit nicht nüchtern genug in Frage stellt? Wir werfen diese Frage auf, weil heute – anders als in den zwanziger Jahren – Möglichkeiten der Spezialisierung vom Gesetz her durchaus gegeben sind. Gewiß, auch sie haben ihre Tücken im Sinne einer überholten Bildungstradition. Aber diese Tücken sind heute keineswegs unüberwindbar. Man kann sich durchaus fragen, wie Rudolf Steiner selbst heute die instrumentale Gestalt einer Waldorfschule formen würde. Oder hält uns die Bildungstradition – jetzt die der Waldorfschulen – gefangen, weil wir sie nicht umfassend genug reflektieren?

Rudolf Steiner meint, daß man «selbstverständlich» das Streben des Menschen nach Totalität erkenne. So selbstverständlich ist das gar nicht. Denn sonst müßte mit jeder Spezialität, die der Mensch eingeht und ausformt, also zum Beispiel bei jeder Berufswahl, die Frage auftauchen, wie deren einseitige Wirkungen auf die Biographie ausgeglichen werden könnten. Diese Frage der Berufsspezialisierung ist zwar wissenschaftlich sehr genau beschrieben worden, aber die dabei gewonnenen Erkenntnisse haben so gut wie keine praktischen Konsequenzen gehabt. Im Streben nach Totalität wird das Freiheitsbedürfnis des Menschen erlebbar. In ihm äußert sich das Begehren nach Individuation, also nach Vereinzelung und Selbständigkeit. Dieses Bedürfnis kann nur mit dem Instrument des Leibes ausgelebt werden, der diese Begrenzung hervorruft. Die Seele hat deshalb ein grundlegendes Begehren nach dem Leibe. Dieses Bedürfnis führt sie in die Inkarnation. Mit der Leibergreifung setzt jene Bewußtseinsbegrenzung ein, die wir in ihren Folgen beschrieben haben. Im Erleben der dabei vorgegebenen Bedingungen, die für das Seelenleben behindernd wirken, entsteht das Begehren nach deren Überwindung.

Das Streben der Seele nach Totalität kann als eine Gegenbewegung zu dem Begehren nach dem Leibe gefaßt werden. Dieses Streben stemmt sich gegen die bewußtseinsmäßigen Folgen des Leibbegehrens, will sie abarbeiten beziehungsweise verwandeln. Es will ein Gegengewicht zu diesen begrenzenden Kräften schaffen. Das Freiheitsbedürfnis äußert sich demnach in zwei entgegengesetzt gerichteten Willensströmungen. Wer sich der Diskussion enthält, ob es eine Freiheit des Menschen überhaupt gibt, und sich stattdessen auf den Weg der aufmerksamen Beobachtung begibt, wird darauf gestoßen, daß das Freiheitsstreben nur als Prozeß verstanden werden kann. Zuerst sucht sich das Geistig-Seelische den Leib, um an dessen Widerstand zu sich selbst aufzuwachen. Das Resultat ist das Selbstbewußtsein und die Erfahrung der Begrenzungen und Behinderungen. An ihnen wird der Wille entzündet, bewußt über sie hinauszuwachsen, das gewonnene Selbstbewußtsein dabei aber mitzunehmen. Dabei macht der Mensch die wichtige Erfahrung, daß Freiheit nie *ist*, sondern immer nur (oft nur teilweise) hergestellt werden kann. Wird sie nicht geübt, verkümmert sie. Anders gewendet: Das Begehren wendet sich anderen Zielen zu, die es vorläufig befriedigen. Beobachtbar ist aber auch, daß das Freiheitsbedürfnis – wenigstens heute noch – immer wieder aufflammt.

Das Streben nach Totalität wirkt unserer Beobachtung nach oft sehr verborgen, zum Beispiel in allen Zuständen der Unlust über vorgefundene Umstände, die von den Jugendlichen als beengend erlebt werden. Sie fühlen gewissermaßen, daß diese Umstände nicht so bleiben sollten, weil zwischen dem, was ist, und dem, was man – noch relativ unbestimmt – will, eine Diskrepanz erlebt wird. Dieses Gefühl betrifft sowohl die eigene vorgegebene Befindlichkeit als auch die sozialen Zustände im Umfeld. Die Argumente, deren sich dieses Streben bedient, sind oft einseitig, angreifbar, unfertig. Das Streben selbst aber ist eine höchst reale Kraft; sie hat nur noch nicht umfassend ihre gedankliche Selbstbestimmung gefunden. Sie rumort vorerst unkontrolliert.

Dieses Erleben beherrscht nicht nur den Jugendlichen, sondern sehr oft noch den Erwachsenen, ja sogar noch den alten Menschen. Das charakteristische Rumoren kann – wenigstens anfänglich – nur durch das Totalitätsstreben bei der Selbstbestimmung aufgehoben werden.

Bildhaft könnte man dieses Streben auch als Sehnsucht nach den ursprünglichen, aber vorbewußten Zuständen der Seele beschreiben. Unterstellt man experimentell diesen Gedanken, so zielte dieses Streben letztlich darauf ab, die Seele in ihrer Totalität, also auch die erwähnten brachliegenden Kräfte zu aktivieren. Es möchte bei den eigentlich als «unmenschlich» empfundenen Resultaten der vorliegenden Bewußtseinsverengung nicht stehenbleiben. Dieses Streben ist demnach der Bildegrund für alle Revolutionen. An deren Verlauf kann aber auch studiert werden, wie schwierig es ist, ihnen eine konkrete zukunftsweisende Bestimmung zu geben. Trotzdem lebt in ihnen das elementare, wenn auch oft chaotische Begehren nach Verwandlung.

Auf das Totalitätsstreben sollte die Pädagogik entschieden antworten. Rudolf Steiner weist den Weg, wie man durch Spezialisierung den beiden Hauptgruppen der Jugendlichen gerecht werden kann. Für die Gruppe, die künftig in geistiger Arbeit ihre Lebensaufgabe sieht, wird von der Waldorfschule dieser Weg anfänglich beschritten. Sogenannte begabte Schüler sind rückblickend der Schule in der Regel dankbar. Sie haben ihre Schulzeit als befreiend und zielgebend erlebt. Sie ergriffen das zusätzliche Angebot der Schule an Kunst, Handwerk, Technologie usw. sehr aktiv. Es regte sie an und befriedigte sie, weil sie sich selbst dadurch stabilisierten. Unserer Beobachtung nach hatten dagegen Schüler, die zur zweiten Gruppe gehörten, aber nur das Angebot für die erste Gruppe vorfanden, zum Teil mit der Schule erhebliche Schwierigkeiten. Sie fanden in der Schule nur eine ungenügende Antwort auf *ihren* Weg zur Totalität. Sie wurden von der Schule nicht dort abgeholt, wo sie sich durch ihre schicksalsmäßigen Vorbedingungen befanden.

Ein besonderer Aspekt der Technik

Die geforderte Einführung der Jugendlichen in die Umwelt stößt unter anderem auf die Tatsachen der Technik und des Umgangs mit ihren Erfindungen. Die Technik ist reines Menschenwerk, das der natürlichen Schöpfung eingefügt wurde. Technik bestimmt weitgehend die Arbeitswelt und löst vielfältige soziale Folgen aus.

In jenem Abschnitt des Vortrags vom 5.1.1922, der die Technik unter einem besonderen Aspekt behandelt, scheinen zwei Dinge besonders wichtig: Es wird angedeutet, daß mit dem Urteilen der menschliche Geist in das Seelenleben eintritt.[45] Auch in der Technikgestaltung ist das Ich am Werke.

«Aber das Geistvollste entwickeln wir schon in unserer modernen Technik. Da ist eigentlich alles, worauf ein Objekt beruht, aus dem Geist hervorgegangen, aus dem menschlichen Geist selber.

Man braucht nicht besonders geistreich zu sein, um einen schönen Blumenstrauß auf den Tisch hinzustellen, denn das macht die Natur. Aber man muß schon etwas von geistiger Wirksamkeit in sich haben, wenn man auch nur die einfachste Maschine konstruiert. Der Geist ist schon da, man merkt ihn nur nicht, *denn man schaut nicht in der richtigen Weise auf sich selbst zurück.* Und so den Geist zu haben, ist nämlich für die unterbewußte Menschennatur außerordentlich schwer erträglich, wenn ihr nicht das nötige Verständnis des Objektiven gegeben ist. Diesen Geist, den wir heute als einen abstrakten über die Gegenwart ausgegossen haben, den lernen wir eben allmählich gerade durch das Hineinfinden in die Lebenspraxis ertragen.»[46]

Ein Resultat der Unfähigkeit, in der richtigen Weise auf sich selbst zurückzuschauen, ist die gegenwärtige Technikfeindlichkeit breiter Bevölkerungsschichten. Über der offensichtlich realen Bedrohung der Natur und des Lebens durch einige (wenige) technische Erfindungen wird dieser Rückblick heute emotional geradezu verstellt. Die verbreitete existentielle Angst vor der Technik führt auch bei manchen Jugendlichen zu einer generellen, undifferenzierten Ablehnung der Naturwissenschaften. Denn diese – so ihr Argument – schaffen erst die Grundlage für die Technik. Die Argumentation gleitet ins Irrationale ab, ja nicht selten wird die Diskussion über diesen Fragenkomplex von den Jugendlichen schlicht verweigert. Die Erfindung der Technik und deren Anwendung unter wirtschaftlichen Gesichtspunkten werden nicht unterschieden. Der geistige Aspekt der Technik und der moralische ihrer Anwendung werden durcheinandergewürfelt.

Die bedenklichen Wirkungen auf das Unbewußte, wenn der Mensch in einer Umgebung lebt, deren Zustandekommen er nicht durchschaut, werden auf diese Weise verstärkt. *Das Unbewußte will «am Objektiven» aufgeklärt werden.* Hier liegt eine weitere Wurzel für das Bestreben Rudolf Steiners, eine umfassende Lebenskunde in den Lehrplan einzugliedern. Der meist nur abstrakt gefaßte Geist soll in seinen lebensgestaltenden Wirkungen aufgesucht werden. Nur dadurch sei die unser Geistesleben beherrschende Abstraktion für die menschliche Seele zu ertragen. Die in dem Fach Technologie gestellte Aufgabe, etwa die Wirkensweise einer Turbine oder das Netz eines Verbundes von Elektrizitätswerken zu verstehen, führt dazu, auch das heute «fehlende» Rückschauen auf sich selbst zu üben. Man versteht die Maschine erst, wenn man die geistige Leistung, die zu ihr geführt hat, nachvollzieht. Man bringt sie nachschaffend noch einmal hervor. Damit taucht das eigene Seelenleben in den einstigen Gestaltungsprozeß ein. Die geistige Anstrengung, die nötig war, um die Maschine hervorzubringen, wird persönlich nacherlebt. Ihr «Plan» wird gedanklich erobert. Damit verliert die Maschine ihre Fremdheit, sie wird eigener geistiger Besitz. Der vorerst abstrakte Gedanke «alle Technik ist Menschenwerk» wird in dem Prozeß des Hervorbringens erfahrungsgesättigt erlebt, unter Umständen bis in jene Not hinein, daß sich der Plan der eigenen Denkanstrengung nicht fügen will. Die Erfahrung von der potentiellen Großartigkeit des menschlichen Geistes belebt aber auch das Gefühl der Verantwortung gegenüber dem «eigenen Produkt». Ja er ist die Voraussetzung für ein solches Verantwortungsgefühl. Wer diese Interpretation zu «frei» findet, prüfe sie an den anderen Ausführungen Rudolf Steiners zum gleichen Thema. Er stellt das Thema in einen noch größeren Zusammenhang:

«Ich kann Ihnen die Versicherung geben: wenn einmal die anthroposophische Erziehungskunst da sein wird, wird sie viel praktischere Leute ins Leben hineinstellen als die mehr materialistische Erziehungskunst von heute, denn sie wird den Geist haben als einen schöpferischen, nicht bloß als einen solchen, den man, nachdem man nur möglichst die Augen zugemacht hat, ein bißchen fortgeflogen ist von der äußeren Wirklichkeit, erträumt. Zum Geist zu kommen, ohne die Lebenspraxis zu verlieren, das ist das, was gerade für die praktische Seite des Lebens dasjenige offenbaren will, was ich anthroposophische Bewegung nenne.»[47]

«Wenn einmal die anthroposophische Erziehungskunst da sein wird», ... der Satz mahnt zur Bescheidenheit. Ist sie heute «da»? Es liegt offensichtlich an jedem ihrer Vertreter, ob sie ein Stück mehr in die konkrete Erscheinung tritt, damit die von Rudolf Steiner ausgesprochene «Versicherung» wirklichkeitsgemäß eingelöst wird: Dann «wird sie viel praktischere Leute ins Leben hineinstellen». Diese Behauptung bleibt ein nicht wegzudiskutierender Stachel für die Bemühungen jedes Waldorf-Pädagogen.

Ein wichtiger rhythmischer Prozeß des Seelenlebens

Wir sind bei unseren Betrachtungen über das Seelenleben immer wieder auf Polaritäten gestoßen: Sympathie und Antipathie, Bewußtes und Unbewußtes, Spezialisierung (Differenzierung) und Totalität usw. Zwischen den Polen erhält das Seelenleben seine Dramatik. Denn offensichtlich verträgt die Seele keine einseitige Festlegung. Sie wird leise krank, wenn sie sich in ihrem Streben zu stark nur auf eine Seelengeste konzentriert. Ihr Wesen verlangt nach Rhythmus. Pädagogisch gezielt wird dieses Verlangen aufgegriffen, wenn Balance angestrebt wird. Balance heißt aber nicht, daß das kräftige Streben nach den Gegensätzen gedämpft wird, die Ausschläge des Pendels gebremst werden. Im Gegenteil: Das Seelenleben entwickelt sich um so gesünder, wenn «Einseitigkeiten» durch die Pädagogik stark herausgefordert werden. Zu berücksichtigen ist dann nur auch, daß die gegensätzliche «Einseitigkeit» ebenso «ins Spiel» gebracht wird, um ein «funktionelles» Gleichgewicht zu erzielen.

«Wir können nicht einem Menschen Nahrung geben und sagen: Jetzt bist du gesättigt. – Er muß wieder hungrig werden, wieder essen. Das muß lebendig werden, das muß einem Rhythmus unterliegen. Der Mensch muß wieder musikalisch werden, er muß im Rhythmus leben. Und so muß er im Rhythmus leben, daß gewissermaßen in *höchste Spannung versetzt wird sein Auf-sich-selbst-zurückgewiesen-Sein,* und das muß sich wiederum entladen. Bringen Sie dem Menschen Begriffe bei über seinen Magen, über seine Lunge, seine Leber, dann wird in ihm die Disposition erzeugt, die wieder so abreagiert wird durch das Singen, wie der Hunger durch das Essen abreagiert wird; und es kommt der Rhythmus heraus.»[48] Hier wird ein Hauptthema der Pädagogik angeschlagen: Der Mensch muß wieder »musikalisch» werden. Offensichtlich ist dieser musikalische Rhythmus des Seelenlebens nicht natürlich vorgegeben wie Hunger und Sättigung, sondern er muß bewußt pädagogisch gestaltet werden.

Zwei unterschiedliche Tätigkeiten werden von Rudolf Steiner in dem Zitat angesprochen. Die eine ist das Begriffe-Bilden. Es hat zur Folge, daß der junge Mensch auf sich selbst zurückgewiesen wird. Er gewinnt dadurch Distanz zur Welt. Denn Denken und Urteilen konstituieren sein Selbstbewußtsein. Diese wichtige Tatsache hat zu einer Pädagogik geführt, die auf das Urteilen den allergrößten Wert legt, weil sie ihre vornehmliche Aufgabe darin sieht, den jungen Menschen durch Urteilsschulung zum Selbstbewußtsein zu führen. Sie hat einseitig nur den einen der beiden Pole, zwischen denen sich der Rhythmus des Seelenlebens abspielt, im Auge.

Die Tätigkeit des Urteile-Bildens aber erzeugt im Menschen gleichsam Hunger nach ihrem Gegensatz. Und dieser Hunger wird nur durch eine ganz andere Tätigkeit als die des Betrachtens befriedigt. Beispielhaft für solche anderen Tätigkeiten nennt Rudolf Steiner in dem zitierten Text das Singen. Singen ist eine gestaltende Tätigkeit wie Eurythmie, Handarbeit, Plastizieren, ein Instrument spielen, Malen, Handwerk und vieles andere. Bei diesen Tätigkeiten wird der Mensch gerade nicht auf sich selbst zurückgewiesen, sondern er gestaltet mit Hingabe (Sympathie) in einem bestimmten Medium die äußere Welt. Er atmet sein Seelenwesen gleichsam in die Welt aus. Und – der Hunger, den die betrachtende Tätigkeit ausgelöst hat, wird durch den gestaltenden Tätigkeitspol befriedigt. Umgekehrt löst die gestaltende Tätigkeit wieder Hunger nach Betrachtung aus. Wer dies konkret berücksichtigt – etwa im Stundenplan –, nähert sich der pädagogischen Forderung, den Menschen «musikalisch» zu machen.

Die Zeitspannen, in denen «Hunger» nach dem Gegensatz auftritt und er befriedigt werden kann, sind bei betrachtender und gestaltender Tätigkeit aber verschieden lang. Jener Hunger, den die betrachtende Übung auslöst, kann unmittelbar nach dieser Übung befriedigt werden. Im Stundenplan kann etwa auf einen Hauptunterricht sofort eine Eurythmiestunde folgen. Sie stillt dann diesen Hunger durch den Pendelschlag zum anderen Tätigkeitspol.

Nicht das gleiche gilt für den Hunger nach Betrachtung, der durch gestaltende Tätigkeit verursacht wird. Zwischen der gestaltenden Tätigkeit und der Befriedigung des durch sie ausgelösten Hungers sollte der Nachtschlaf liegen.

Im «Weihnachtskurs» nennt Rudolf Steiner die gestaltende Tätigkeit eine «physisch-gymnastische» Erziehung. Mit dieser Bezeichnung wird die Brükke zur griechischen Erziehung geschlagen. Diese blieb bekanntlich nicht auf die Schulung des Urteils beschränkt – etwa durch geometrische Übungen –, sondern sie enthielt zum Beispiel auch das Element des chorischen Tanzes. In der heutigen Pädagogik geht es aber nicht um die Fortsetzung von Unterrichtsinhalten, die in Griechenland zeitgemäß waren. Vielmehr wird ein erzieherisches Prinzip aufgegriffen, das den musikalischen Ausgleich extremer menschlicher Tätigkeiten zum Ziele hat. Dazu Rudolf Steiner:

«Und nachdem diese mehr physisch-gymnastische Erziehung Platz gegriffen hat, wird das Kind *nicht* wiederum zum Kopfunterricht zurückgeführt. Ich habe es schon angedeutet, daß das *zerstörerisch* wirkt auf das Leben; denn während die Kinder gerade dasjenige pflegen, was sich auf das Leiblich-Physische bezieht ... arbeitet ein unbewußtes Übersinnliches in dem Kinde, und der Kopf ist nicht mehr in der Lage, nachdem er sich dieser leiblich-physischen Erziehung hingegeben hat, nach dieser Betätigung wiederum zur Kopfarbeit zurückzukehren. Etwa eine Turnstunde mitten in den übrigen Unterricht hineinzuschieben ... und sich dem Glauben hinzugeben, daß dadurch für den Unterricht durch Abwechslung etwas erzielt werde, ist durchaus falsch.»[49]

Offensichtlich ist die urteilende Tätigkeit ganz anders in die Wirksamkeit der leiblichen Organisation eingegliedert als die gestaltende.

Die dreigegliederte menschliche Organisation

Rudolf Steiner weist immer wieder darauf hin, daß die einheitliche Gestalt des Menschen eine Illusion sei. Was uns beim Menschen entgegentritt, ist eine dreigegliederte Organisation. Kopf, Rumpf und Gliedmaßen folgen in ihren Organgestaltungen durchaus eigenen Gestaltungsgesetzen. Auch funktional sind sie nach dem Nerven-Sinnes-System, dem rhythmischen System und dem Stoffwechsel-Gliedmaßen-System zu unterscheiden. Was die Illusion einer Einheit begünstigt, ist, daß jedes der Systeme auch die beiden anderen durchdringt. Zum Beispiel ist der Nerv als Repräsentant des Nervensystems auch in den beiden anderen Systemen zu finden und wirksam. Dies ermöglicht ein funktionales Ganzes. Ein harmonisches Verhältnis zwischen den drei Organisationen ist selten anzutreffen, oft dagegen eine Dominanz eines der Systeme über die anderen.

Geisteswissenschaftliche Forschung entdeckt eine völlig verschiedene Evolution der drei Systeme, also eine eigene typische Genese jedes einzelnen und damit auch je eigene «Reifegrade». Diese voneinander abweichenden Reifegrade der organischen Ausgestaltung ergeben sich schon einer aufmerksamen äußeren Beobachtung. Es würde hier zu weit führen, das Thema umfassend zu behandeln. Es sei nur ein Gesichtspunkt, den Rudolf Steiner in der *Allgemeinen Menschenkunde*[50] behandelt, herausgegriffen, weil er den unterschiedlichen, ja polaren Charakter von betrachtender und gestaltender Tätigkeit beleuchtet.

Geht man davon aus, daß die leibliche Organisation grundsätzlich von einem Geistig-Seelischen gestaltet ist, so hat dieses Geistig-Seelische ein ganz unterschiedliches Verhältnis zu den drei Gliedern der Organisation. Im Kopf, also im Nerven-Sinnes-System, ist es in der leiblichen Bildung ganz «aufgegangen». Diese hat dadurch ihren höchstmöglichen Reifezustand erreicht. Leiblich gesehen befindet sich der Kopf sogar in der Devolution. Er ist das älteste Glied der leiblichen Gesamtorganisation des Menschen.

Die Brustorganisation dagegen ist jünger. Die diese Gestalt bewirkenden geistig-seelischen Kräfte stehen zu ihr nach wie vor in einem schöpferischen Verhältnis. Anders ausgedrückt: Die leibliche Entwicklung dieser Organisation ist noch nicht vollendet, sie ist nach wie vor entwicklungsoffen. Will man sich der Realität der Brustorganisation gedanklich nähern, muß man sowohl die erreichte leibliche Gestalt als auch deren verborgene Gestaltungskräfte zusammensehen. Man wird dadurch weit über die räumlichen Grenzen dieser Organisation in ein sie umschließendes Kraftfeld hinausgeführt. Noch mehr gilt dies für die Stoffwechsel-Gliedmaßen-Organisation, denn sie ist am jüngsten. Ihre leibliche Bildung ist gewissermaßen über einen «Keimzustand» noch nicht hinausgeschritten.

Diese Verhältnisse werden immer auch durch das individuelle Ich beeinflußt. Zum Beispiel hat die vom Ich gesteuerte oder ungesteuerte Lebensweise Einfluß auf ein gesundes oder zur Krankheit führendes Zusammenwirken dieser Gesamtorganisation. Mit diesem Hinweis soll lediglich darauf aufmerksam gemacht werden, daß ein Wechselverhältnis zwischen dem Geistig-Seelischen und der Leibesorganisation schon für eine oberflächliche Beobachtung auszumachen ist. Die Instrumente der Organisation können also prinzipiell nicht unabhängig von dem Geistig-Seelischen gedacht werden. Umgekehrt ist die biographische Entfaltung des Ich und der Seele von der Eigenart der drei unterschiedlichen «Instrumente» abhängig. Ich und Seele können zum Beispiel mit Hilfe des Kopfes nicht fühlen. Dagegen kann der Mensch sehr wohl den Gedanken mit Hilfe des Kopfes, also der Nerven-Sinnes-Organisation, schaffen. Für das Gefühl braucht er ein anderes Instrument, die rhythmische Organisation der Brust. Die Stoffwechsel-Gliedmaßen-Organisation dient der Entfaltung des Willens.

Dieser Aspekt der Menschenkunde macht das vorher charakterisierte seelische Begehren nach Rhythmus verständlich. Die jene drei Organisationen umfassende Seele will nicht auf das Spiel auf einem Instrument festgelegt werden. Nach einem gleichsam einseitigen Spiel auf dem einen entsteht das Bedürfnis (der Hunger), das andere Instrument zu ergreifen. Dieses Begehren pendelt hauptsächlich zwischen dem ältesten und jüngsten «Instrument» hin und her. Denn das Gefühl, das zwischen Denken und Wollen sich entfaltet, «spielt» sowohl bei der Denk- als auch bei der Willenstätigkeit immer – wenn auch leise – mit. Wir fassen hier den Begriff des seelischen Strebens nach Totalität unter einem bestimmten Gesichtspunkt neu.

Nicht eine völlige, aber eine weitgehende Festlegung der Seele auf eines der Instrumente können wir im Leben bei Menschen durchaus beobachten. Sagen wir doch oft schon bei oberflächlicher Betrachtung über einen Menschen: «Ach, wenn der doch nicht so kopfig wäre!», über einen anderen: «Der muß immer herumfuhrwerken!» und über einen dritten: «Dessen Gefühlsduselei geht mir auf die Nerven!» Bereits bei Kindern sind solche Einseitigkeiten zu bemerken. Wir verbinden mit einer solchen Beobachtung auch die Empfindung, daß diese «Einseitigkeiten» ausgeglichen werden müßten. Die «volle» Menschlichkeit erscheint durch sie eingeengt. Die pädagogische Aufgabe, den Menschen wieder «musikalisch» zu machen, soll diesen Einseitigkeiten entgegenwirken und damit auch die Person gegenüber der Organisation souveräner machen.

Von diesem Gesichtspunkt aus sind auch anfänglich die unterschiedlichen Zeitverhältnisse, in denen ein Begehren nach dem anderen Seelenpol, also nach einem anderen Instrument entsteht, zu verstehen. Denn die drei Instrumente gestatten dem menschlichen Erleben unterschiedliche Bewußtseinsgrade. Das Denken läuft wachbewußt ab. Schon das Gefühl wird geträumt, der Wille verschlafen. Denn was wir beim Willen bewußt verfolgen, sind seine Motive (also die ihn leitenden Gedanken) und seine Resultate (die wieder denkend, vorstellend erfaßt werden). Der Wille selbst aber verbirgt seinen Entfaltungsprozeß.

Gerade weil die Kopforganisation keinen Überschuß an gestaltenden Kräften mehr besitzt – eigentlich sich bereits in Devolution befindet –, entfaltet sie kein starkes Eigenleben. Der tätig gebildete Gedanke kann relativ leicht gegenüber dem Eigenleben der Organisation durchgesetzt werden. (Die Organisation lähmt nur den wirkenden Gedanken zum Bilde ab. Dieser verliert gleichsam am Spiegel der Organisation seine Seinsqualität.)

Die anderen beiden Organisationen dagegen überdecken den Bildeprozeß des Gefühls und des Willens für das Bewußtsein mit jener Bildewirksamkeit, die noch nicht in die Leibgestaltung eingegangenen ist. Nur wenn wir die Brustorganisation und die Stoffwechsel-Gliedmaßen-Organisation als seelisch-physische Einheit im Bildeprozeß der Gefühle und des Willens tätig denken, können wir diese unterschiedlichen Bewußtseinsgrade verstehen. Hier wird durch die Organisation keine Ablähmung zum Bilde bewirkt, sondern die Gesamtorganisation betäubt partiell (Gefühl) oder ganz (Wille) das menschliche Bewußtsein. Es kommt aus der Sicht des Bewußtseins zu träumenden beziehungsweise schlafenden Bewußtseinszuständen.

Man kann denselben Vorgang aber auch aus der Sicht der Organisation beschreiben. Das aktive Denken drängt die Kopforganisation zurück und setzt sich an ihre Stelle. Das Gehirn zum Beispiel bestimmt in keiner Weise die Denkprozesse. Die Organisation wird durch das Denken sogar abgebaut. Es ist ein ungemein wichtiges – auch pädagogisch wichtiges – Ergebnis der Geisteswissenschaft, daß die wachen Bewußtseinsprozesse in der lebendigen Organisation Abbau bewirken. Die Kopforganisation wird gleichsam als «toter» Apparat, der nur von der übrigen Organisation am Leben erhalten wird, zum Spiegel des autonomen Gedankenlebens. Die Bewußtseinsausfälle oder Verzerrungen bei einer Schädigung dieses Apparates können auch dadurch erklärt werden, daß dann die Spiegelfunktion der Organisation partiell oder ganz erlischt beziehungsweise «verzerrte» Resultate liefert.

Die personale Seelentätigkeit beeinflußt demnach die gesamte Kopforganisation. Bei der Denkarbeit wird der Leib physisch am meisten beansprucht, weil die Totalität seiner Bildekräfte sich bereits in der Leibbildung erschöpft hat.

Bei einer personalen geistig-seelischen Nutzung der Stoffwechsel-Gliedmaßen-Organisation treffen wir dagegen auf ganz andere Verhältnisse. Faßt man deren geistig-seelisch-physische Totalität, so kann man Rudolf Steiners drastische Schilderung schon verstehen, «daß die Glieder im Geiste schwimmen». Durch die erst keimhafte Leibbildung gibt es noch einen Überschuß an leibbildenden geistigen Kräften, die noch nicht in die Leibbildung eingegangen sind. Die personale Nutzung der Stoffwechsel-Organisation wirkt deshalb nicht nur auf den Leib, sondern vor allem auch auf die mit ihm verbundenen seelisch-geistigen Bildekräfte. Äußerlich bemerken wir bei körperlicher Arbeit nach einer gewissen Zeit Erschöpfung, die uns stille halten läßt. Wir haben das Bedürfnis nach Ruhe. Der Widerstand, den diese «totale» Organisation gegenüber unserem Eingriff leistet, ist groß. Das, was schon rein äußerlich erlebt werden kann, gilt auch für die «Innenseite» des Vorgangs. Die gleichsam strotzende Kräftenatur dieser Organisation wehrt sich gegen die «Beeinflussung». Sie verzögert damit aber auch den Umschlagpunkt des Begehrens nach entgegengesetzter Tätigkeit. Die Wirkung personaler Beeinflussung muß erst ausklingen. Das geschieht letztendlich im Schlaf, bei dem die Bildekräfte der Stoffwechsel-Gliedmaßen-Organisation die Wirkung des personalen Eingriffs verarbeiten. Erst dann glimmt das Begehren nach ausgleichender gegensätzlicher Tätigkeit auf.

Dies zeigt eindringlich, daß die Idee nach einem Ausgleich zwischen betrachtender und gestaltender Tätigkeit sich an den konkret vorzufindenden Verhältnissen orientieren muß.

Eine praktische Konsequenz: die Dreiteilung des Hauptunterrichts

Das Atmen zwischen dem Sich-auf-sich- selbst-Zurückziehen und Sich-an-die-Welt-Hingeben ist immer wieder zu beobachten. Eine bewußte Methodik hat nicht nur den Ausgleich dieser polaren Seelengesten zu beachten, sondern auch die unterschiedlichen Pendelzeiten der Pole. Selbst die sogenannte Dreigliederung des Hauptunterrichts, die schon ab der 6. Klasse berücksichtigt werden sollte, folgt diesem Prinzip. Sie ist aber nur in dieses Prinzip einzuordnen, wenn man die Sinnestätigkeit als vornehmliche Willenstätigkeit erkennt. Auch in den Sinnen wendet sich der Mensch in die Außenwelt. Es wird im Sinnesprozeß Welthingabe gefordert. Die Gestaltgebung dieser Tätigkeit erfolgt dabei im Wechselspiel mit den aufzufassenden Erscheinungen. Diese werden durch die Willenstätigkeit nachgestaltet, so daß ihr «Material» verinnerlicht wird. Wir beobachten im Wahrnehmungsprozeß eine durchaus gestaltende Tätigkeit; der im Wahrnehmungsprozeß waltender Wille wird aber nur durch ein geschärftes Bewußtsein gefaßt. In der Regel wird der Sinnesprozeß als ein passiver Vorgang dargestellt, bei dem die Welt sich selbst einbildet. Die Tätigkeit, die solche Einbildung vom Subjekt her gesehen erst ermöglicht, wird dabei «übersehen». Die Ergebnisse solcher Tätigkeit, die Wahrnehmungsinhalte, beherrschen so stark das Bewußtsein, daß die Tätigkeit, die sie nachgestaltend hervorbringt, «verschlafen» wird.

Rudolf Steiner behandelt das Aufnehmen von Information, sei es durch Betrachtung eines Experimentes, sei es durch Zuhören bei einer mündlichen Darstellung, durchaus als eine gestaltende Willenstätigkeit. Deshalb will er nicht – und das ist ein wesentliches Charakteristikum des dreigeteilten Hauptunterrichts –, daß die aufgenommenen Tatsachen sofort denkend bearbeitet werden. Er legt vielmehr den größten Wert darauf, daß die Tatsachen zuerst einmal möglichst genau, möglichst unverstellt wahrgenommen werden. Der nachgestaltende Prozeß ihrer Aufnahme soll sich in diesem speziellen Unterrichtsteil unbehindert entfalten.

Auch hier tritt der Hunger nach Beurteilung erst dann voll auf, wenn die gestaltende Tätigkeit sich im Schlaf zu einem Begehren nach Betrachtung beziehungsweise Urteilsbildung konsolidiert hat. Offensichtlich gilt auch für die Sinnestätigkeit, was für alle gestaltende Tätigkeit charakteristisch ist: ein unbewußt Geistiges kommt bei der Sinnestätigkeit mit ins Spiel. Es sind die rein organischen Prozesse der Sinnesorganisation, die vor jedem gerichteten Zugriff des Ich sich betätigen und sich diesem Zugriff erst einmal widersetzen. Das erklärt den Widerstand, der bei jeder aufmerksam gerichteten Wahrnehmung auftritt und bisweilen gerade die wichtigen Wahrnehmungsinhalte verstellt. Das Organ muß erst einmal für den gestalterischen Eingriff zugänglich gemacht werden, so daß es einer gestalterischen Direktion folgen lernt. Eine sofortige denkerische Bearbeitung wird schwierig, weil der Wille dabei von der Sinnestätigkeit abgezogen wird. Deshalb sieht die Dreiteilung des Hauptunterrichtes vor, daß die Beurteilung des durch die Sinne aufgenommenen «Stoffes» erst am nächsten Morgen erfolgt.

Die vernünftige Klärung der Fakten bildet den ersten Teil des dreigeteilten Hauptunterrichtes; der zweite besteht in der Darstellung des neuen Stoffes, also der Aktivierung der Sinnestätigkeit. Der dritte Teil ist die Wiederholung dieses Stoffes durch die Schüler oder die stark gefühlsmäßig geprägte Darstellung eines besonderen Details. Beide möglichen Formen, diesen dritten Unterrichtsteil zu gestalten, wenden sich gezielt an das Gefühl. Die Wiederholung erregt das Gefühl insofern, als durch sie noch einmal bewußt wird, was man unter Umständen bei der Aufnahme des Stoffes übersehen hat. Denn der Sinnesprozeß als Willensprozeß unterliegt wie jede Willenstätigkeit der Gefahr, daß man bewußtseinsmäßig in die Tätigkeit «hineinschläft». Darauf muß die Darstellung Rücksicht nehmen. Im Idealfall sollte sie daher lebendig, engagiert, klar gegliedert, bisweilen dramatisch vorgetragen werden. Was vom Gefühl begleitet aufgenommen wird, prägt sich erfahrungsgemäß besser dem Gedächtnis ein. Darauf zielt die stark gefühlsmäßig geprägte Darstellung eines Details.

Die Dreiteilung des Hauptunterrichts inauguriert gezielt einen methodischen Weg, der vom Willen über das Gefühl zum Denken verläuft, also den Kopf durch die Willenstätigkeit aufwecken will.

Die Auseinandersetzung mit den Anforderungen der Zeit. Eine historische Replik: Die Einführung der Stenographie in den Lehrplan der Oberstufe

In der Konferenz vom 29.7.1920 wird nach dem Lehrplan der 9. Klasse gefragt. Rudolf Steiner: «Was den Lehrplan der 9. Klasse betrifft, so ist das eine eminent pädagogische Frage...» Denn Rudolf Steiner hat bei der Einrichtung der 9. Klasse sofort die gesamte Zeit zwischen «Volksschule» und dem Eintritt in die Hochschule im Blick. Deshalb springt er im nächsten Satz zur Reifeprüfung: «Dann ist da die Frage der Reifeprüfung. Das ist eine nicht ganz leichte Sache aus dem Grunde, weil wir dadurch, daß wir auf die staatliche Anerkennung unserer Mittelschule hinarbeiten, ja eigentlich unserem Prinzip untreu werden. Wir bringen uns in Abhängigkeit vom Staate.» Er schlägt daher vor, daß die Schüler sich extern prüfen lassen sollten. Daß dies dann doch keine praktikable Lösung war, zeigt die Entwicklung dieser Frage in den folgenden Jahren. Rudolf Steiner hat einerseits die Forderungen der Menschennatur im Auge und andererseits die der tatsächlichen durch die politische Konstellation vorgegebenen «Bildungspläne», die ihren Abschluß in der Reifeprüfung finden. Beide sind nicht zu vereinen. Deshalb formuliert er im folgenden ein Ideal: «Einen wirklichen Sinn hat die Begründung der 9. Klasse nur dann, wenn wir die Begründung einer vollständig freien Hochschule in Aussicht nehmen. Es hat nur einen Sinn, wenn wir eine freie Hochschule zu gleicher Zeit in Aussicht nehmen, und dann kann es uns egal sein, wie diese Reifeprüfung entschieden wird. Dann wird nur die Hochschulberechtigungsfrage in Aussicht genommen werden müssen. Das ist eine solche Frage, die wir vertagen. Bis dahin werden sich die Verhältnisse geändert haben, daß man einer solchen Hochschule die Anerkennung versagen kann.»[51]

Daß hier idealtypisch argumentiert wird und nicht pragmatisch, zeigt die von uns schon referierte Tatsache, daß Rudolf Steiner selbst wenig später Bestrebungen, eine freie Hochschule zu begründen, als Illusion charakterisiert; fehlten doch dafür die Menschen und vor allem auch das Geld. Zudem war die Gesetzgebung für Hochschulen nicht weniger rigide als diejenige für das Schulwesen. Was soll diese Bemerkung dann bewirken? Man kann annehmen, daß Rudolf Steiner mit der Errichtung der Oberstufe (Klassen 9 bis 12) Bewußtsein dafür wecken will, daß ein unlösbares Problem vorliegt. Denn eine menschenkundlich begründete Pädagogik des Jugendalters wird durch die damals bestehende Schulgesetzgebung verhindert. Unter solchen Umständen ist nur ein Kompromiß zu erreichen. Der ideale Lehrplan einer Waldorfschule wurde nie verfaßt. So blieben auch die Bestrebungen, die Schule näher an das praktische Leben heranzuführen, ein Torso. Die in den Konferenzen geführte Diskussion um einzelne Unterrichtsinhalte dieses Kompromiß-Lehrplans sind dennoch bis heute interessant geblieben. Besonders aufschlußreich ist jene um die Einführung der Stenographie.

Charakteristik der Stenographie

Rudolf Steiner charakterisiert das Wesen der Stenographie unverblümt. Diese Charakteristik ist durchgängig negativ: «Daß man überhaupt Stenographie lernt, ist im Grunde eine Barbarei, der Gipfel des Ahrimanismus.»

«Es ist ein Kultur-Unfug, daß stenographiert wird.» (Konferenz vom 16.11.1921)

«Es wäre ein solches Glück, wenn die Stenographie niemals erfunden worden wäre.» (Konferenz vom 17.6.1921)

Die Frage taucht auf, warum denn ausgerechnet diese «Barbarei» in den Lehrplan einer Waldorfschule aufgenommen werden soll.

Eine erste Antwort auf diese Frage findet sich in der Konferenz vom 17.6.1921. Dort wird lapidar vermerkt: «Da sie [die Stenographie. *E.F.*] da ist, kann man sie nicht entbehren, – geradesowenig wie das Telephon.»

Diese Begründung überrascht. Sie sagt: Daß die Kultur heute so «ahrimanisch» geworden ist, kann man bedauern. Das ist aber noch kein Grund, aus ihr «auszusteigen». Will man innerhalb dieser Kultur wirken, muß man lernen, sich ihrer zu bedienen.

Ist eine solche Haltung menschenkundlich zu rechtfertigen? Es geht im Jugendalter offensichtlich um die Behausung der Jugendlichen in der Welt, wie sie ist, auch wenn sie einem nicht behagt. In der Konferenz vom 28.10.1922 sagt Rudolf Steiner deshalb wieder: «Es ist schon ganz gut, wenn die Kinder Stenographie lernen.» Es gab damals Schüler, die diesen Unterricht nicht mochten. Der Lehrer plädierte deshalb dafür, daß er nur wahlweise gegeben wird (Konferenz vom 9.12.1922). Rudolf Steiner: «Es ist schade.» Die anschließende Bemerkung scheint exemplarisch wichtig: «Ich kann nicht verstehen, warum sie (die Schüler) nicht wollen sollen. *Viele Dinge werden zu stark so beurteilt, daß wir uns oft nicht bewußt sind, daß wir eine andere Lehrmethode und einen anderen Lehrplan haben als an anderen Schulen.*»[52] Und am 2.6.1924: «Wir behandeln ihn [den Stenographieunterricht. *E.F.*] doch als etwas, was die Kinder lernen sollen ... und wir machen es obligatorisch, *weil es im heutigen Zeitpunkt doch nötig ist für die Erziehung.*»[53]

Der hier zutage tretende Gedanke umfassender Behausung in der Kultur ist grundlegend. Die Stenographie ist nur ein Beispiel. Heute stellt sich die Frage, ob »Datenverarbeitung« in der Schule etwas zu suchen habe. Ihr gegenüber können sicherlich ähnliche Einwände gemacht werden wie damals gegenüber der Stenographie. Für Rudolf Steiner, der das Wesen der Stenographie geistig »brandmarkt«, ist dies aber kein Grund, dieses Fach nicht obligatorisch in den Lehrplan aufzunehmen. Das kann nachdenklich stimmen. Lebt doch in den meisten von uns das Bestreben, nur das im Unterricht zu vermitteln, was *für unsere Einsicht* »menschenbildend« wirkt. Soll man kostbarste Zeit damit vergeuden, die Schüler mit einer «Barbarei» zu beschäftigen? Zeit, die doch für Besseres verwendet werden könnte, etwa für Literatur, Musik oder Eurythmie?

Menschenkundliche Begründungen für die Handhabung der Stenographie

Wer so denkt, läßt zumindest zwei Gesichtspunkte außer Betracht, die Rudolf Steiner für wichtig erachtet. Der eine ist die Wirkung aller Kulturtatsachen auf das Unbewußte, der andere ist der, daß das Seelenleben sich zwischen Polaritäten bewegt. Beide Gesichtspunkte haben wir bereits abgehandelt. Ihrer Wichtigkeit wegen seien sie aber noch einmal mit neuen Überlegungen rekapituliert.

Das Unbewußte teilt sich in jene Seelenkräfte, die weiter leiberhaltend tätig sind, und in jene, die sich zwar vom Leibeswirken emanzipiert haben, aber nicht in das bewußte Seelenleben übergegangen sind. Man kann sich diese zweite Seelenschicht weder ideenlos vorstellen noch ohne Begehren. In ihr waltet zum Beispiel das Schicksal, das den Menschen – unbewußt – an jene Orte, in jene Menschenkreise führt, die für die Entwicklung der eigenen

Biographie notwendig sind. Diese spezielle individuelle Schicksalsfigur, die als Idee erfaßt werden kann, äußert sich in Begehrungen, die gleichsam die Füße im Sinne des Schicksalsnotwendigen leiten.

Der menschliche Geist hat aber auch eine spezifische Affinität zu einer bestimmten Zeitgestalt, also zu einer bestimmten Zeitepoche mit ihren unverwechselbaren besonderen Bedingungen. Diese wird von ihm ebenfalls «gesucht». Er inkarniert sich in ihr. Zu den Zeitbedingungen gehört die bis dahin ausgeformte Gestalt der Zivilisation und Kultur, in welche die Individualität «eintauchen» will. Existentiell geschieht dieses Eintauchen durch die Geburt. Es besteht aber auch das Begehren, die Zeitgestalt zu durchschauen, an ihr und für sie aufzuwachen. Es zielt auf Bewußtseinsentwicklung, denn im Erkenntnistrieb schlummert die Sehnsucht nach einer Bewußtseinserweiterung. Dieser will nicht nur die Auseinandersetzung mit einem Teil der Welt, sondern mit all ihren Erscheinungen. Die retardierenden Kräfte der Welt sollten dabei nicht ausgefiltert werden. Im Beispiel der Stenographie bindet Rudolf Steiner ein Fach, das solche retardierenden Kräfte deutlich repräsentiert, exemplarisch in den Lehrplan ein. Geschähe das nicht, bliebe eine Weltecke von der bewußten Auseinandersetzung ausgespart. Der Mensch bliebe ihr gegenüber «im Schlaf». Das soll vermieden werden.

Schon bei oberflächlicher Beobachtung findet man heraus, daß die Seele auf undurchschaute Situationen mit Angst antwortet. Der Mensch verliert partiell seine Souveränität gegenüber diesem «dunkel» bleibenden Teil der Welt. Sein Bewußtsein wird eingeengt, das Streben des Astralleibes nach Totalität geschmälert. Das verstößt gegen das Begehren des unbewußten Teils der Seele. Dieser wird gekränkt. Bei intimerer Seelenbeobachtung wird erkennbar, daß solche Kränkung drei Folgen hat. Sie treten bei einzelnen Menschen keineswegs gleich stark auf, sondern bald herrscht die eine, bald die andere vor, obwohl alle drei Folgen zusammenspielen. Rudolf Steiner belegt sie mit den drastischen Begriffen der Animalisierung des Leibes, der Vegetarisierung der Seele und der Mechanisierung des Geistes.[53a]

Mit dem ersten Begriff stoßen wir auf ein schon geschildertes Phänomen, auch wenn es bisher mit anderen Worten belegt wurde, nämlich mit Erotik und Machtkitzel. Es wurde bereits auf die «innere» Geste hingewiesen, die beide Zustände hervorruft: das zu schwache Interesse für die Umwelt, das eine erhöhte Aufmerksamkeit auf die eigene Befindlichkeit auslöst. Der Leib mit seinen naturgebundenen Begehrungen drangsaliert dann die Seele, zwingt ihr also seinen Willen auf. Die Seele wird von ihm abhängig, statt ihn zu beherrschen.

Die Vegetarisierung der Seele kann auch als Seelenschlaf gekennzeichnet werden. Es ist einleuchtend, daß die Ausgrenzung bestimmter Weltgebiete aus der Auseinandersetzung mit ihnen einem solchen partiellen Seelenschlaf Vorschub leistet.

Mit der Mechanisierung des Geistes wird die Fehlentwicklung des Intellekts begrifflich gefaßt. Nicht das willensbewegte Denken herrscht dann, sondern der Wille zieht sich gerade aus dem Denken zurück. Es mangelt an verflüssigender Denkbewegung, die einmal gewonnene Denkresultate immer wieder in Frage stellt, sie unter neuen Gesichtspunkten neu beleuchtet. Einmal gefundene Überzeugung erstarrt zu festen Vorstellungen, die nur gedächtnismäßig wiederholt werden. Die Denkresultate verselbständigen sich, koppeln sich vom lebendig geführten Denkprozeß ab und führen unabhängig vom Zugriff des Menschen ein Eigenleben, das dann mechanisch abrollt. Ein bestimmter Eindruck ruft bei solchen Menschen eine genau vorbestimmte Reihe von Vorstellungen auf den Plan des Bewußtseins. Das empfindende Erleben gegenüber diesem Vorgang schrumpft. Die mechanisch abrollenden Vorstellungen verstellen schließlich den offenen Weltblick. Die Welt wird – weil scheinbar durchschaut – langweilig, das Weltinteresse verglimmt. Das mechanische Denken verhindert dann auch eine sachgemäße Weltgestaltung. Der freie Ausblick wird verstellt, der Mensch zur partiellen Blindheit verurteilt.

Wer unbefangen die Zeitverhältnisse beobachtet, wird diese drei Gegenbilder menschlicher Souveränität leicht auffinden, ebenso ihre vielfältigen Mischungen. Was dagegen nicht so leicht ins Auge fällt, ist die Ursache, die sie bewirkt hat: Die individuelle Seele hat nach der Erdenreife kein umfassendes und aktives Verhältnis zur Welt aufbauen können. Solche Befangenheit wird auch dadurch befördert, daß dem Jugendlichen der Zugriff auf bestimmte Weltinhalte verwehrt wurde.

In speziellen Fällen geschieht diese Abschirmung der Jugendlichen vor der Totalität der Welt ja aus den allerbesten Absichten der Erzieher. Sie möchten den Jugendlichen vor dem Zusammenprall mit mancher «Barbarei» (nicht nur der der Stenographie) bewahren, die Auseinandersetzung mit den «kulturellen Fehlentwicklungen» auf eine spätere Zeit verschieben. Rudolf Steiner lebt ein anderes Verhalten vor. Er will die Auseinandersetzung mit solchen Zeitphänomenen durch den Erzieher verantwortungsvoll begleitet wissen.

Man mache sich klar, daß vor dem jugendlichen Begehren nach Weltzugriff, das mit der Pubertät elementar auftritt, nichts verborgen gehalten werden kann. Der Jugendliche findet doch Zugang zu allen Zeiterscheinungen, mögen sie, kritisch beurteilt, noch so widerwärtig sein. Das geschieht oft auf sehr dunklen, manchmal obskuren Wegen. Der Erzieher, der den Jugendlichen davon abhalten will, verliert leicht dessen Vertrauen. Der Schutz, den er ihm angedeihen lassen will, wird am besten dadurch gegeben, daß er den Jugendlichen auf den Wegen der Auseinandersetzung begleitet. Das muß nicht äußerlich geschehen; aber innerlich ist diese Begleitung unabdingbar. Sie macht eine Seite der Verantwortung des Erziehers aus.

Wird die Auseinandersetzung mit den Zeitereignissen auch noch so geschickt abgewehrt, der Jugendliche «riecht» doch die Angst der Erwachsenen, das heißt deren mangelnde Souveränität. Und das macht ihn mißtrauisch.

Derartige Angst ist das Gegenteil von jenem «Schwung», den Rudolf Steiner den Erziehern für dieses Lebensalter abfordert. Echt kann dieser Schwung nur dann sein, wenn der Erwachsene die Welt mit allergrößtem Interesse für *alle* ihre Phänomene wirklich durchschaut und ebenso die «Natur» des Jugendlichen. Der Erwachsene muß sich davon überzeugen, daß er mit einseitig «sorgendem» Verhalten gerade das Gegenteil von dem bewirkt, was er eigentlich beabsichtigt.

Der zweite Gesichtspunkt, der Rudolf Steiners Handlungsweise verständlich macht, ist der vom Pendeln der Seele zwischen Polaritäten. Das Studium der Zivilisationserscheinungen und ihrer materiellen Grundlagen fördert gerade auch die Aufgeschlossenheit des Jugendlichen für Ideale, weckt seinen Hunger nach ihnen.

Diese grundlegend wichtige psychologische Tatsache wird von einer Pädagogik, der ein «höheres» Bildungsideal vorschwebt, sehr leicht übersehen. Nicht wünschenswerte, also nicht «ideale» Inhalte werden dann im Lehrplan vermieden. Solche Absichten können aber gegenüber der Menschennatur nicht durchgesetzt werden. Man riskiert mit solchem Vorgehen die innere oder äußere Revolte der Jugendlichen oder gar deren Fall in den Materialismus, also genau das Gegenteil von dem, was man will. Der Befindlichkeit der Jugendlichen wird am besten dadurch Rechnung getragen, daß ihr «Seelenhunger» nach wirklicher Totalität mit einem ausgewogenen Angebot sehr gegensätzlicher Unterrichtsinhalte befriedigt wird. Dies ist ein Grund, warum Rudolf Steiner die Waldorfschule von der herrschenden Bildungstradition frei halten wollte. Diese ist in ihrem Bildungsangebot einseitig. Ihre Lehrpläne werden deshalb als «Zufallslehrpläne» charakterisiert. Sie sind methodisch-didaktisch folgerichtig auf ein traditionelles Bildungsziel hin konzipiert. Als zufällig erscheinen sie nur dem, der sie an den Bedürfnissen der jugendlichen Seele mißt. Deswegen auch der – man möchte fast meinen – «verzweifelte» Ruf Rudolf Steiners nach der Begründung einer eigenen Hochschule, die Freiraum läßt, den Lehrplan für das Jugendalter ganz nach den Bedürfnissen der Menschennatur einrichten zu können. Letztlich kämpfte deswegen auch Rudolf Steiner dafür, der Dreigliederung des sozialen Organismus zum Durchbruch zu verhelfen, um die Reglementierung der Schule durch die Verwaltung des Staates zu brechen. Nicht selten flammt bei diesem Kampf sein Zorn auf. Etwa wenn er in den volkspädagogischen Vorträgen sagt: Die Zeit der großen Abrechnung gegenüber der Bildungstradition sei da, nicht die der kleinen. Bewegt sich Rudolf Steiner in den Momenten schärfster Kritik am Rande der Agitation? Richtiger scheint, daß dann aus ihm der «Mann der Sorge», also der Eingeweihte, spricht, der die Folgen überblickt, wenn die Bildungstradition weiterhin beherrschend bleibt.

Die Besprechungen über die Stenographie liefern noch einen weiteren interessanten Aspekt zur Pädagogik des Jugendalters, der auch heute aktuell ist. In der Konferenz vom 9.12.1922 berichtet ein Lehrer die Aussage einer Schülerin, sie brauche Stenographie nicht, weil sie sich nur mit Kunst beschäftigen wolle.

Die erste Antwort Rudolf Steiners ist lapidar, aber ungemein wichtig: «Es muß eins das andere tragen.»[54] Die «ausgewogene Lehrplankonzeption», soweit sie sich damals überhaupt durchführen ließ, ist hier angesprochen. In ihr trägt menschenkundlich begründet ein Fach das andere. Erst als Ganzes wirkt der Lehrplan erzieherisch richtig. Seine menschenkundliche Grundfigur ist immer wieder neu zu finden und zu bedenken.

Man kann neue Unterrichtsinhalte nicht beliebig den alten hinzufügen; denn dann geht die Balance schnell verloren, und für den Schüler entsteht eine Belastung an Unterrichtsstunden, die unerträglich wird. Sie ist hygienisch nicht zu verantworten. «Altes» muß gestrichen werden, sogar dann, wenn es sich pädagogisch durchaus bewährt hat. Oder die neuen Unterrichtsinhalte können nicht eingeführt werden. Was einleuchtend klingt, ist in Wirklichkeit an jeder Schule ein äußerst schwieriges soziales Unterfangen. Ein Grund für die schwierige Entscheidungsfindung ist, daß die «Fächer» in ihrer erzieherischen Wirkung immer noch zu wenig reflektiert sind.

Ein zweiter Grund ist das einerseits notwendige, andererseits wieder zu überwindende Spezialistentum der Lehrer. Jeder, der zu unterrichten beginnt, hat alle Hände voll zu tun, erst einmal in seinem Fachgebiet souverän in bezug auf die Methodik und Didaktik zu werden. Das begrenzt notwendigerweise den Blick auf die «Totalität» des Lehrplans und seine Komposition.

Man findet kaum Zeit, die erzieherische Wirkung der anderen Fächer genau zu studieren. Es bleibt daher oft bei sehr allgemeinen Begriffen, die in dem Moment, wo es um eine zu verantwortende Entscheidungsfindung geht, nicht mehr ausreichen. Der Diskussion fehlt dann das wirklich tragfähige Fundament.

Der dritte Grund ist, daß die Konzeption des Lehrplans zum Beispiel unter dem Gesichtspunkt der Totalität und anderer grundlegender Gesichtspunkte noch ungenügend diskutiert wurde. Begriffe wie «Waldorfgymnasium», die unter anderem auf den durch die Zeitumstände bedingten historischen «Kompromiß» des Lehrplans der ersten Waldorfschule hindeuten wollen, erweisen sich als wenig fruchtbar. Im Gegenteil: sie sind zu wenig differenziert, als daß sie die Diskussion sorgfältig und vernünftig in Gang setzen könnten. Grundlegende Studien wären angebrachter.

Die referierte Bemerkung Rudolf Steiners zur Stenographie hat einen merkwürdigen zweiten Satz: «Dieses Urteil braucht nicht da zu sein: Wozu brauche ich etwas. – Es müßte der erzieherische Unterricht daraufhin veranlagt sein, daß ich zu einem Schüler nur zu sagen brauche: Sieh mal, wenn du Künstler werden willst, dann brauchst du eine ganze Menge von Dingen, die du dabei verwenden mußt. Du mußt dir nicht vorstellen, daß man einfach Künstler wird. Man muß allerlei hinzulernen, was nicht direkt mit der Kunst zusammenhängt. Du kannst als Künstler sehr stark in die Lage kommen, Stenographie zu benötigen. Es hat einen Dichter gegeben, Hamerling, der hat gesagt, daß er nicht hätte bestehen können, ohne Stenograph zu sein. – Wir müssen unsere Erziehung so einrichten, daß es sogleich verfängt, wenn der Lehrer etwas sagt. *Dies ist so etwas, was natürlich da sein muß.* Stenographie fangen wir in der 10. Klasse an. Nun müßten die Kinder soweit sein, so etwas verstanden zu haben, daß man nicht sagt, wozu brauche ich das im Leben?»[55]

Sind das nicht Worte «von einem anderen Stern?» Wie kann der Lehrer sich eine so gesicherte Stellung erringen, daß ein Hinweis genügt, sowohl ungerechtfertigte Ansichten als auch emotionale Abneigung eines Schülers zu korrigieren? Hier stoßen wir auf Erwartungen Rudolf Steiners, daß das, was vorher als Verantwortung des Lehrers gegenüber seinen jugendlichen Schülern charakterisiert wurde, Früchte trägt.

Vielleicht ist es nötig, einem Mißverständnis vorzubeugen: Wir plädieren mit diesen Ausführungen nicht für ein Wiederbeleben des Stenographieunterrichts. Moderne Aufnahmetechnik hat die Stenographie längst überholt. Viel dringlicher für unsere Zeit scheint zum Beispiel technisches Verständnis des «Bildschirms» und Kenntnisse im Umgang mit ihm zu sein.

Möglichkeiten und Defizit bei der Behausung der Jugendlichen durch die heutige Schule

Sich in der Welt zu behausen heißt konkret, Erfahrungen auf sehr unterschiedlichen Lebensfeldern zu sammeln. Die Wissenschaft versucht die Natur zu verstehen. Die Naturwissenschaft fördert ihrerseits die Technologie, welche die Natur verändert. Das beginnt mit dem Landbau und der Gestaltung von Kulturpflanzen und endet bei Daten-, Atom- und Gentechnik und den sozialen Krisen, die umwälzende Techniken begleiten.

Wissenschaft richtet aber auch den Blick auf die Geschichte, die Kunst, die Philosophie, die Rechtsverhältnisse, die sozialen Lebensformen, die Wirtschaft, kurz auf alles, was der Mensch zusätzlich zur Technik hervorgebracht hat. Dient die Naturwissenschaft vor allem der Welterkenntnis, so die «Kulturwissenschaft» auch der Selbsterkenntnis des Menschen.

Wer Behausung der Jugendlichen fördern möchte, wird die Tradition der Schule erst einmal daraufhin befragen müssen, ob sie in der Gewichtung der Fächer ein einseitiges oder allseitiges Bild der menschlichen Lebensverhältnisse bietet. Mit dieser Blickrichtung fallen Defizite auf. Sie betreffen vor allem die Technik, die Kunst und die Wirtschaft.

Die Technik wird bestenfalls als ein Anhängsel der Naturwissenschaft behandelt. Punktuell wird damit ein Verständnis erweckt, warum und wie Technik funktioniert. Was dabei aber zu kurz kommt, ist die Wirkung der Technik auf die Natur und den Menschen. Diese Wirkungen werden bislang weder systematisch noch exemplarisch in der Schule befragt. Die Folge davon ist eine manchmal erschreckende Naivität der Erwachsenen gegenüber diesen Wirkungen, die unser Leben stark beeinflussen und verändern.

Dasselbe gilt für die Wirtschaft. Jeder einzelne Mensch ist von ihr abhängig. Dadurch, wie sie gehandhabt wird, entscheidet sie weitgehend über unsere Lebensformen. Um das zu verstehen, braucht man kein Entwicklungsland zu besuchen. Wirtschaft hat sich seit dem 15. Jahrhundert von der

Wirtschaft einzelner Regionen zur Weltwirtschaft entwickelt. Sie macht bewußt, daß die Menschheit zusammenwächst, daß örtliche Krisen Auswirkungen auf das gesamte Wirtschaftsgefüge der Welt haben und daß Reichtum und Hunger der Regionen auf die Dauer nicht nebeneinander bestehenbleiben können. Sie ist das vielleicht aufregendste Bild dafür, wie Ideen das Zusammenleben der Menschen bestimmen. Obwohl Wirtschaft jeden Menschen in seinen konkreten Lebensverhältnissen beeinflußt, werden ihre augenblicklichen Leitgedanken nur von wenigen Menschen durchschaut, und unter diesen herrscht Streit darüber, welche Entwicklung der Wirtschaft für das Gemeinwesen am vorteilhaftesten sei. Aber noch gibt es auch Menschen, die geradezu stolz darauf sind, von Wirtschaft überhaupt nichts zu verstehen, obwohl sie sich zur geistigen Elite zählen. An ihnen ist die einfache Tatsache, daß auch das Wirtschaftsleben so wirkt, wie Ideen des Geisteslebens es gestalten, und daß das Wirtschaftsleben ohne sie verfällt, scheinbar spurlos vorübergegangen.

Die Kunst ist in der heutigen Schule vertreten. Was man jedoch vermißt, ist die Anerkennung ihres besonderen Bildungswertes. Weithin stellt sie sich als Relikt einer vergangenen Bildungstradition dar. Ihre Bedeutung für die Lösung der gegenwärtigen brennenden Probleme, etwa für die Ökologie, ist noch keineswegs erkannt. Deshalb rangieren die Kunstsparten, die in der Schule angeboten werden, als sogenannte Nebenfächer. Sie werden mehr als Erholung gehandelt, also als zwar schöne, aber gegebenenfalls überflüssige Beigabe. Schillers Wort, daß man nur durch das Tor des Schönen, also über die Kunst, zur Erkenntnis gelange, klingt heute für die meisten Menschen wie ein unbegründeter Idealismus. Für die praktische Didaktik der Kunst in der Schule hat ein solcher Gedanke keine Relevanz.

Der Bildungswert der Kunst

Wer der Kunst einen gegenwärtigen Bildungswert beimißt, wird den Beweis antreten müssen, daß sie ein Verhalten fördert, das lebenstüchtig macht, das den Menschen befähigt, im besten Sinne Zeitgenosse zu sein. Ausführlich ist das in *Künstlerisch Handeln*[56] geschehen. Dort bilden nicht die großen Künstler und die Betrachtung ihrer Werke den Ausgangspunkt, sondern es wird der künstlerische Prozeß verfolgt, dem sich jeder, auch der Anfänger, unterziehen muß, wenn er künstlerisch tätig werden will. Das wichtigste

Ergebnis der Untersuchung ist folgendes: In der Technik gebraucht der Mensch einen Handlungstypus, den man als zweckrational bezeichnen kann. Gedanklich wird ein Ziel entworfen und bis ins einzelne definiert. Dieses Ziel bestimmt dann alle Überlegungen und Handlungsabläufe, die für die Realisierung des Ziels eingesetzt werden. Der zweckrationale Handlungstypus ist den sogenannten Machern eigen. Sie setzen ihre Ziele im Sinne solcher Machbarkeit durch. Man verfolge die Gestalt einer Erfindung, etwa des Schiffes, durch die Jahrtausende, um sich zu verdeutlichen, wie mit wachsender Naturerkenntnis die Gestalt dieser Erfindung sich verändert. Bei allen Gestaltveränderungen aber bleibt die Art, nach der verändert wird, die gleiche. Es wird mit Ursache und Wirkung hantiert beziehungsweise mit dem logischen Verfahren des *wenn ... dann.* Nach ihm funktioniert das einfachste Gerät ebenso wie die komplizierteste Maschine, etwa der digitale Rechner. Dieses Gestaltungsprinzip ist die Grundlage unserer Zivilisation.

Am Anfang steht der Zielgedanke, der sich vor allem am Nutzen orientiert. Die Naturgrundlage wird in dieser Handlungsweise lediglich als Mittel zum Zweck betrachtet. Sie kann nach Belieben eingesetzt und auch ausgebeutet werden.

Die ökologische Krise macht Grenzen und Gefahren dieses Handlungstypus deutlich, wenn er auf eine Lebenswirklichkeit trifft, die nicht allein zweckrational funktioniert. Die dabei auftretenden Schäden rufen nach einer anderen Art des Denkens und Handelns, die den zweckrationalen Handlungstypus vernünftig begrenzt. Aber nicht nur der lebendigen Natur widerspricht der zweckrationale Handlungstypus, sondern auch der Wirklichkeit des sozialen Zusammenlebens. Die Durchsetzung eines eigenen Zielgedankens trifft in der sozialen Gemeinschaft auf Zielgedanken, die von anderen Menschen ausgehen. Zwischen ihnen ist ein vernünftiger Ausgleich herzustellen. Bleibt es bei bloß zweckrationalem Handeln, so läuft dies auf Manipulation des anderen hinaus. Die verschiedensten Formen der Unterdrükkung sind die Folge.

Künstlerisches Handeln dagegen hat keinen vorgefaßten Zielgedanken, den es durchsetzen will. Läßt sich der künstlerisch Übende auf die Mittel, mit denen er arbeitet, wirklich ein, so bemerkt er bald, daß der Zielgedanke seines Übens im Wesen dessen zu suchen ist, was er gestaltet. Dieses Wesen ist erst durch Handeln zu entdecken. Das verlangt eine bestimmte Haltung den Objekten gegenüber, zum Beispiel die Achtung vor ihnen oder die Einfühlsamkeit, die Besonderheiten ihrer Erscheinungen auszuloten. Die Entwicklungstendenzen, die in den Objekten liegen, die aber bislang nicht voll zum Ausdruck gekommen sind, soll der Künstler in seinen Handlungen sich aussprechen lassen. Gelingt ihm dies, so verrät die geschaffene Welt eine höhere Form der Erscheinung, als die Natur sie dem Betrachter liefert.

Eine erste Bestimmung dieses Kunstbegriffs gab Rudolf Steiner in seinem frühen Vortrag *Goethe als Vater einer neuen Ästhetik*[57]. Sie ist auch für den praktischen Vollzug geeignet. Es bedarf nur bereits bei der einfachsten künstlerischen Übung der Methode des entdeckenden Lernens. Diese Methode ist ganz objektbezogen und sie läßt Raum für die Selbsterfahrung des Übenden. Das immer wieder Überraschende ist, daß Jugendliche bereits nach kurzen Erfahrungen mit künstlerischen Übungen aussprechen können, welche Veränderungen in ihrem Verhalten beim Üben Platz greifen. Zwar wird von ihnen der künstlerische Handlungstypus nicht auf den Begriff gebracht, aber es werden wesentliche Elemente, die ihn charakterisieren, getroffen. Da wird zum Beispiel geäußert: «Solange ich mir vor der Arbeit vorstellte, was ich malen wollte, ist mir diese Arbeit nie zufriedenstellend gelungen. Das geschah erst, als ich mich darauf einstellte, mich von dem, was ich angelegt hatte, überraschen zu lassen». Oder: «Ich habe beim Malen überhaupt erst sehen gelernt. Blau war eben blau. Heute hat das Blau für mich viele Differenzierungen». «Die Arbeit in den Ausbildungs-Werkstätten bindet einen in einen streng geordneten Arbeitsablauf ein. Ich hätte mir nie zugetraut, selbständig schöpferisch sein zu können.»

Solche Bemerkungen zeigen, daß die gestalterische Tätigkeit die Selbsterfahrung fördert. Die Offenheit der Situation, in der man sich gleichsam experimentierend bewegt, rückt auch die Befindlichkeit des Gestalters ins Bild. Die Eigentätigkeit und ihre Bedingungen werden bewußt, Selbsterziehung wird begonnen.

In der Schule geht es nicht um die Bildung von Künstlern. Vielmehr findet die künstlerische Übung in der Schule in einem Wort von Beuys ihren Sinn, daß jeder Mensch ein Künstler sei. Das heißt, jeder Mensch hat die Anlage, den künstlerischen Handlungstypus zu entwickeln. Die Übung im künstlerischen Handeln ist nicht deshalb nötig, weil ein Künstler erzogen werden soll, sondern weil dieser Handlungstypus jeden erst zu einem Zeitgenossen macht. Denn die in unserer Zeit aufgebrochenen Probleme brauchen das künstlerische Handeln, vor allem auch im sozialen Verkehr der Menschen untereinander. Die oft erschreckende Phantasielosigkeit im Umgang mit Menschen hat ihre Wurzel in der einseitigen Ausbildung des zweckrationalen Handlungstypus. Daß wir nicht gegen dessen Ausbildung sind, wird der

Abschnitt über den Technologieunterricht verdeutlichen. Aber es geht um die Behausung des Menschen in unterschiedlichen Gestaltungsverfahren, um seine Flexibilität zu vergrößern.

Mit dieser Blickrichtung ist für jeden künstlerischen Unterricht die grundlegende Erziehungsaufgabe charakterisiert. Wir wenden uns zunächst der Frage zu, wie Rudolf Steiner die Kunst als Bildungsmittel in der Schule verankerte.

Der Ausgleich zwischen künstlerischer Tätigkeit und Kunstbetrachtung

An jeder Waldorfschule fällt zunächst auf, wie hoch der Anteil künstlerischer Fächer ist. Das beginnt sofort mit der ersten Klasse und setzt sich bis zum Ende der Schule fort. Malen, Formenzeichnen, Eurythmie, Plastizieren, Musik, Sprachpflege nehmen einen breiten Raum ein. Auch die künstlerischen Bemühungen in Handarbeit und Handwerk mit ihren Spezialitäten, etwa der Batik oder der Töpferei usw. sind diesem Bereich zuzuzählen. Alle Übungen haben das Ziel der Gestaltung. Der handelnde Mensch ist in ihnen gefragt, der den «Hunger», den die Betrachtung ausgelöst hat, befriedigt. Keine dieser Tätigkeiten aber kommt ohne Betrachtung der Ergebnisse aus. Als Ergänzung zur künstlerischen Übung bietet sich an, schon früh exemplarisch Werke aus der Kunstgeschichte heranzuziehen, seien es Möbel, Keramik, Kleider oder Bilder und Plastik. Der Unterschied zwischen plastisch-bildnerischer und musikalisch-sprachlicher Gestaltung springt ins Auge. Er tritt allein schon dadurch hervor, daß im plastisch-bildnerischen Bereich auch bescheidenste Tätigkeit eigenen Intentionen folgen kann, im sprachlich-musikalischen mehr ein Nachschaffen vorgegebener Werke gefragt ist. Dadurch werden Musik und Sprachpflege zu einer exemplarischen praktischen Einführung in Literatur - und Musikgeschichte.

Rudolf Steiner führt über die künstlerische Übung hinaus einen Ästhetik-Unterricht für die Oberstufe ein. Das Bildungsmittel Kunst scheint ihm so wichtig zu sein, daß die praktische Auseinandersetzung auch in ein begriffliches Erfassen der in der Kunst waltenden Kategorien münden sollte. Exemplarisch seine Hinweise in der Konferenz vom 11.9.1921: «Ich würde versuchen – es sind Kinder, die etwa zwischen dem vierzehnten und sechzehnten Jahr stehen – ich würde versuchen, den Kindern an wirklichen Beispielen den Begriff des Schönen, der Kunst als solcher beizubringen: Metamorphosen des Schönen durch die Stilperioden hindurch: das Griechisch-Schöne, das Renaissance-Schöne und so weiter. Es ist von besonderer Bedeutung für dieses kindliche Alter, dasjenige, was sonst in einer abstrakten Form herangebracht wird, auszugestalten mit einer gewissen Konkretheit. Wenn man solche Ästhetiken wie die von Vischer und Carrière nimmt, das ist wirklich Stroh in bezug auf die Begriffe. Aber auf der anderen Seite veredelt es ungemein in bezug auf das Ideale, wenn das Kind in diesem Alter in die Möglichkeit versetzt wird, zu verstehen: Was ist das Schöne, was ist das Erhabene? Was ist das Komische, wie realisiert sich das Komische in der Musik, in der Dichtung? – Das Gemüt des Kindes ist in dieser Zeit noch nicht so, daß es mehr allgemeine Begriffe unkonkret aufnimmt. Und deshalb müßte man gerade in diesem Alter solche Dinge einführen, zum Beispiel: Was heißt deklamieren, was heißt rezitieren?»[58]

Das Verständnis ästhetischer Begriffe ist also das Arbeitsziel, weil dadurch das Verhältnis des Gemüts zum Ideal hergestellt, das Gemüt «veredelt» wird. Uns Heutige mag das Wort «veredeln» stören, klingt es doch sehr humanistisch idealisierend. Aber der Lehrplanhinweis hält auch einer nüchternen Betrachtung stand. Behausung in den irdischen Lebensverhältnissen beschränkt sich ja nicht auf eine bloße Orientierung in ihnen. Die jugendliche Seele möchte eine Übereinstimmung zwischen geistiger und irdischer Welt entdecken. Behaust ist man erst, wenn man in der irdischen Welt wiederfindet, was aus dem Nachklang einer geistigen Welt noch vertraut ist. Die Idee ist heute die menschengemäße Projektion der geistigen Welt in die irdische und das Ideal die an sich selbst gestellte Forderung, es in der physischen Welt zu realisieren. Die Kunst erfüllt diese Forderung, indem sie die Erscheinungswelt steigert und stärker an das Wesen, das nur ideell gefaßt werden kann, heranführt. Soll die Empfindung beim Kunstbetrachten nicht nur in träumerischem Genießen verfließen, braucht sie die Aufklärung durch den strukturierenden Gedanken, also die Kategorien der Ästhetik. Erst mit ihnen wird ein modernes Bewußtsein gegenüber der Kunst erobert. Die angesprochene «Veredelung» ist erst einmal bewußte Rechtfertigung und Sicherung dessen, was bei der Begegnung mit der Kunst empfunden wird. Der bloße Kunstgenuß dagegen kann sehr unproduktiv bleiben, wenn er zum Beispiel in verführerisches Schwelgen verfällt.

Nun ist die Abstraktionskraft der Seele aber in diesem Alter noch nicht stark genug, um die Kategorien ohne Hilfe zu fassen. Sie müssen an der Anschauung entwickelt werden. Der Anfang besteht im Sehenlernen und in der möglichst genauen Beschreibung des Wahrgenommenen. Das Adjektiv und das Adverb werden in ihrer Aussagekraft dabei neu entdeckt. Eine Figur steht. Diese Aussage reicht nicht, um dem Kunstwerk gerecht zu werden. Wie steht sie? Locker, steif, gebückt, aufrecht, gesammelt? Der Blick und die an ihm sich entwickelnde Empfindung werden differenziert. Allein das Hervorheben und Sondern in Einzelheiten bedarf schon der aufmerksamen Denkgebärde, ist schon Denken im Wahrnehmen, und Wahrnehmung und Denken agieren dabei ganz objektorientiert.

Der große Vorteil bei der Kunstbetrachtung ist, daß die Jugendlichen in der Regel ohne alle Vorkenntnisse den Kunstunterricht beginnen; sie treten der Sache im guten Sinn naiv gegenüber. Es brauchen keine Vorstellungen, die bereits zwischen ihnen und den Objekten stehen, weggeräumt zu werden. Die Begegnung mit dem Kunstwerk lebt von der Frische des Beginnens. Freilich nur, wenn sich der Lehrer alles Dozierens enthält. Es genügen wenige Informationen darüber, wann und wo das Werk geschaffen wurde. Ansonsten soll der Schüler selbst die «Sprache des Werks» nachzeichnen und es im Medium des Worts neu entstehen lassen, so einfühlsam und so genau wie nur irgend möglich. Das sinnende Betrachten bringt bald eine ungewöhnliche, gesammelte Stille in den Unterricht. Jeder fühlt sich bei der neuen Aufgabe relativ unsicher, jeder tastet sich an das Objekt und die Beschreibung, das heißt an die der Sache entsprechenden Begriffe, langsam heran. Die Formulierungen kommen zögernd. Die Korrektur der Aussagen entfällt. Es genügt die Frage: Erlebt es jemand anders? Aus den Vorschlägen für neue Wendungen kristallisiert sich die «treffende» bald für alle überzeugend heraus. Auf diesem Wege kommt es zu einem wachen Erleben des Kunstgegenstandes. Und der Jugendliche muß nicht den Eindruck haben, daß er vorgefertigte Gedanken des Lehrers aufzunehmen und zu reproduzieren hat, sondern er selbst ist es, der die Erscheinungen langsam entschlüsselt. Offene Fragen, zum Beispiel: Wie erlebt ihr die Haltung der Hände? können dort weiterführen, wo die Eigentätigkeit der Schüler eventuell Lücken gelassen hat. Dieses sorgsame Umgehen mit den Kunstgegenständen, wobei die Aufmerksamkeit das Ich in die Sinne ruft und das Interesse entfacht, ist eine Wohltat für die Schüler. Denn hier wird ein Vorgang geübt, der sonst im Leben zu kurz kommt: die bewußte Durchdringung der Wahrnehmungswelt mit dem Begriff, so daß das Urteil entstehen kann: beide passen zueinander. Der übliche Vorgang des Wahrnehmens verläuft doch weitgehend so, daß wir eine Fülle von Einzelwahrnehmungen schnell mit einer eingeübten Vorstellungsbildung belegen: Blumenstrauß, Landschaft, Haus. Und wir haken diese Vorstellungen innerlich schnell ab, ohne zu den sie aufbauenden Einzelheiten vorgedrungen zu sein. Dadurch wird nicht allein unser Blick «flach» und das Denken «trocken», sondern auch unser Erleben verkümmert. Die Brücke zur Welt wird dünn. Begeisterung kann so nicht aufkommen. Die Flügel der Seele bleiben lahm. Die Kunstbetrachtung ist eine unschätzbare Hilfe, diesen Zustand aufzulösen.

Der Vergleich fördert das Urteilen. Was unterscheidet einen ägyptischen Tempel von einem griechischen? Solche Gegensätze, behutsam in vielen Aspekten beschrieben, klären ein bedeutsames Symptom, das die Geschichte bestimmt und gliedert: den Bewußtseinswandel der Menschheit. Das Ägyptisch-Schöne unterscheidet sich radikal vom Griechisch-Schönen. Es ist zugleich aber auch Audruck für die Befindlichkeit seiner Schöpfer. Hier kann Anthroposophie wesentlich helfen, den Stoff so zu ordnen, daß die Symptome deutlich zutage treten, ohne daß Anthroposophie selbst in den Unterricht einfließt. Für den Jugendlichen ist die Erfahrung entscheidend wichtig, daß er durch eigene Tätigkeit, durch eigenes Beobachten und Urteilen die Kunstgeschichte erschließen kann. Es gilt, das Vertrauen in die eigenen Seelenkräfte zu stärken. Darauf hat der Lehrer vor allem sein Augenmerk zu richten. Was in der Darstellung der Geschichte erst mühsam herauspräpariert werden muß, nämlich das «sprechende» Symptom, die Kunst liefert es in ihren Werken konzentriert und dazu sinnlich prall. Durch das Tor des Schönen kann bei strenger Einhaltung der entdeckenden Methode die selbständige Erkenntnis sehr gefördert werden.

Wer sich selbst prüft, wird feststellen, daß die Begriffe des Schönen, des Komischen und des Erhabenen gar nicht leicht zu fassen sind. Auch der Erwachsene ringt mit ihnen. Und die Wahrnehmungsart, welche die Kunstbetrachtung voraussetzt, ist für den Erwachsenen ebenfalls keineswegs selbstverständlich. Sie bildet den Gegenpol zur gängigen Abstraktion, steht dieser jedoch nicht im Wege; im Gegenteil – sie fördert sie. Auf dem von Rudolf Steiner vorgeschlagenen Weg können Schüler von dem 14./15. Lebensjahr an mit Erfolg zu den Begriffen hingeführt werden. Durch die Auseinandersetzung mit den anschaulichen Kunstwerken behalten die Begriffe aber Lebendigkeit. Der Erwachsene muß heute um die Verlebendigung seiner abstrakten Begriffe meist kämpfen. Dabei ist auch für ihn die Kunstbetrachtung heilsam. Mit einer Begrifflichkeit, die auf diese Weise gebildet wurde, scheint zusätzlich etwas in das Seelenleben hinein, was über das materielle Dasein hinausgeht, was ihm durch menschliche Tätigkeit erst eingeboren wurde. Rudolf Steiner formuliert diesen Tatbestand einmal so: «Das Kind, das noch so ungeschickt modelliert oder malt, erweckt in sich durch seine Tätigkeit den Seelenmenschen. Das Kind, das in das Musikalische und Dichterische eingeführt wird, erfühlt das Ergriffensein der Menschennatur durch ein idealisch Seelisches. Es empfängt zu seiner Menschlichkeit eine zweite.»[59]

Der zweckrationale Handlungstypus ist nicht die einzige Ausdrucksmöglichkeit des umfassenden Seelenwesens. Er beansprucht und bildet nur einen Teil von ihm. Seine Bedeutung für die menschliche Seelenentwicklung liegt in der Schärfung des Bewußtseins. Diese Bewußtseinsschärfe kann und sollte in andere Arbeitsformen hineingetragen werden, die mit noch anderen Seelenkräften arbeiten. Der künstlerische Handlungstypus ist eine erste solche Arbeitsform. Er kommt ohne intellektuelle Reflexion nicht aus. Aber er bleibt bei ihr nicht stehen, sondern aktiviert Seelenkräfte, die in der Lage sind, sich in die lebendigen Zusammenhänge, zum Beispiel des sozialen Organismus, einzuleben. Rudolf Steiner fährt in seinem Vortragsentwurf fort: «Alles dies wird nicht erreicht, wenn das Künstlerische nur neben der andern Erziehung und dem andern Unterricht hergeht, wenn es diesem nicht organisch eingegliedert ist. Denn aller Unterricht und alle Erziehung sollten ein Ganzes sein. Erkenntnis, Lebensbildung, Übung in praktischer Geschicklichkeit sollten in das Bedürfnis nach Kunst einmünden; das künstlerische Erleben sollte nach dem Lernen, dem Beobachten, dem Aneignen von Geschicklichkeit Verlangen tragen.»[60]

Hier stoßen wir wieder auf einen Atmungsprozeß: Erkenntnis sollte nach künstlerischem Ausdruck suchen, Lebensbildung in künstlerische Gestaltung münden, Geschicklichkeit erst Befriedigung finden, wenn sie auch Schönes hervorbringt. Und das Erleben dieses vielfältigen künstlerischen Gestaltens sollte nicht in billigem Wohlbehagen steckenbleiben, sondern neues Beobachten und Lernen entzünden und zur Fortbildung der Geschicklichkeit beitragen. Ein Atmen zwischen Erkenntnis, Kunst und Lebensgestaltung ist also anzustreben.

Doch man täusche sich nicht! Hier wird nicht jeglichem künstlerischen Ausdruck das Wort geredet, etwa einem solchen, wo ungeprüft in die Welt gesetzt wird, was einen gerade überkommt. Kunst wird erst menschenbildend, wenn sie die Säulen der Erkenntnis, nämlich Beobachtung und Denken befruchtet und damit größere Bewußtheit fördert. Das gilt nicht nur für die Kunstbetrachtung, sondern vor allem auch für die künstlerische Übung. In dieser Hinsicht sei ausdrücklich auf das Buch *Der künstlerische Unterricht in der Waldorfschule – Malen und Zeichnen* verwiesen.[61] Wir fassen zusammen, was dort für den Malunterricht der 10. Klasse ausgeführt wird.

Dieser knüpft an eine Bemerkung Rudolf Steiners gegenüber Max Wolffhügel, dem Lehrer der künstlerischen Übungen an der ersten Waldorfschule, an. Rudolf Steiner empfiehlt, die Dürer-Bilder «*Melancholia*» und «*Hieronymus*» in einer Schwarz-Weiß-Schraffiertechnik und in Farbenphantasie umsetzen zu lassen, und zwar als Aufgabe für vierzehn- bis sechzehnjährige Schüler.

Was an dem Bericht über die Umsetzung dieser Anregung so überzeugt, ist die freilassende und zugleich strenge Methode, mit der vorgegangen wird. Die Strenge betrifft den gezielt methodischen Aufbau der Aufgabenstellungen. Nachdem eine längere Zeit (die 9. Klasse hindurch) nur in Schwarz-Weiß gearbeitet wurde, wird auf eine neue Weise an das Farberleben herangeführt. Das geschieht mit einer technisch besonders anspruchsvollen Weise des Aquarellierens, bei der Schicht über Schicht gelegt wird, wodurch die Farbe eine besondere Tiefe und Leuchtkraft erlangt. Diese knifflige Malweise erfordert Zartheit und Geduld, also sehr diszipliniertes Malen. Sie lädt geradewegs dazu ein, die vielfältigen Differenzierungen der Farben, die sich ergeben, mit Aufmerksamkeit zu verfolgen. Die Reihenfolge der Farbaufgaben folgt der Farbenlehre Goethes. Der Farbkreis wird dort in sechs Farben gegliedert. Dem Purpur folgen Violett, Blau, Grün, Gelb, Orange. «Goethe gliedert die sechs Farben des Farbenkreises in drei Gruppen von Farbenpaaren. Er nennt sie harmonisch, charakteristisch und charakterlos (monoton). Die harmonischen Farbenpaare stehen sich im Farbenkreis diametral gegenüber. Man bezeichnet sie auch als Komplementärfarben, z. B. Purpur-Grün. Die charakteristischen findet man, wenn man im Farbkreis jeweils eine Farbe überspringt. Dadurch bekommt man Farbklänge mit reinen Farben, z. B. Blau-Gelb, wovon beim Farbenschichten ausgegangen wird. Aber auch Farbenpaare mit gemischten Farben, etwa Orange-Violett, fallen unter diese Gruppe. Monotone Farbenzusammenstellungen endlich sind die, die im Farbenkreis nebeneinander liegen, wie Gelb-Grün, Grün-Blau usw. ... Auf diese dreifache Ordnung von Farbklängen wird man beim Malen immer wieder zurückkommen.»[62]

Der Jugendliche wird also nicht in das Meer der Farbenwelt geworfen, sondern es wird ihm ein geordneter Zugang eröffnet, der gezielte Erfahrungen ermöglicht. Man kann nicht darauf vertrauen, daß die Malerfahrungen der ersten acht Schuljahre, mögen diese noch so intensiv gewesen sein, dem Jugendlichen noch zur Verfügung stehen. Der Bewußtseinseinschnitt der Pubertät, die Veränderungen der Befindlichkeit sind zu groß und durchgreifend. So wie der sprachliche Ausdruck mit der Pubertät neu errungen werden muß, so der malerische. Der hier geschilderte Zugang entspricht auch dem neu erwachten Bedürfnis nach Erkenntnis.

Die Umsetzung des Schwarz-Weiß-Bildes in Farbe wird dagegen den Jugendlichen überlassen. Das ruhig-gelassene Hinschauen auf den Dürer-Stich weist den Weg. Bei ruhigem Betrachten «färbt dieser sich von selbst» zart ein. Denn jeder «Schatten» hat das Bestreben «leise Farbe» anzunehmen. Auch die Bild-Stimmung verlangt nach Farbe. Sie ist frei und nicht theoretisch zu übersetzen. Die Komposition des Bildes ist bereits durch die Arbeit des Vorjahres erobert. Ihre beherrschte Struktur hilft, sich auf den Prozeß der Farbumsetzung zu konzentrieren. Man lese die feinsinnige Beschreibung der Unterrichtserfahrungen selbst nach. Sie enthält viele interessante Details, die hier nicht wiedergegeben werden können.

In unserem Zusammenhang geht es nicht darum, den hier vorgestellten Weg lehrplanmäßig festzulegen. Jeder Lehrer wird seinen Weg, in das Farberleben und Farbgestalten neu einzuführen, selbst finden müssen. Aber er wird im Interesse der Schüler nicht darum herumkommen, ihn konsequent zu gehen und so, daß der Jugendliche aus den Erlebnissen heraus, die er an der Farbe macht, gestalten lernt. Die Einführung des Kindes und des Jugendlichen in die Kunst bestätigt, daß es bei der Betrachtung allein nicht bleiben sollte. Diese löst den Hunger nach Betätigung aus. Umgekehrt schafft der praktische Umgang mit der Kunst das Verlangen nach Erkenntnis. Das, was wir als ein generelles Gesetz erkannt haben: daß betrachtender und gestaltender Unterricht einander gezielt ablösen sollten, wobei die Inhalte vorerst keine Rolle spielen, gilt auch hier. Erst durch diesen Wechsel wird die Forderung eingelöst: «Denn aller Unterricht und alle Erziehung sollten ein Ganzes sein.»

Naturwissenschaft und Technologie

Eine Bemerkung Rudolf Steiners über das Staunen kann dem gesamten naturwissenschaftlichen Unterricht einen besonderen Akzent geben: «‹Die Philosophie beginnt mit dem Staunen›, das ist zum Teil falsch. Beim Unterrichten muß man das Staunen am Ende eines Kapitels erregen; beim Philosophieren steht es am Anfang. Die Kinder müssen zum Staunen hintendiert werden. Sie müssen etwas haben, was sie ganz in Anspruch nimmt.»[63]

Ob das Staunen am Anfang oder am Ende des Unterrichts stehen solle, darüber läßt sich streiten; nicht aber darüber, daß das Staunen, so man die Kinder dazu bringen kann, eine ungemeine Hilfe für das Lernen ist, indem es die Seele in Bewegung setzt bis hin zur Begeisterung über eine Sache. Das ist für alle Schuljahre wichtig, besonders aber für die Zeit der Vorpubertät und Pubertät. Wenn die Kinder etwas haben, «was sie ganz in Anspruch nimmt», dann gelingt wirklich ein Stück weit die Behausung der Kinder in der Welt, weil sie diese dann aus eigener Kraft wollen.

Die Mechanik-Epoche einer 7. Klasse kann durchaus damit beginnen, daß man die Kinder auffordert, einen Zwei-Zentner-Sack zu heben. Nimmt man schweres Material, so daß der Sack klein aussieht, versuchen es einige Jungen durchaus. Dann befestigt man einen Flaschenzug an einem starken Ast und fordert das zarteste Mädchen auf, mit Hilfe des Geräts den Sack in die Höhe zu ziehen, was spielend gelingt. Das Staunen ist groß. Jetzt sollte jeder Schüler kurz mit dem Flaschenzug arbeiten, um selbst zu erproben, wieviel Kraft eingesetzt werden muß, um die schier nicht zu bewältigende Last zu heben. Daran läßt sich die Frage anschließen, wo die Kinder dieses Gerät schon im Einsatz gesehen haben. All dies mündet aber in der Frage, wie denn ein solches «Wunder» zu verstehen sei und in dem Versprechen, daß am Ende der Epoche alle Schüler begreifen werden, was dabei geschieht. Das Ziel der Epoche ist damit sichtbar und handgreiflich vor Augen gerückt, Wunsch und Erwartung sind erweckt, die Seele wird von ihnen gleichsam gespannt.

Schon bei der Kunstbetrachtung für die Vierzehn- bis Sechzehnjährigen haben wir erkannt, daß die Augenfälligkeit es in diesem Lebensalter erleichtert, Begriff und Idee zu finden. Das gilt noch mehr für die Vorpubertät. In der Vorpubertät sollte man – wo irgend möglich – nicht nur die Erfahrung des Auges zu Hilfe rufen, sondern die Erfahrung des gesamten Körpers. Und diese Erfahrungen sollten nicht schnell und damit oberflächlich vorüberhuschen, sondern eindringlich sein. Es gibt Hebel, mit denen schwere Kisten gerückt werden. Sie haben einen kurzen Hebelarm, der zudem flach geschmiedet ist. An ihn setzt (in unterschiedlichen Winkeln) der zweite Hebelarm an (der unterschiedlich lang sein sollte). Mit diesem Arsenal an Hebeln sollte jetzt eine wirklich schwere Kiste gerückt werden, bis dahin, daß durch den Einsatz von drei bis vier Hebeln wirkliche Bodenfreiheit der Kiste erreicht wird. Es sollte mit dem ganzen Leib erfahren werden, wie unterschiedlich der nötige Krafteinsatz ist, wenn ich einen langen oder kurzen oder gar einen sehr kurzen Hebelarm betätige. Das Tun (die Arbeit) sollte die Erfahrungen liefern, welche die Begrifflichkeit gleichsam «hervorspringen» lassen. Wie behelfe ich mich mit einer geraden Eisenstange? Welche Erfahrungen mache ich, wenn ich diese, teilweise unter die Kiste geschoben, nach oben hebe? Gibt es eine Möglichkeit, die Eisenstange nach unten zu drücken? Wie verändert sich der Krafteinsatz, wenn ich die dafür benötigte Unterlage eng an die Kiste heranschiebe bzw. deren Entfernung von der Kiste vergrößere? Mit Geduld ist es relativ leicht, die Arbeitsexperimente so zu variieren, daß das «Gesetz» über viele unterschiedliche Erfahrungen faßbar wird.

Hier greifen drei methodische Überlegungen. Da die eine Säule der Erkenntnis die Erfahrung ist, sollte diese so vielseitig und satt wie nur irgend möglich vermittelt werden. Das gilt nicht nur für die Mechanik, wo die Erfahrung «handgreiflich» anschaulich dargeboten werden kann – in unserem Beispiel noch dazu an einer im alltäglichen Leben vorkommenden Arbeit. Dadurch ist das, was zum Schluß herausgefunden wird, von vornherein in seinem Bezug zum Leben klar. Das ist wichtig, weil die Maxime gilt, das Kind in das Leben einzuführen, es dieses verstehen zu lehren. In der Geschichte zum Beispiel tritt an die Stelle praktischen Experimentierens ausschließlich die verbale Darstellung. Sie sollte die gleiche Lebendigkeit erreichen. Auch verbale Darstellungen können in diesem Sinne prall sein und möglichst an die Erfahrungen anknüpfen, die das Kind bereits gemacht hat.

Ferner sollte es dem Kinde durch die Abfolge der Erfahrungen erleichtert werden, das sie bestimmende Gesetz selbst zu entdecken. Das erfordert Geschick vom Lehrer – und Geduld. Jeder weiß aus eigener Erfahrung, wieviel Zeit er braucht, um ein Problem zu lösen. Die einfache Lösung steht meist am Ende zahlreicher Umwege, die demjenigen, der die Sache überschaut, höchst überflüssig vorkommen. Der Lehrer sollte gerade auch an solchen Umwegen seine Freude haben! Was er dabei beobachten kann, ist doch die Anstrengung, die Aktivität, selbständig mit der Aufgabe zu Rande zu kommen. Diese ist zu unterstützen, ja anzufeuern und nicht durch gescheite oder gar ironische Bemerkungen zu lähmen. Ist doch dieser Aktionswille des Kindes – der Ausdruck sei erlaubt! – das Heiligste. Er ist die Kraft, die für jedes Lernen gebraucht wird, die es zu ermuntern und zu pflegen gilt, auch dann, wenn sie erst einmal «Holzwege» geht. Eine einzige Sache, in diesem Sinne gedanklich erobert, ist viel mehr wert als das bloße Aufnehmen vieler Kenntnisse. Denn sie stärkt das Gefühl vom eigenen Wert und eigenen Vermögen. Sie verleiht Selbstsicherheit.

Die dritte methodische Wendung besteht darin, die Wirkung des Gesetzes im praktischen Leben aufzusuchen. In unserem speziellen Falle ist die Anwendung so vielfältig, daß schon diese Tatsache allein Staunen erregen kann. Nicht zuletzt ist der Hebel ein Bauelement der menschlichen Gliedmaßenorganisation. So gesehen, ist die Mechanik eine nach außen gesetzte Bauweise der menschlichen Organisation.

In diesem Lebensalter erregt die Tatsache, daß das Gesetz auch mathematisch faßbar ist, noch wenig Gefühl. Die Bedeutung der Abstraktion wird für das eigene Erleben noch nicht bewußt. Am Ende der Spiegelung des zweiten Jahrsiebts in das dritte geht es vor allem auch darum, diese Bedeutung erleben zu lassen. In der 10. Klasse wird in der Physik wieder Mechanik durchgenommen. Es geht unter anderem darum, die Gesetze des freien Falls, der schiefen Ebene, des Wurfs durchschauen zu lernen. Das Urteil ist inzwischen geschulter. Die Schwierigkeiten, die bei der Erkenntnis auftauchen, sind bereits vielfältig erfahren worden. Auch wenn das Denken, durch die gesamte Seelenlage der Jugendlichen bedingt, weitgehend instinktiv gehandhabt wird, lebt im Untergrund der Seele die Frage: Was leistet das Denken? Sie ist in diesem Lebensalter nicht erkenntnistheoretisch zu klären, sondern lebenspraktisch. Wir erinnern an die verheerenden Wirkungen der Erkenntnisskepsis in diesem Lebensalter, die wir referiert haben. Die Gesetze der Parabel können rein mathematisch erhellt werden. Und es ist ungemein wichtig, daß die Gesetzmäßigkeit dieser Kurve zuerst gedanklich erobert wird. Wird dann im Versuch die Wurfbahn als Parabel wiedererkannt, kann sich das Staunen einstellen. Es wird offensichtlich, daß das Ergebnis der Denktätigkeit mit den Kräften, welche die Wurfparabel gestalten, übereinstimmt. Diese Koinzidenz ist das wichtigste Erlebnis für die Selbsterkenntnis. Denn sie klärt exemplarisch die Frage, was das Denken leisten kann. Deswegen ist alles daran zu setzen, dieses Erlebnis satt in das Bewußtsein zu heben. Im Denken schafft der Mensch Tatsachen, die mit den Welttatsachen übereinstimmen, also wirkliche und brauchbare Welterkenntnis liefern. Schlicht ausgedrückt: Es lohnt sich zu denken.

Der Stoff, also die in der Welt wirksamen Tatsachen – hier im Fach Physik behandelt – bieten den Anlaß, auch über sich selbst etwas zu erfahren. Indem der Jugendliche – und jeder Erwachsene – sein Verhältnis zur Welt ordnet, ordnet er zugleich sein Verhältnis zu sich selbst. Dieser Aspekt des Unterrichts kommt oft zu kurz. Er sollte nicht nur verstanden, sondern durch und durch erlebt werden: zuerst vom Lehrer, damit er seinen Unterricht in diesem Sinne methodisch aufbaut, dann aber auch vom Schüler, damit er am Stoff Erfahrungen zur Selbstbestimmung gewinnt. Das wird nur erreicht werden, wenn über die Übereinstimmung von Parabelgleichung und Wurfbahn Staunen sich im Seelenleben ausbreitet. Rudolf Steiner: «Man muß ihnen [den Schülern] begreiflich machen, daß es etwas ist, vor dessen Großartigkeit selbst ein Novalis auf den Knien liegen würde.»[64] Solche Formulierungen findet man bei Rudolf Steiner selten. Mit dieser Wendung will er offensichtlich die Aufmerksamkeit der Lehrer auf den «springenden Punkt» richten, von dem der größte Bildungswert des Unterrichts für die Jugendlichen ausgeht.

In diesem Staunen steckt eben noch mehr als das Erleben von der Souveränität des Menschen gegenüber der vorerst verschlüsselten Welt. Hier kann eine Verhaltensweise angeregt werden, die für die Souveränität des Menschen auf allen Lebensfeldern von allergrößter Bedeutung ist: das Erleben der Gedanken. Wird dies nicht gepflegt, bleibt man beim bloßen Erfassen des Gedankens stehen, so setzt sich allein dessen logische Rationalität durch. Jeder Begriff hat durch seine logische Ordnung etwas Zwingendes. Die Zweckrationalität des *wenn … dann* eröffnet den Blick für das Machbare, aber sie liefert nicht gleichzeitig das vernünftige Maß für dessen Grenze. Nur das Staunen beziehungsweise die sich daran anschließenden vielfältigen Gefühle können, eingehend reflektiert, die Grenze finden lassen. Rudolf Steiner entwirft im Bilde des knienden Novalis sogar einen Ausdruck für das religiöse Gefühl. Dieses Bild ist berechtigt, wenn man sich nüchtern klar macht, daß der Denker – hier im Falle der gedanklichen Klärung der Parabel – mit dem Weltinhalt, der die Erscheinungen bestimmt, kommuniziert. Die Faszination, die vom hervorgebrachten Gedankeninhalt ausgeht, verdeckt diese Tatsache sehr leicht. Natürlich kann die Berechnung der Flugbahn im Kriege zu einer gezielten Vernichtung des Gegners eingesetzt werden. Diese Anwendungsmöglichkeit in ihren technischen Voraussetzungen zu klären, kann den Aspekt der Kommunion mit dem Weltinhalt völlig verdrängen. Vielleicht wird mancher die Forderung überzogen finden, daß der Unterricht, der für den Jugendlichen die Gesetze des Wurfs aufdeckt, sofort auch die Verpflichtung hat, den charakterisierten Aspekt der Gedankentätigkeit bewußt zu machen. Diese Erfahrung einsichtig zu machen, ergäbe einen durchgängig neuen Unterrichtsstil. Er muß nicht nur auf die Kunstbetrachtung oder die Geschichte beschränkt bleiben, sondern er wäre vor allem auch in den Naturwissenschaften gefragt.

Es überrascht, daß Rudolf Steiner an der ersten Waldorfschule einen «allgemeinbildenden» Technologieunterricht einführt. Er soll das, was in den Naturwissenschaften erkannt worden ist, in seinen technischen und sozialen Auswirkungen verfolgen.

Zum einen wird an einen mehr «betrachtenden» Technologieunterricht gedacht, der nur im Zeichnen technischer Einzelheiten beziehungsweise der durchzunehmenden Anlagen praktisch wird. Er beginnt mit der 10. Klasse. Inhaltlich soll die Mechanik, ausgehend von der Schraubenlehre, behandelt werden. Für die 11. Klasse werden Wasserräder, Turbinen und Papierfabrikation empfohlen, für die 12. Klasse chemische Technologie.

Daneben wird eine mehr praktische Technologie angeregt: Für die 10. Klasse Spinnen und Weben, Feldmessen bis hin zu Situationszeichnen und Erster Hilfe; für die 11. Klasse das Buchbinden. Diese praktische Technologie hat Vorläufer, auch wenn sie nicht unter dem Namen Technologie firmieren. Beschränkt man den Blick auf die Vorpubertät und Pubertät, so findet man das Handwerk, wobei meist drei Techniken mit vertreten sind: Holzverarbeitung bis zu einfachen Schreinerarbeiten, Eisenbearbeitung (Schmieden oder Schlossern), Tonbearbeitung (Töpfern), Handarbeit, Gartenbau und Schustern.

Die «betrachtende Technologie»

Bei den Themen der «betrachtenden Technologie» fällt auf, daß diejenige der Elektrizität fehlt. Zwar legt die Behandlung der Turbinen nahe, Elektrizitätswerk und Stromversorgung mit zu behandeln. Beide aber stellen nur einen bescheidenen Teil der von der Elektrizität bestimmten Technologie dar. Gerade in den letzten Jahrzehnten haben die Rechner einen Siegeszug in Technik und Büro angetreten, so daß es notwendig scheint, dem Jugendlichen ihre Funktionsweise aufzuschlüsseln. So erschien 1986 ein Manuskriptdruck im Auftrag der Pädagogischen Forschungsstelle, der drei sehr unterschiedliche Unterrichtskonzepte vorstellte.[65] Das erste von P. Wenger sieht hierfür die 11. und 12. Klasse vor, wobei ausdrücklich vermerkt wird, daß die chemische Technologie entfällt. Das zweite von H. Schupelius wird in der 9. und 10. Klasse durchgeführt und ist stark an praktischer Arbeit orientiert. Es wird nicht ausdrücklich vermerkt, ob dafür der Stoff der Mechanik der 10.

Klasse entfällt. Eindrucksvoll, wie es in jahrelangen Bemühungen gelungen ist, mit einfachen, leicht verständlichen Elementen das Prinzip des Rechners durchschaubar zu machen! Drei wesentliche Fragen bleiben jedoch bei diesen Lösungsvorschlägen noch unerörtert. P. Wenger bemerkt zurecht: «Es muß ... also eine Auswahl getroffen werden. Der Lehrer muß sich fragen, welche neuen Entwicklungen sind relevant für die Zukunft, welche Neuerungen verändern den Lebensstil, verändern das Bewußtsein nachhaltig. Da es von diesen Neuerungen noch recht viele gibt, muß er sich fragen, welche dieser Neuerungen könnten exemplarisch für viele andere stehen.»

Hier wird nach einem Gesamtkonzept der Technologie gefragt. Darauf zu antworten war nicht Aufgabe der verdienstvollen Schrift. Aber diese Frage bedarf einer Antwort. Und eine solche Antwort muß auch aufzeigen, wie die Technologie als Ganzes zu den naturwissenschaftlichen Fächern steht. Das betrifft deren Inhalt, aber vor allem auch die insgesamt zur Verfügung stehende Stundenzahl. Die Frage, woher auch bei gezielt ökonomischer Didaktik die unabdingbar notwendigen Stunden herzunehmen sind, begleitet bereits diese Darstellungen. Vernünftigerweise kann sie nur eine Antwort finden, wenn mit dem menschenkundlichen Prinzip der Atmung zwischen Betrachtung und gestaltender Tätigkeit der gesamte Unterricht der Oberstufe neu befragt wird. Auch das Prinzip von Totalität und Spezialisierung könnte dabei neue Überlegungen auslösen. Schließlich bleibt eine dritte Frage bei dieser Darstellung offen: die Wirkungen dieser so unterschiedlich konzipierten Lehrgänge auf die Jugendlichen. Wie steht es, um nur eine Frage herauszugreifen, mit der Faszination der Schüler, wenn der Lehrgang in der 9./10. Klasse durchgeführt wird? Was bedeutet die Bemerkung Rudolf Steiners: «Man kann erst dann im Grunde genommen ungefährdet an das Verständnis eines Tramway-Wagens, an das Verständnis einer Lokomotive herantreten, wenn man im richtigen Lebensalter sich das ästhetische Verständnis für ein Gemälde oder eine Plastik angeeignet hat.»[66] Also erst dann, wenn das jugendliche Gemüt mit Hilfe der Kunstbetrachtung ein Verhältnis zum Ideal des Schönen hergestellt hat, ist es gegenüber dem Zweckrationalismus der Technik geschützt. Was lehrt über solche Probleme die Erfahrung mit Jugendlichen, die in der 9. und 10. Klasse an den Umgang mit dem Rechner herangeführt werden? Oder gilt gar, was P. Wenger in der Einleitung feststellt: «Es muß ... in der Schule darum gehen, zu dieser Maschine (dem Rechner) ein genauso nüchternes Verhältnis zu bekommen wie zu einer Schreibmaschine. Erfahrungsgemäß sind Schüler zu dieser nüchternen gedanklichen Kleinarbeit erst in der 11. oder 12. Klasse fähig. Es fehlt auch dem 9- und 10-Kläßler noch das physikalische und mathematische Grundwissen. Die Diskussion über die gesellschaftlichen Auswirkungen wird erst in der 12. Klasse sinnvoll führbar.» Selbst dies Urteil: «Es ist nicht angestrebt, daß die Schüler nach einem solchen Unterricht selbständig mit einem Computer arbeiten können. Dieses Ziel gehört meines Erachtens in die Berufsausbildung» – ist diskussionswürdig.

Die praktische Technologie – auch ein Beispiel für die Differenzierung der Geschlechter nach der Pubertät

Was zur Begründung der praktischen Technologie – bei Vorbereitung der 10. Klasse – gesagt wird, gilt auch für das, was wir als Vorläufer der Technologie bezeichnet haben. «Wir müssen auch im Unterricht das einführen, was dazu führt, daß das Subjektive den Anschluß an das Objektive findet.»[67] Diese Aufgabe ist nur jetzt in der 10. Klasse dringlicher geworden, weil durch den Umbruch der Erdenreife sich das Subjektive der Jugendlichen verstärkt hat. Wir haben wiederholt beschrieben, wie dieses Subjektive eine Brücke zur Welt sucht. Genau dafür soll auch die praktische Technologie eine Hilfe sein. Eine weitere Grundlinie der Pädagogik des Jugendalters wird deutlich, wenn Rudolf Steiner im selben Vortrag ausführt: «Aber wir sollten dasjenige mit aufnehmen, was den Gedanken aus dem Kopf herausführt, was die innere Regsamkeit der Hand in Anspruch nimmt, wenn es auch bloß eingelernt ist, wenn es auch nur etwas Theoretisches ist. Es muß eben eine Theorie über die Praxis sein. Daher ist es notwendig, damit die Knaben in diesem Lebensalter gerade etwas ihnen Angemessenes empfangen, daß wir mit ihnen etwas von der Mechanik behandeln. Nicht bloß die theoretische Mechanik, wie wir sie in der Physik treiben, sondern die praktische Mechanik, die dann zum Maschinenbau führt. Die ersten Elemente der technischen Mechanik müssen in unseren Lehrplan aufgenommen werden.»

Da wird noch das beschrieben, was wir betrachtende Technologie genannt haben. Sie erhält in dieser Ausführung zwei wichtige Ziele. Der Gedanke soll aus dem Kopf in die Regsamkeit der Hand übergeführt werden. Der bloßen Betrachtung wird die Tätigkeit der Hand an die Seite gestellt. In der Technologie über Mechanik ist es das technische Zeichnen, das den Ausgleich zwischen Kopf- und Handtätigkeit herbeiführen kann. Es verbildlicht die Anwendung der theoretischen Mechanik im Maschinenbau. Dadurch wird die Theorie praktisch. Rudolf Steiner antwortet mit seinen Anregungen zur Behandlung der praktischen Technologie in der 10. Klasse zusätzlich auf eine andere Differenzierung, die mit der Pubertät signifikant hervortritt, nämlich auf die der Geschlechter. Was wir im Wortlaut referiert haben, gilt für die Jungen. Diese sollen die mechanische Technologie treiben, nicht die Mädchen. Für die Mädchen wird ein ganz anderer Zugang zum lebensvollen Verständnis für dasselbe Gebiet vorgeschlagen: «Beim Mädchen müssen wir so etwas aufnehmen, daß es deutliche Vorstellungen und Geschicklichkeiten bekommt vom Spinnen und Weben. Das Mädchen muß spinnen und weben verstehen lernen, muß lernen, wie Gespinste und Gewebe entstehen; muß wissen, was das heißt: etwas ist ein Stoff; er ist auf mechanische Weise geworden. Das Mädchen muß in die technische Entstehungsweise eingeführt werden; es muß ein Verhältnis gewinnen dazu. Das gehört in dieses Lebensalter.»[68]

Die hier beschriebenen Einführungen in eine praktische Mechanik sind bei Jungen und Mädchen vom Ansatz her polar entgegengesetzt. Einmal wird der Kopf in die Hand geführt. Oder anders gewendet: Erkenntnis wird in praktische Anwendung übersetzt, das physikalische Gesetz in seinen technischen (und sozialen) Wirkungen verfolgt, und diese Wirkungen werden bewußtseinsmäßig begleitet. Für die Jungen wird auch das Feldmessen vorgeschlagen. Es zeigt dasselbe Prinzip noch einmal in aller Deutlichkeit. Die Winkelfunktionen, also Kenntnisse der Mathematik, ermöglichen die konkrete Vermessung eines Landstückes. Die Ergebnisse werden in einer Zeichnung festgehalten. Die Tätigkeiten des Maschinenbauers (technische Mechanik) und des Landvermessers werden so durch die eigene Praxis exemplarisch verstanden (nicht in Vollkommenheit ausgeübt). Der zweckrationale Handlungstypus mit seinem *wenn … dann* wird tätig in die Berufsbildung hinein verfolgt.

Beim Spinnen und Weben werden technische Apparate genutzt. Sie werden erst einmal nicht verstandesmäßig bewältigt, sondern praktisch. Ihr Zweck wird tätig durchdrungen, indem die eigene Geschicklichkeit der von dem Apparat geforderten angepaßt wird. Das Tun ist hauptsächlich auf die praktische Nutzung gerichtet. Die manuelle Tätigkeit weckt dann langsam das Bedürfnis nach dem Verständnis des technischen Apparates. Natürlich soll auch die Technik des Spinnrads und Webstuhls besprochen werden, die Funktionsweise komplizierterer Spinn- und Webmaschinen «kennengelernt» werden.

Setzt man bei den Jungen Kenntnisse voraus und geht von diesen aus, so stehen bei den Mädchen Handlungsanleitungen am Anfang. Es wird vorgemacht, wie man mit dem Spinnrad erfolgreich umgeht, es beherrschen lernt. Hier wird nicht «Kopfwissen in die Hand geleitet», sondern Handtätigkeit den äußeren Notwendigkeiten angepaßt und Hunger nach Kopftätigkeit bewirkt, der dann durch Betrachtung befriedigt wird.

Unsere Zeit reagiert äußerst empfindlich auf Unterricht, der speziell nur Mädchen zugedacht ist. Sie wittert in solchen Maßnahmen das Festlegen der Frau auf Rollen, die sie für überholt hält. Stattdessen kämpft sie für eine Gleichberechtigung der Frau auf allen Lebensgebieten, also auch in der Schule und im Beruf. Die überalterten Gewohnheiten einer Männergesellschaft liefern auch immer wieder neuen Anlaß, diesen Kampf anzufachen. Daher ist vorauszusehen, daß die hier erwähnte Spezialisierung des Unterrichts für Mädchen sehr skeptisch zur Kenntnis genommen werden wird. Daß gerade die Waldorfschule im gesamten übrigen Unterricht Mädchen und Jungen gleich behandelt und aus pädagogischen Gründen den Jungen zum Beispiel die «weiche Handarbeit» – eine frühere Domäne der Mädchenschule – «zumutet», wird in der Hitze des Gefechts leicht übersehen. Es geht doch gar nicht darum, mit solchem Unterricht Mädchen etwa auf die Rolle der treu sorgenden Hausfrau festzulegen, sondern sie dort abzuholen, wo sie sich durch die unterschiedlich verlaufende leiblich-seelische-geistige Entwicklung befinden, um sie dadurch gerade in das Verständnis der Technologie einzuführen. Man beachte, daß von diesem Unterricht das Verständnis der Maschinen ja keineswegs ausgeschlossen wird.

In der Praxis hat sich diese Spezialisierung nicht durchhalten lassen. Die aus sozialen Gründen vorgesehene betrachtende Teilnahme der Jungen und Mädchen am jeweils anderen Unterricht führte dazu, daß Jungen wie Mädchen im «fremden» Unterricht zugriffen und mitmachten. Die besten Spinn- und Webergebnisse lieferten nicht unbedingt Mädchen, wie umgekehrt die technischen Zeichnungen einzelner Mädchen diejenigen der Jungen übertrafen. Dennoch ist eine spezifische Vorliebe der Jungen für die eine oder der Mädchen für die andere Tätigkeit zu beobachten, besonders dann, wenn eine gewisse Freiwilligkeit zugelassen wird.

Wir treffen hier exemplarisch auf ein pädagogisches Ziel, das uns außerordentlich wichtig erscheint. Es soll auf Spezialisierungen, die mit der Pubertät hervortreten, eingegangen werden. Zugespitzt formuliert: Ab der Pubertät braucht jede signifikante Gruppe ihre eigene Pädagogik. Die besonderen Voraussetzungen, die jede Gruppe in den Unterricht einbringt, müssen berücksichtigt werden, sie bilden den Ausgangspunkt für den Unterricht. Dieses pädagogische Ziel fordert eine Spezialisierung der Oberstufe.

Gleichzeitig illustrieren die Ausführungen Rudolf Steiners eine andere pädagogische Maxime, auf die wir schon hingewiesen haben: Jeder spezialisierte Mensch trägt das Streben nach Totalität in sich. Das begründet die Forderung, daß die notwendige Spezialisierung im Rahmen einer Einheitsschule stattzufinden habe. Diese Forderung ist keine bloß organisatorische, sondern auch eine inhaltliche. Die verschiedenen Gruppen sollen an gemeinsamen Unterrichtsveranstaltungen teilnehmen, worunter nicht nur Turnen oder die künstlerischen Fächer zu verstehen sind, sondern gleichermaßen Deutsch, Geschichte, Geographie und so weiter. Wie weit der gemeinsame Unterricht durchgeführt werden kann, ist durch ein Gesamtkonzept der Oberstufe zu klären. Wir wollen die Chancen, die eine Spezialisierung den Jugendlichen bietet, noch einmal unter einem bestimmten Gesichtspunkt exemplarisch darstellen.

Die weitestmögliche Spezialisierung innerhalb der Technologie: Ausbildung für technische Berufe innerhalb der Schule

Es ist sicher unberechtigt, von Kopf- und Handbegabungen zu sprechen. Geradezu sträflich ist es, wenn solche Fehlurteile zu sozialen Festlegungen etwa bei der Berufsentscheidung führen. Dagegen ist sehr wohl zu beobachten, daß bestimmte Gruppen längere Zeit brauchen, um sich ein Lebensgebiet zu erobern, als andere. Besonders eindeutig ist das in bezug auf die intellektuellen Leistungen. Da tauchen oft Grenzen auf, die unüberwindlich erscheinen. Sie sind auch unüberwindlich, wenn man versucht, diese Grenzen direkt, das heißt etwa durch Vermehrung der Stunden jener Fächer zu überspringen, in denen die Schwierigkeiten auftreten. Dagegen sind diese Grenzen durchaus zu durchbrechen, wenn man von den vornehmlich die Intelligenz fordernden Übungen zu solchen übergeht, die praktische Arbeit beinhalten. Das hat zwei Gründe. Der eine liegt in der bereits erwähnten menschenkundlichen Tatsache, daß die einseitige Beanspruchung der Menschennatur den «Hunger» nach Ausgleich bewirkt. Gliedmaßentätigkeit, vor allem die mit geordneter Arbeit verbundene, weckt das Bedürfnis, auch zu durchschauen, was man tut. Das Bedürfnis nach Denktätigkeit wird initiiert, und zwar nach einer solchen, die jetzt von innen her gewollt wird. Der angeregte Aktionswille möchte bei der «bloßen» Arbeit nicht stehenbleiben, sondern sich auf die Erkenntnis ausdehnen. Jugendliche, die sich zum Beispiel gegen das Lesen eines Buches bislang mit aller Energie sträubten, verlangen plötzlich von sich aus nach dem Buch.

Der zweite Grund liegt in der Ordnung der Arbeit. Sie dient einem bestimmten Zweck. Dieser Zweck organisiert sie vernünftig. Läßt man die in einer gestalterischen Aufgabe liegende Vernünftigkeit *den Jugendlichen selbst entdecken,* so wacht er sehr deutlich zum Gedanken auf. Denn der Prozeß eigenen Gestaltens wird häufig vom Irrtum begleitet. Der Irrtum gewinnt dann bei der praktischen Arbeit im Objekt Gestalt. Er ist anzuschauen und verursacht Ärger. Und dieser Ärger ist gesund, denn er weckt den Antrieb, den Irrtum zu tilgen. Die Erfahrung lehrt jedoch, daß dies, wenn die Arbeit schon fortgeschritten ist, nur in gewissen Grenzen möglich ist. Und das führt zu der Einsicht, daß der Irrtum eigentlich nur vermieden werden kann, indem der gedankliche Entwurf des Arbeitsablaufs vor jeder Arbeit gründlich und umfassend überlegt wird. Wir wollen dies an einem Beispiel verdeutlichen, das noch nicht in die Berufsausbildung fällt, sondern noch zur gängigen praktischen Technologie gehört.

Am Ende einer Schmiedeepoche der 10. Klasse wird etwa die Aufgabe gestellt, einen «Behälter» zu gestalten, in dem Kaminholz ansehnlich aufbewahrt werden soll. Schon die Bestimmung der richtigen Größe wirft Probleme auf. Wie lang ist das Kaminholz? Wie stark? Wieviele Scheite werden für einen Abend gebraucht? Welches Volumen ist also mit dem Behälter zu umfassen? Wie ist dieses Volumen in einzelne Stäbe zu gliedern? Wie ist deren Zusammenhalt zu konstruieren? Soll die Verbindung mit Schrauben bewerkstelligt werden, mit Nieten oder bietet sich eine andere Verbindung an? Soll das korbähnliche Gebilde auf dem Fußboden aufliegen oder durch Füße vom Boden abgehoben sein? Wie müssen diese Füße gestaltet sein, damit das Ganze einen festen Stand hat? Wie werden sie mit dem gesamten Korpus konstruktiv verbunden? Welche Form sollen die einzelnen Gitterstäbe erhalten, in welchen Abständen sollen sie stehen, welche Dicke der Vierkantstäbe ist günstig? Oder empfiehlt sich für sie Rundeisen? Wie erreicht man einen interessanten Abschluß der Stäbe? und so weiter. Diese Auflistung enthält gewiß nicht alle zu bedenkenden Fragen und Entscheidungen, die gefällt und in ihren Auswirkungen auf das Ganze bedacht sein wollen. Die Aufgabe läßt viele Lösungen zu, die auch auf ihr Aussehen empfindsam geprüft sein wollen. Je mehr man sich mit einer Gestaltungsaufgabe verbindet, um so deutlicher wird ein Beziehungsgewebe, das überschaut sein will.

Es empfiehlt sich, Handskizzen anzufertigen, welche über Form und Maße informieren. Kleine Gruppen werden gebildet, deren Mitglieder einander ihre ersten Entwürfe mit entsprechenden Erläuterungen vorstellen. Schon die Umsetzung ins Wort kann dem Darstellenden bewußt werden lassen, wo er den Entwurf nicht zu Ende gedacht hat. Andere Unklarheiten werden durch Fragen anderer Gruppenmitglieder aufgedeckt. Das ist eine Gelegenheit, den Entwurf zu vervollkommnen. Ferner muß dann der Arbeitsablauf beraten werden. Kommt der Entwerfer mit der Arbeitsaufgabe allein zurecht, oder braucht er einen «Gesellen», der ihm beisteht? Die Einzelstücke haben eine beträchtliche Größe und dadurch ein Gewicht, das unter Umständen mit einer Hand nur schlecht zu führen ist. Hat man das Vertrauen zum Gesellen, daß dieser sich in die Eigenart des fremden Entwurfs so einlebt, daß er das Werkstück am Amboß sachgerecht führt? Ist eine Schablone nötig, um Winkel oder Rundungen zu prüfen, damit sie gleichmäßig ausfallen? Welche Arbeitsfolge ist wohl die zweckmäßigste? Will man zum Beispiel die Schraubstellen etwas flacher schmieden, um mehr Haftung der Einzelteile untereinander zu erreichen? Um wieviel wird sich das Einzelteil dabei strekken? Ist die Streckung einkalkuliert? Beginnt man an diesen kitzligen Stellen oder läßt man sie für das Ende der Arbeit übrig? Was ist vorteilhafter?

Nimmt man zu diesen Fragen noch all die möglichen Unglücksfälle hinzu, wo die praktische Durchführung nicht auf Anhieb so gelingt, wie sie geplant war, kann man verstehen, daß der Gestalter ins Schwitzen kommt. Das ist aber nur äußeres Zeichen dafür, daß er ganz in der Arbeit steckt, sich also vollständig mit ihr verbunden hat. Für unseren Gedankengang aber ist es vorrangig wichtig zu erkennen, wieviel Denkleistung durch die Gestaltungsaufgabe angeregt, ja gefordert wird. Eigentlich kann sie ohne diese überhaupt nicht bewältigt werden. Sie ist eben ein integraler Bestandteil manueller Arbeit.

Im Endbericht der Kasseler Waldorfschule für das Experimentalprogramm des Ministeriums für Bildung und Wissenschaft aus dem Jahre 1982 stehen Ausführungen, die zusammen mit der Gesellschaft für Ausbildungsforschung und Berufsentwicklung e.V. erarbeitet wurden. Diese können das, was schon exemplarisch an dem Schmiede-Beispiel deutlich wurde, wesentlich vertiefen. In der seit 1969 aufgebauten Berufsausbildung war versucht worden, Gesichtspunkte der Waldorfpädagogik einzubringen: Ausbildung nur an wirklicher Produktion, entdeckendes Lernen, Gruppenarbeit, Arbeitsvorbereitung von Jugendlichen aus dem dritten Lehrjahr, welche die Arbeit dann auch verantwortlich überwachen und so weiter. Die Beschreibung des Ausbildungsganges wurden unter den verschiedensten Gesichtspunkten befragt, unter anderem auch mit kognitiven Taxonomien. Das Ergebnis: Sowohl im 2. als auch im 3. Lehrjahr wird bei der praktischen Arbeit auch das kognitive Lernen ausgeweitet. Vergleicht man diese Anforderungen mit den 6 Stufen der Taxonomie kognitiver Lernziele nach Bloom, dann zeigt sich, daß die Ausbildungsanforderungen alle 6 Stufen umfassen.

1. Kenntnisse (etwas wissen, kennen, wiederholen können)
2. Verstehen (etwas erklären, erläutern, mit eigenen Worten beschreiben, die entscheidenden Punkte nennen können)
3. Anwendung (auf ähnliche Fälle übertragen, durch Beispiele veranschaulichen können)
4. Analyse (Ursachen, Prinzipien herausfinden, auf Begriffe reduzieren können)
5. Synthese (verknüpfen, vergleichen, Zusammenhänge entdecken, Hypothesen konstruieren können)
6. Bewertung (bewerten, urteilen, begründet ablehnen oder zustimmen).

Hier wird bestätigt, daß praktische Arbeit, wenn sie systematisch befragt wird, auch umfassende kognitive Lernchancen bietet. Die praktische Arbeit hat den großen Vorteil, daß ihre Denkanforderungen am selbst hergestellten Objekt auftauchen. Die Verbindung des Jugendlichen mit dem Objekt ist schon dadurch hergestellt, daß dieses «sein» Arbeitsergebnis ist. Dadurch ist das persönliche Interesse entfacht. In der Arbeit selbst wird gleichzeitig der Wille objektiviert. Die Geschicklichkeit, die erworben werden muß, hat sich den Notwendigkeiten des Werkzeugs, der Maschine und des herzustellenden Produkts anzupassen. Damit wird ein Zustand des Willens kontinuierlich erübt, der auch bei einer sachgemäßen Erkenntnis vonnöten ist. Diese gleichsam ganzheitliche Bildung durch pädagogisch gelenkte Berufsarbeit wirkt sich oft erstaunlich auf die Entwicklung der Person aus. Selbst Jugendliche, denen als Sechzehn- oder Siebzehnjährigen (wohl begründet) kaum der erfolgreiche Volksschulabschluß oder der Abschluß des Lehrberufs zugetraut wurde, «entpuppen» sich später, nachdem sie das Abitur nachgeholt haben, sogar als erfolgreiche Studenten.

Die verantwortlich begründete Zuordnung von Jugendlichen zu einer Gruppe, die (vorerst) einen praktischen Beruf als Lebensziel wählt, ist also keine Diskriminierung, sondern eröffnet echte Lebenschancen. Gerade durch eine solche Ausbildung werden neue Berufsaussichten realistisch eröffnet, die vorher niemand für möglich hielt. Diese ungewöhnlichen Tatsachen sind bislang von zu wenig Menschen gründlich genug erfaßt worden. In den von der rapiden technischen Entwicklung hautnah betroffenen Betrieben setzen sich erstaunlicherweise solche Erkenntnisse schneller durch als bei den Schulen. Einige dieser Betriebe setzen neue Ausbildungsformen ein, die auf der Grundlage der Menschenkunde Rudolf Steiners entwickelt wurden. Die Betriebe trennen sich auch zunehmend von der Auffassung, daß der Startberuf Lebensberuf sein müsse, und sie erkennen immer mehr die Bedeutung der beruflichen Fortbildung.

Natürlich gibt es auch Jugendliche, die nicht «mehr» als den «Facharbeiterberuf» erreichen. Aber für sie schließt die Schule mit einer Berechtigung, die ihnen den Start ins Berufsleben ermöglicht. Und sie haben den Vorteil, daß sie an vielen Bildungsgängen im gemeinsamen Unterricht aller Schüler teilgenommen haben, der den üblichen Auszubildenden nicht zuteil wird. Sie sind zu einer «Weltanschauung» angeregt worden, die sie über die Grenzen ihres Berufes hinaussehen läßt.

Mit diesen Ausführungen ist nicht nur die pädagogische Grundlinie von Spezialisierung und Streben nach Totalität weiter verdeutlicht worden, sondern auch das richtige Atmen zwischen den Tätigkeitspolen der menschlichen Organisation. Im Rahmen der praktischen Technologie und ihrer Vorläufer soll jetzt noch auf ein Tätigkeitsfeld geblickt werden, das der Technologie nicht zuzuordnen ist, sondern im Gegensatz zu ihr steht: den Gartenbau.

Der Gartenbau

Nach Stockmeyer war der Gartenbau nicht vorgesehen, sondern das große Gelände, das die Schule umgab, forderte ihn gleichsam heraus.[69] Auch stellte Rudolf Steiner keinen diesbezüglichen Lehrplan auf. Ist der Gartenbau also ein Fremdling unter den übrigen Fächern? Etwas besonderes ist er schon, denn seinem Wesen nach folgt er nicht dem Zweckrationalismus. Wo man einen solchen in den Landbau hineingetragen hat, ist dieser verdorben worden. Die gesamte Landwirtschaft krankt daran, daß die Prinzipien gewerblicher Betriebe auf sie übertragen wurden. Eigentlich schreit die Naturpflege und Naturgestaltung nach dem künstlerischen Handlungstypus, der auf die sehr komplizierten Lebensbedingungen der Natur eingeht, mit ihnen und aus ihnen gestaltet. Es ist die gleiche Handlungsweise, die man etwa beim

Malen anstrebt, nämlich das Bild aus der Farbe heraus seine Form finden zu lassen. Das verlangt, daß man sich auf die Natur einläßt. Die Lebensweise des modernen Menschen bewirkt das Gegenteil: Sie isoliert von der Natur. Häufig mangelt es schon an den einfachsten Pflanzenkenntnissen. Gäbe es den Gartenbauunterricht an der Schule nicht, müßte er heute wegen der eingetretenen Entfremdung von der Natur neu konzipiert werden!

Allerdings verlangt er von einem Menschen, der ihn unterrichten soll, Eigenschaften, die selten genug anzutreffen sind. Wer ein entsprechend großes Landstück pflegen will, ist die meiste Zeit des Jahres damit vollauf beschäftigt. Woher soll er eigentlich die Zeit für die Vorbereitung des Unterrichts und für diesen selbst nehmen? Muß dann nicht dringliche Arbeit liegenbleiben? Gerade einem Gärtner, der mit Leib und Seele seiner Arbeit verbunden ist, tut das weh. Der Gartenbaulehrer sollte ein sinnender Mensch sein, denn in das Gefüge der gleichsam unendlichen Beziehungen zwischen dem Boden und den Pflanzen und den Pflanzen untereinander, dem Klima und der Bodenfeuchtigkeit dringt man nur ein, wenn man sie langsam beobachtend und sinnend selbst entschlüsselt. Sinnende Menschen sprechen meist nicht gern, selbst dann nicht, wenn sie auch einen Zug zum Schalkhaften an sich haben. Der Gartenbaulehrer sollte eine Persönlichkeit sein, deren bloße Anwesenheit undiszipliniertes Verhalten gar nicht erst aufkommen läßt, denn ein lautstark befehlender Gärtner paßt nicht unbedingt zum Metier. Man könnte in der Beschreibung so fortfahren, und am Ende stünde das Bild eines höchst vollkommenen, arbeitsamen, geduldigen, gütigen, redegewandten, begeisterten Menschen, der in der Pädagogik wie in der Biologie zu Hause ist. Mit einfachen Worten: Vom Gartenbaulehrer wird viel verlangt!

Im Handwerk ist die Entstehung des Werkstücks kontinuierlich zu verfolgen. Man bleibt am Werden der Sache dran. Dadurch, daß im Garten die Natur mitarbeitet, reißt sehr leicht der Faden des die Arbeit begleitenden Bewußtseins. Es gehört viel Geschick und ein vertrautes Verhältnis zu den Kindern dazu, die Lücken, die zwischen der eigenen Arbeit entstehen, zu schließen. Die Einzelbeobachtungen wachsen nur schwer zu Bildern von der Entwicklung der Pflanzen zusammen. Es sollte im Schulgarten über die eigene Arbeit am Boden und an den Pflanzen hinaus viel zu sehen sein, auch vieles, was durch seine Schönheit überrascht und in seinem Werden verfolgt werden kann. Das aber erfordert viel zusätzliche Arbeit über relativ lange Zeiträume. Der Gartenbauunterricht erweist sich trotz aller Bemühungen, die bereits in seine Gestaltung gesteckt wurden, als ein noch sehr zu bearbeitendes Forschungsfeld. Er enthält wegen der für ihn charakteristischen Handlungsweise einen hohen pädagogischen Wert. Schon deshalb würde es sich lohnen, seine Methodik und Didaktik noch stärker zu durchdringen. Daß er heute noch viel mehr den Zeitnotwendigkeiten entspricht als bei der Begründung der Waldorfschule, braucht nicht besonders nachgewiesen zu werden.

Wer in dieser Weise über die Unterrichtsinhalte nachsinnt, findet viele noch zu bewältigende Aufgaben.

Die verschiedenen Formen der Technologie und ihre Vorläufer sind auf der Grundlage langer Erfahrungen heute neu zu komponieren. Es handelt sich hier in der Tat um ein musikalisches Problem. Der Bezug zur Naturwissenschaft ist offenkundig, aber schon weniger klar ist, welche Teile der Naturwissenschaft heute in der Technologie vertieft werden sollen und wie die mehr «theoretische» Technologie mit der mehr «praktischen» sinnvoll verknüpft werden kann. Die Schrift *Einführung in die Computertechnik*[70] zeigt neben offenen Fragen in überzeugender Weise, wie eine Ökonomie des Unterrichts angestrebt wurde, welche die wenigen zur Verfügung stehenden Stunden geradezu forderten. Hier findet die vornehmlich praktisch ausgerichtete Technologie ein nachahmenswertes Vorbild. Will man das in ersten Umrissen sichtbar werdende Konzept von möglichen Antworten auf die Grundbedürfnisse des Jugendalters verwirklichen, so wird zwangsläufig die Ökonomie des Unterrichts zum obersten Gebot. Man kann es sich schlichtweg nicht leisten, nicht jede Stunde energisch übend zu nutzen, wenn man zu den pädagogischen Möglichkeiten der verschiedenen Unterrichte vorgestoßen ist und die Verantwortung erlebt, die der Lehrer gegenüber den Jugendlichen hat. Das musikalische Problem erschöpft sich ja nicht darin, daß die verschiedenen Tätigkeitsfelder der Technologie untereinander und im Zusammenhang mit den Naturwissenschaften geordnet werden. Der zweckrationale Handlungstypus, der in ihnen geübt wird, verlangt nach einem Ausgleich durch den künstlerischen, damit der Jugendliche – «ungefährdet», wie es heißt – in ihn eintauchen kann. Die Naturwissenschaft und die Technologie sind demnach auch in ein durchdachtes Verhältnis zur Kunstbetrachtung und zu den künstlerischen Übungen zu bringen, wobei in einem vorausgehenden Schritt die beiden letzteren schon sinnvoll aufeinander bezogen sein wollen.

Einführung in die Wirtschaft

Ein Verständnis der Wirtschaft gehört zur Orientierung in den heutigen Lebensverhältnissen (vgl. S. 129f.) Wer die Behausung der Jugendlichen in der Umwelt als allerwichtigste Grundlinie der Pädagogik ernst nimmt, wird in einem modernen allgemeinbildenden Lehrplan nicht an ihr vorbeigehen können. Dem stehen einige Hindernisse im Wege. Für den Gartenbau wurde zwar von Rudolf Steiner kein Lehrplan skizziert; er wurde aber wenigstens unter seinen Augen begonnen. Ein spezielles Fach Wirtschaftskunde aber wurde nicht eingerichtet. Es gibt nur eine Reihe von Hinweisen darauf, wie alle Unterrichtsgegenstände den Bezug zum Verständnis des Wirtschaftlichen und Sozialen herstellen sollen. Die meisten finden sich in der grundlegenden Vortragsreihe *Erziehungskunst. Methodisch-Didaktisches.* Sie werden in dem Teil, der sich mit der Pädagogik der Vorpubertät als gezielter Vorbereitung für das Jugendalter beschäftigt, auszugsweise referiert. Sie beziehen sich dort – da 1919 zunächst die acht Klassen der Waldorfschule eingeführt wurden, vor allem auf die Klassen 6-8. Gelegentlich blitzt das Thema auch in einem Nebensatz in den Bemühungen der Konferenzen um den Lehrplan der Oberstufe auf. Als der Technologieunterricht der 11. Klasse besprochen wird, heißt es zum Beispiel: «Die Kinder werden viel davon haben, wenn wir ihnen die Papierfabrikation beibringen und die Wasserräder und Turbinen, wobei man Ausblicke machen und manches gewinnen kann. Man kann geographische Ausblicke gewinnen, Bedeutung der Flußläufe. *Man kann bis zu einer elementaren Nationalökonomie hinüberkommen.*»[71] Das geographische Element des Flusses als ein Element der Naturgrundlagen bietet sich als Brücke für die Besprechung von Wirtschaftsfragen an. Man wird an das Thema der 7. Klasse (Verkehrsverhältnisse) erinnert und den Duktus der Geographie, die in der Klassenlehrerzeit im wesentlichen Wirtschaftsgeographie sein sollte. Betriebskunde, Geschäftsbriefe, Anregungen zur Buchführung, zu Mathematik und Bankwesen (siehe Vorpubertät) gehen in dieselbe Richtung, vor allem aber auch die Forderung, daß Geschichte im wesentlichen Kulturgeschichte zu sein habe. Kulturgeschichte ist aber in wichtigen Teilen Wirtschafts- und Sozialgeschichte.

Jedem Technologielehrer ist klar, daß er über die Behandlung bestimmter Technologien hinaus deren Auswirkungen im wirtschaftlichen und sozialen Leben zu besprechen hat. Die Behausung, welche die Behandlung von Wirtschaftsfragen bei den Jugendlichen bewirken könnte, ist für jeden Erzieher sicher einsehbar, die Anregungen, wie man vorgehen könnte, sind vielfältig; dennoch ist es bislang zu keiner genaueren und verbindlichen Strukturierung dieses Themas gekommen. Wo liegen die Gründe? Interessant ist, daß gerade dieses Thema bereits in der ersten Konferenz der neuen Schule am 25.9.1919 angesprochen wird. Was wird dazu geäußert? Ein Lehrer, der offensichtlich die Ausführungen aus dem Vortragskurs *Erziehungskunst. Methodisch-Didaktisches* noch gut in Erinnerung hat, stellt fest: «Wir brauchen auch Lebenskunde über die verschiedenen Wirtschaftsgebiete.» Mit dem nächsten Satz bewegt er sich am Rande einer erstrebenswerten Utopie: «Da dachte ich, daß in der Waldorfschule der Grund gelegt werden könnte für eine künftige Wirtschaftswissenschaft.» Rudolf Steiner widerspricht nicht, er zeigt einen möglichen Weg, der von Realitätssinn zeugt: «Da muß man dann feststellen, wer für die einzelnen Punkte Gewährsmenschen sind. Das sind Leute, die Sinn haben, so etwas zu machen, die aber richtig praktische Fachmänner sind. Also es müßten sich nicht Leute finden, wie sie heute als Referenten angegeben werden, sondern richtig praktische Leute, die aber Sinn für unsere Sache haben. Solche Menschen müßten sich finden. Die müßten die einzelnen Zweige der Lebenskunde zusammenstellen. Ich glaube, wenn man es nur richtig machen würde, könnte nach dieser Richtung viel geleistet werden. Aber Sie haben als Lehrer im ersten Jahr viel zu tun und können sich nicht zersplittern. Das müßten Sie schon durch andere besorgen lassen. Es müßte eine solche Organisation *ernsthaft* gemacht werden. Es darf keine Art von Fatzkerei und von Vereinsmeierei hineinkommen, sondern es muß in großem Umfang sachlich gemacht werden. Da müßte man Menschen aufrufen, die im praktischen Leben darinnenstehen.»

X.: «Herr van Leer hat schon geschrieben, daß er bereit wäre, das Nötige zu tun.»

Rudolf Steiner: «Ja, der könnte schon helfen nach dieser Richtung. Es könnte da einmal eine Art Plan ausgearbeitet werden, wie das im wesentlichen zu machen wäre. Solche Herren wie Herr van Leer und Herr Molt und auch andere, die im praktischen Wirtschaftsleben drinstehen, die wissen, wie sie sich auf solche Fragen zu konzentrieren haben, wenn sie so etwas ausarbeiten. Da würde vielleicht die Lehrerschaft weniger leisten; das wird am besten geleistet werden, wenn man sich direkt an die Fachleute wendet. Das läßt sich vielleicht in Zusammenhang bringen mit den Kulturratsbestrebungen. Ja, das müßte alles noch besprochen werden.»[72]

Dieser Ansatz ist in der Fülle von Aufgaben untergegangen. An ihm sind mehrere Aspekte interessant. In der Bearbeitung von Wirtschaftsfragen wünscht Rudolf Steiner eine Zusammenarbeit des Lehrerkollegiums mit Menschen im Umkreis der Schule, und zwar eine *fachliche* Zusammenarbeit. Dabei taucht unwillkürlich der Gedanke auf, welch fachliches Kapital allein in Deutschland bei heute über hundert Waldorfschulen in der Elternschaft aktiviert werden könnte. Er denkt an eine Zusammenarbeit mit Praktikern, die eine Verbindung zu den neuen Ideen der Geisteswissenschaft haben. Ein Zusammenschluß der Kräfte über die Grenzen der Schule hinaus wird gesucht, um den neuen Ideen Stoßkraft zu verleihen.

Die Möglichkeiten der Lehrer auf diesem Gebiet werden realistisch eingeschätzt. «Da würden die Lehrer vielleicht weniger leisten». Diese Einschätzung gilt generell auch heute. Die heutige Bildung bietet für den, der nicht speziell in die Wirtschaft gehen will, sondern den Lehrerberuf ergreift, so gut wie keine Vorbildung. Dieser Tatbestand soll ja gerade durch die neue Pädagogik verändert und verbessert werden. Die Voraussetzungen dazu sollen durch die beschriebene Zusammenarbeit erst geschaffen, die Kenntnisse und Beurteilungen auf einen sicheren Boden gestellt werden. Ohne solche Grundlagen gerät der Lehrer in Gefahr, die wirtschaftlichen und sozialen Verhältnisse zu karg darzustellen, weil er sich unsicher fühlt. Oder er huldigt, was fast noch schlimmer ist, unausgegorenen sozialen Utopien, welche die Schwierigkeiten des Faktischen nicht berücksichtigen. Der Ruf Rudolf Steiners nach den Praktikern will dem vorbeugen.

Und es wird ein «Plan» gefordert. Sind doch aus einem Meer von Fakten diejenigen auszuwählen, die symptomatologisch fruchtbar sind, das heißt, wo ein Symptom viele Ein- und Ausblicke ermöglicht, so daß die dringend notwendige Ökonomie des Unterrichts durchgesetzt werden kann. So selbstverständlich, wie das auf den ersten Blick aussieht, ist es durchaus nicht. Denn die eigentliche Grundlage eines für Veränderungen durchaus *offenen* Lehrplans ist die Menschenkunde. Deren Grundlinien müssen an den Besonderheiten der jeweiligen Generation jeweils neu entdeckt werden. Schon eine grobe Beobachtung der Schüler nach dem zweiten Weltkrieg und der heutigen Schüler deckt signifikante Unterschiede auf, auf die pädagogisch eingegangen werden muß. Dadurch verändert sich im Laufe der Zeit die Gestaltung des Unterrichts. Es ändern sich aber auch die Zeitverhältnisse, das heißt die Umstände, in welchen jede Generation zu behausen ist. Dies will gleichermaßen berücksichtigt sein. Für die Generation nach dem zweiten Weltkrieg mußte keine Einführung in die Wirkensweise des Computers gegeben werden. Heute ist sie unabdingbar notwendig. Jeder neue Baustein verändert aber notwendigerweise das Gesamtgefüge des Konzepts. Es können nicht nur neue Unterrichtsinhalte den alten beliebig hinzugefügt werden. Dem widerspricht die Belastbarkeit der Schüler und die Ökonomie eines Gesamtkonzepts. Beide Gesichtspunkte, die Veränderung der Generationen und die Veränderung der Zeitumstände, sind immer wieder neu in «Einklang» zu bringen – ein musikalisches, also künstlerisches Problem, bei dem idealerweise alles Althergebrachte prinzipiell zur Disposition steht. Auch das Alte muß aus der Zusammenschau der Lehrplankomponenten neu begründet werden, damit letztlich ein strukturierter und dennoch für Veränderungen offener Plan zustande kommt. Das gilt für den Gesamtlehrplan der Schule wie für den Lehrplan einzelner Fächer. Für eine Wirtschaftskunde, also die Einführung der Jugendlichen in die ökonomisch-sozialen Verhältnisse ihrer Zeit, steht ein solcher Plan seit der Konferenz vom 25.9.1919 noch aus.

Eine solche Formulierung wird vielfältigen Widerspruch auslösen, denn im einzelnen wird durchaus hier und da manches in dieser Richtung getan. Um so besser, möchte man sagen, denn so besteht berechtigte Hoffnung, daß sich diese Bestrebungen zusammenschließen und die ersten Umrisse eines Konzepts bald deutlich werden.

Buchführung als Baustein einer tätig zu erarbeitenden Wirtschaftskunde

Buchführung wird heute zum Teil an Realschulen, verbindlich an Wirtschaftsgymnasien gelehrt. Im Verständnis der Lehrer ist sie vorweggenommene spezielle Berufsbildung und kein allgemeines Bildungsmittel. Sie wird ziemlich geistlos vermittelt, ihre Regeln werden mehr oder weniger «gepaukt».

Die Diskussion, welche die letzte Bildungsreform begleitete, hat zwar den recht fragwürdigen Unterschied zwischen allgemeiner und beruflicher Bildung kritisch beleuchtet. Wir selbst haben den allgemeinbildenden Charakter spezieller Berufsbildung exemplarisch an der Ausbildung in den Werkstätten aufgezeigt. Um diesen allgemeinbildenden Effekt zu erzielen, bedarf die Berufsbildung allerdings besonderer Methoden der Vermittlung.[73] Berufliche Bildung als Chance für die Persönlichkeitsbildung zu nutzen, hat sich aber noch keineswegs durchgesetzt. So mag es manchen Pädagogen überraschen, ja sogar irritieren, daß Rudolf Steiner eine Einführung in die Elemente der einfachen Buchführung bereits für die Vorpubertät (Klassen 6-8) fordert.[74] Dadurch soll der Anschluß der Mathematik an das Leben erreicht werden. Diese Anregung geht von der pädagogischen Grundlinie aus, daß der Lehrer bereits in den Klassen der Vorpubertät «aus dem Leben heraus» unterrichten solle.

Ohne Frage nimmt das Wirtschaften einen breiten Raum in dem Leben ein, in welches der Schüler verständig eingeführt werden soll. Die Wirtschaft bestimmt unser aller Lebensverhältnisse, wir sind alle, gleich welchen Beruf wir ausüben, von der Wirtschaft abhängig. Allein schon diese Tatsache müßte das allergrößte Interesse für das Wirtschaften auslösen. In Wirklichkeit aber finden Wirtschaftsvorgänge außer bei den unmittelbar mit ihnen befaßten Menschen wenig Aufmerksamkeit. Sie scheinen für den Laien erst einmal verschlüsselt und unzugänglich. Mit dieser Haltung wird genau jene Mauer für das Bewußtsein errichtet, die den Menschen vom Leben trennt, Unsicherheit auslöst und dadurch die Person in ihrer Souveränität beeinträchtigt. Allein schon aus dieser Sicht gehört die Buchführung (als Einstieg in das Verständnis von Wirtschaftsfragen) zu einem wünschenswerten allgemein verbindlichen Fächerkanon. Sie soll dazu verhelfen, ein ungemein wichtiges Lebensgebiet durchschauen zu lernen.

Was leistet die Buchführung?

Schon an der bescheidensten Firmengründung ist sehr unterschiedliches Kapital beteiligt. Anders ausgedrückt: Das Kapital stammt aus verschiedenen Quellen: Es kann vom Unternehmer selbst in früheren Zeiten erwirtschaftet worden sein. Es kann aber auch aus einer Schenkung stammen. Sehr oft fließt das Kapital aus einem Kredit, der unter ganz bestimmten Bedingungen (Laufzeit, Zins, Tilgung) in das Unternehmen eingebracht wurde. Mit diesem Kapital wird ein Unternehmen in Gang gesetzt, dessen Erfolg (oder auch Mißerfolg) sich erst in der Zukunft herausstellen wird. Seine Erfolgsaussichten sind bestenfalls abzuschätzen. In dieser Tatsache liegt das unternehmerische Risiko.

Gestützt werden kann die Risikobereitschaft aber durch eine Rentabilitätsberechnung. Sie beruht unter anderem auf der Erfahrung, daß jede Unternehmung eine Balance herzustellen hat zwischen dem, was das Unternehmen aufwendet, und dem, was es als Ertrag erzielt. Dieses Gesetz spiegelt sich in unzähligen wirtschaftlichen Formen des Gebens und Nehmens. Aber man kann nur das geben, was man vorher von irgendwoher genommen hat. Also wird der eigene Vorgang des Gebens für andere wiederum zu dem des Nehmens. Dies hält für jede Waren- beziehungsweise Geldbewegung die doppelte Buchführung fest und spiegelt es für das Bewußtsein. Im Bereich der doppelten Buchführung heißt das, daß jedes Konto ein Gegenkonto haben muß. Der Waren- oder Geldfluß hat immer eine Quelle, von der er in das Unternehmen hineinfließt, und ein Ziel, wenn er das Unternehmen verläßt. Quelle und Ziel werden in der doppelten Buchführung einsichtig gemacht. Sie ist ein genialer Kunstgriff, die wechselseitigen Abhängigkeiten, die das Wirtschaftsleben beherrschen, ins Bild zu bringen. Die Kontinuität des Wirtschaftens wird genau verfolgt, kein Konto kann sich in Nichts auflösen.

Einmal eingeführt, zwingt die doppelte Buchführung dazu, daß über jede Bewegung, die sich im Unternehmen ereignet, Rechenschaft abgelegt werden muß. Damit verhilft sie zu einem gesteigerten Bewußtsein für alle im Unternehmen sich abspielenden Prozesse. Unter anderem macht sie den Unternehmer auf die Beschränktheit der zur Verfügung stehenden Mittel aufmerksam. Sie zeigt ihm also die Grenzen des Spielraums, innerhalb derer er gestaltend tätig werden kann. Zugleich weckt sie aber auch die Verantwortung, diese Grenzen zu achten und den verbleibenden Freiraum optimal zu nutzen.

Eine abwägende Rentabilitätsberechnung kann der Kaufmann aber nur entwerfen, weil in Millionen von Unternehmen die Taten der Unternehmer in der doppelten Buchführung festgehalten wurden. Dabei zeigt sich, daß es unumstößliche Regeln des Wirtschaftens gibt. Die doppelte Buchführung hat sie gewissermaßen «ans Licht» gebracht. Mit diesem Licht kann auch selbst ein so schwierig scheinendes Problem wie eine Bilanz schnell «einsichtig» gemacht werden.

Die Bilanz eines Betriebes gibt Auskunft über vier Bereiche, welche die Wirkensweise eines Unternehmers grundlegend bestimmen. Das Anlagevermögen weist die Wirkungen früherer Entscheidungen auf. Diese Entscheidungen haben die Gestalt der Instrumente für die Produktion festgelegt. Das Umlaufvermögen, also Barmittel, Vorräte, Forderungen, zeigt Möglichkeiten, aber auch Grenzen für den gegenwärtigen Gestaltungswillen. Dieser muß das Umlaufvermögen berücksichtigen, will er nicht unsachgemäße Entscheidungen treffen. Die Verbindlichkeiten, die man eingegangen ist, um seine unternehmerischen Ziele zu verwirklichen, machen einem bewußt, welche Altlasten mit dem Betrieb verbunden sind. Zins und Tilgung für sie sind zu berücksichtigen. Die Bilanz bringt aber auch die Früchte früherer unternehmerischer Leistung ins Bewußtsein und gibt Aufschluß darüber, welches Eigenkapital in die Betriebsgründung eingebracht wurde und was inzwischen als Eigenkapital im Betrieb erwirtschaftet worden ist.

Eine solche Gliederung der Bilanz zeigt zweierlei: Auch ein höchst komplizierter, viele Menschen verwirrender Tatbestand wie eine Bilanz läßt sich auf eine einfache, durchschaubare Grundfigur bringen, die der Jugendliche urteilend durchaus bewältigen kann. Und bei einem Verfahren dieser Art, welches das Wesentliche der Vermögensarten zur Anschauung bringt, verlieren die Zahlen ihre Abstraktheit. Sie werden zu Chiffren für soziale Bezüge. Sie decken zum Beispiel auf, wie der Betrieb und seine Menschen mit anderen Betrieben, mit Zulieferern und Kunden, mit der Gemeinde, dem Staat, mit der Bundesanstalt für Arbeit und so fort verbunden ist. Also soziale Bezüge werden erlebbar, weil die gebuchten Zahlen sie abbilden. In der Bilanz wird das fließende wirtschaftliche Geschehen in einem bestimmten Punkt der Entwicklung festgehalten. Zeit gerinnt in einer Momentaufnahme. Was in tausend Einzelvorgängen zeitlich sich abspielt und in seiner Kompliziertheit und Gleichzeitigkeit das Bewußtsein verwirrt, wird künstlich angehalten. Dadurch kann sich das Bewußtsein gegenüber den Lebensprozessen behaupten. Es gewinnt die Ruhe, sie zu beurteilen und zu bewerten, und erlangt dadurch das Fundament, das für einen sachgemäßen gestalterischen Eingriff notwendig ist.

Welche Forderungen stellt die Buchführung an die Menschen, die sie ausüben?

Die Buchführung schreibt die Geschichte der Handlungen des Unternehmers und aller Mitarbeiter auf. Mit der Buchung wird ein Innehalten im Fluß des Handlungsgeschehens erzwungen. Der Betrachtung des eigenen Tuns wird ein Freiraum eröffnet. Wird er genutzt, so kann er zu einem stärkeren Bewußtsein über das eigene Handeln führen. Die Stauung des an die Gestaltung hingegebenen Willens fällt schwer. Denn jede gestaltende Aktion ist mit Lust verbunden, die uns mitreißt. Gerade dieses willentliche Innehalten macht aber einen Lernprozeß möglich, der sonst nicht stattfinden würde. Die Person vergewissert sich ihrer selbst; Selbstbewußtsein wird geübt.

Besonders gefragt ist eine solche Rückschau, wenn saldiert, wenn eine Ergebnisrechnung oder gar eine Bilanz erstellt wird. Bei einem Jahresabschluß zum Beispiel wird die Zeit zum Raum beziehungsweise Bild. Dieses Bild setzt sich aus allen Handlungsergebnissen des letzten Jahres zusammen.

Man begegnet bei solchem Innehalten seiner eigenen Handlungsgeschichte in ihren tausendfältigen Bezügen und Wirkungen. Man lernt sich selbst auf eine neue Art kennen. Was an Strebensrichtungen und Motiven im augenblicklichen Handeln stets im Vordergrund steht, tritt zurück. Anschaubar wird jetzt, was diese Handlungen im sozialen Gefüge bewirkt haben. Zur Innenseite des Handelns, die uns seelisch so stark in Anspruch nimmt, tritt dessen Außenseite, nämlich welche Folgen unsere Handlungen hatten. Wer sich Zeit nimmt, dieses Panorama sorgfältig zu studieren, wird zu vielen Fragen angeregt: Habe ich das, was ich jetzt überblicke, wirklich gewollt? Stimmen also Motiv und Folge überein? Habe ich bei meiner vorblickenden Phantasie meinen Handlungsspielraum richtig eingeschätzt, oder bin ich einem illusorischen Wunsch erlegen? Welche Bedingungen habe ich übersehen? Was lehrt mich das für die Zukunft? Habe ich gar andere Menschen durch mein unsachgemäßes Handeln geschädigt? Welche Zeitgeschehnisse, die ich nicht übersehen konnte, haben mein Unternehmen störend beeinflußt? Wie sind diese zustande gekommen? und vieles mehr. Wer den Farben des Bildes nur aufmerksam und sorgfältig genug nachgeht, erlebt sehr prägnant die Gestalt seines eigenen Wirkens in der Gemeinschaft; genauso aber auch die Wirkungen des sozialen Umfelds auf die eigene Tätigkeit.

Goethe hat die doppelte Buchführung als eine der «schönsten Erfindungen des menschlichen Geistes» bezeichnet. Ihn mag beeindruckt haben, daß in ihr über konkrete Waren und Dienstleistungen hinaus die gestaltgebenden Kräfte innerhalb des sozialen Organismus sichtbar werden. Das soziale Geflecht, die menschlichen Beziehungen also, insofern sie im Wirtschaftsleben gestaltend tätig sind, werden in der doppelten Buchführung «offenbar». Die geistigen Bezüge der wirtschaftenden Menschen «verrät» der Kontostand, etwa jener von Kreditgeber und Kreditnehmer. Aber jeder dieser Einzelbezüge wird zu allen anderen Bezügen, die das Unternehmen umfaßt, in ein Verhältnis gerückt. Ein Unternehmen ist zwar die spezifische Leistung weniger Menschen, aber es kann sich nur im Zusammenwirken mit anderen Menschen außerhalb des Betriebes realisieren. Wie es sich realisiert, zeichnet die Buchführung nach. Sie zeigt, ob das gestalterische Potential, also das Unternehmensziel, im Zusammenwirken sich kräftig, gesund, fördernd und belebend oder kraftlos, ja schädigend realisiert hat. Die doppelte Buchführung leistet die Diagnose dieses Zusammenwirkens. Goethe mag ferner auch deshalb an ihr Gefallen gefunden haben, weil sie seiner Forderung entspricht, aufzufassen, was ist, und nicht, was behagt. Strenge Erkenntnisdisziplin beziehungsweise der bedingungslose Mut zur Wahrheit wird gefordert. Die Technik der doppelten Buchführung erleichtert das. Führt man ihre Regeln gewissenhaft durch, so ergibt sich ein objektiver Tatbestand. Ob dieser freilich genauso objektiv interpretiert wird, bleibt offen. Hier braucht der Unternehmer als Betrachter manchmal wirklich den Mut, sich auch höchst unbequemen Tatsachen zu stellen. Wird er doch durch die Tatsachen aufgefordert, sein Verhalten zu ändern, weil es sonst weiter zu sozialen «Mißbildungen» führt. Nüchternheit und Ehrlichkeit, Tugenden der Bewußtseinsseele sind also gefragt, auch ein großes Maß an Gelassenheit. Man kann sich zu der Auffassung durchringen, daß subjektive Ängste oder Wünsche bei dieser Betrachtung sinnlos sind: Sie ändern nichts an der Tatsachenwelt. Sie verstellen nur den Blick, das, was die Tatsachen aussprechen wollen, zu verstehen.

Hier begegnet uns also eine Technik, die es dem Kaufmann ermöglicht, mit seinem Berufsschicksal bewußt umzugehen. Diese Technik kann, da bei der Buchführung kein Vorgang, der sich abgespielt hat, verlorengeht, vom Kaufmann mit absoluter Perfektion betrieben werden. Es scheint kein Zufall zu sein, daß die Technik der doppelten Buchführung erst am Beginn des Bewußtseinsseelen-Zeitalters «erfunden» wurde. Sie ist schlechthin eine Technik der Bewußtseinsseele. Sich selbst Rechenschaft darüber abzulegen, wie man sozial gewirkt hat und was man andererseits der sozialen Gemeinschaft verdankt, regt Rudolf Steiner auch an, um ein gesteigertes Bewußtsein von der sozialen Einbindung der gesamten eigenen Biographie zu erwerben. Der Tages- oder Lebensrückblick gehört zum festen Bestandteil des Schulungsweges. Der Hinweis Rudolf Steiners, das zurückgelegte Leben zum Beispiel mit der Frage zu bilanzieren, was man im Ergebnis sich selbst und was man der Hilfe anderer Menschen verdankt, bestimmt die Richtung des Rückblicks. Wer diesen Hinweis befolgt, ist in der Regel erstaunt darüber, wie groß der fördernde Einfluß anderer Menschen auf das eigene Leben war. In den seltensten Fällen wurden diese fremden Hilfen durch eigene Gegenleistungen «abgegolten». Man erlebt sie als frei zur Verfügung gestelltes Geschenk. Das bewußte Erleben der freiwilligen Geschenke der Gesellschaft an die eigene Person liefert das hilfreiche Gegenbild zum Egoismus. Von da ist es nicht weit zu der Erkenntnis, daß die Gemeinschaft das freiwillig geleistete Geschenk zu ihrem Existieren braucht.

Mit diesem Hinweis sollte nur darauf aufmerksam gemacht werden, daß der Unterricht in Buchführung erlaubt, die in ihm erübte Technik auf die «Bilanzierung» der gesamten eigenen Lebensführung zu übertragen. Diese

Technik scheint ein geeignetes Mittel, den Schicksalsbezügen, in denen jeder von uns lebt, bewußter auf die Spur zu kommen. Unter diesem Aspekt gewinnt die Buchführung eine pädagogische Bedeutung, die kaum zu überbieten ist.

Die Zuordnung der Buchführung zum Lehrplan

Wenn man sich an die Maxime hält, daß die Geschichte Kulturgeschichte vermitteln sollte, wird der Schüler relativ früh manches über Wirtschaftsgeschichte, den Kaufmannsstand und das Geldwesen erfahren, in der Geographie auch über Rohstoffe, Industriestandorte und Verkehrsverhältnisse. All diese Informationen wenden sich an den Kopf. Lebendig vorgetragen, ergreifen sie auch das Gefühl, aber sie rufen nicht zum gestaltenden Handeln auf. Nur über die historischen Hilfsmittel des Kaufmanns besteht die Möglichkeit, den Willen auf diesem Lebensfelde direkt zu engagieren. Nur über Elemente der Buchführung wird also der Pendelschlag zwischen Betrachtung und Tun verwirklicht, die tätige Einführung in dieses Lebensfeld erreicht.

Will man diesen Weg gehen, taucht die Frage nach der Zuordnung der Unterrichtsinhalte zu den einzelnen Klassenstufen auf. Sie ist nicht allein theoretisch zu lösen, sondern jeder Vorschlag braucht die praktische Erprobung. Trotzdem sollen erste Vorschläge im folgenden vorgetragen werden.

Die psychologische Voraussetzung dafür, daß im oberitalienischen Bankwesen die doppelte Buchführung zuerst praktiziert wird, liegt darin, daß die Kraft der Abstraktion nun handhabbar wird. Sie ermöglicht eine Distanzierung des denkenden Menschen von den sinnenfälligen Erscheinungen. Dieselbe Kraft wird in der Algebra der 6. Klasse bemüht. Sie ordnet sich in das übergreifende pädagogische Ziel der Vorpubertät ein, die Seelenkräfte vom Leibesgeschehen unabhängiger zu machen. Unter diesem Gesichtspunkt wird verständlich, daß Rudolf Steiner den Beginn der Buchführung im letzten Drittel des zweiten Jahrsiebts ansetzt. Durch Algebra und Buchführung werden dieselben Seelenkräfte beansprucht und gefördert. Demnach wäre die Buchführung in der 6. Klasse kein Fremdkörper, sondern ein dieser Altersstufe entsprechender Unterrichtsinhalt.

Als erster Schritt empfiehlt sich die Einführung des Kassenbuches. Es macht die Vielfalt der Waren- beziehungsweise Geldbewegungen bewußt, unterscheidet jene Ströme, die in das Unternehmen hineinfließen, von jenen, die es verlassen. Bereits hier gilt das Prinzip, daß jede Bewegung genau erfaßt und festgehalten werden muß. Ein- und Ausgänge müssen einander beim Saldieren entsprechen. Abweichungen davon geben Anlaß zu vielen Überlegungen.

Im sogenannten Hauptbuch wird nicht nur meine finanzielle Lage deutlich, sondern auch, wie der Geschäftspartner sie sieht. Indem der Partner etwa bei einer Rechnung ein Zahlungsziel von 30 Tagen einräumt, gibt er mir eigentlich einen kurzfristigen Kredit. Er erhöht meine liquiden Mittel, während seine reduziert werden. Für den Kreditempfänger ist das ein Vorteil, für den Kreditgeber ein Nachteil. Die schnelle Auflösung dieses Nachteils ist dem, der eine Rechnung stellt, sogar einen kleinen Abschlag wert, wenn der Empfänger der Rechnung seine Schuld schon innerhalb von sieben Tagen begleicht (Skonto). Wird das Hauptbuch richtig gelesen, so eröffnet es die Möglichkeit eines Wechsels der Standpunkte. Was von einem Gesichtspunkt aus gilt, gilt noch lange nicht für den nächsten. Rudolf Steiner fordert vom Lehrer der 7. Klasse, daß er überall, wo das möglich ist, die dialektische Methode einführt. Dieselbe Form des Denkens hat im Hauptbuch ihren Niederschlag. Über die dialektische Methode werden wir noch ausführlich berichten. Hier sei vorläufig die These vertreten, daß Kassen- und Hauptbuch durchaus in den Klassen 6-8 behandelt werden können. Damit wird, wie wir meinen, zur rechten Zeit die Grundlage für das spätere Verständnis der doppelten Buchführung gelegt.

Diese selbst gehört in die Oberstufe. Die intellektuellen Forderungen des Lehrplans der 10. Klasse sind relativ hoch. Wird dieser Lehrplan erfüllt, so ist auch die doppelte Buchführung in der 10. Klasse zu bewältigen. Erste Versuche in diesem Lebensalter bestätigen das. Die Fortsetzung der Buchführung auf der Oberstufe könnte hilfreich sein, um auch das Wirtschaftsthema zu bearbeiten. Ja ein genaues Studium der doppelten Buchführung könnte ein Ausgangspunkt für die Strukturierung einer solchen Wirtschaftskunde sein.

Es bleibt die Frage offen, ob die Buchführung in den letzten Klassen der Waldorfschule noch einmal aufgegriffen werden soll. Beim Thema Computertechnik geht es einerseits um das Verständnis der mathematischen und physikalischen Grundlagen, andererseits um den praktischen Umgang mit dem Computer selbst. Daß beide – Verständnis und Übung – zusammengehören, scheint aus den vorangegangenen Überlegungen schlüssig zu sein. Nun gibt es viele Inhalte, die für die praktische Übung am Computer in Frage kämen, unter anderem auch die Buchführung. Hier bestünde also die Möglichkeit, das früher Gelernte wieder übend aufzugreifen, es damit zu befestigen und eventuell auch zu erweitern. Damit würde dem Schüler auch erfahrbar, wie die Technik der Buchführung heute gehandhabt wird.

Zur 10. Klasse werden vielfältige neue Anregungen für den Lehrplan gegeben: Stenographie, Spinnen und Weben, Erste Hilfe, Feldmessen.

Überblickt man den Lehrplan, so kann man den neuen pädagogischen Einschlag, der mit der 10. Klasse vollzogen wird, nur mit jenem vergleichen, der vorher mit der 6. Klasse erfolgt ist. Auch dort tritt ein ganzer Reigen neuer Unterrichtsinhalte auf. Schon diese neuen Fächer der 6. Klasse haben diejenige Zielrichtung, die Rudolf Steiner auch mit den neuen Fächern der 10. Klasse verfolgt: Einführung des Kindes in das Verständnis des praktischen Lebens. Hat man es hier mit einer Spiegelung der gleichen pädagogischen Intention zu tun? Wird das Thema – gleichsam eine Oktave höher – erneut aufgegriffen? Hält man sich an die Dreiteilung der Jahrsiebte, müßte der neue Einschlag erst in der 11. und nicht schon in der 10. Klasse erfolgen.

Erinnern wir uns, daß Rudolf Steiner noch vor der Begründung der Waldorfschule diese als zehnklassige Schule konzipieren wollte. Es scheint für unsere Betrachtungen aufschlußreich, was Rudolf Steiner in der Besprechung vom 25.4.1919 in der Unterredung mit Molt, Hahn und Stockmeyer – bis hin zu einem Stundenplan – skizzierte:

«Herr Dr. Steiner empfiehlt, eine Schule im Sinne der ehemaligen österreichischen Unterrealschule zu errichten, die bis zum vollendeten 16. Lebensjahr, also bis zur Obersekunda, führt. Der Unterricht soll in Deutsch bis zum Geschäftsaufsatz führen, in der Geschichte soll nach einem Gesamtkurs der Geschichte die Heimatgeschichte durchgenommen werden, in der Geographie ebenso nach einem Gesamtkurs die Heimatgeographie, es sollen Sprachen, vor allem Englisch betrieben werden, Mathematik und Physik mit besonderer Berücksichtigung der Mechanik, Naturgeschichte, Zeichnen, vor allem Malen, Gesang und Turnen.»

«Die so gestaltete Schule werde die Einheitsschule der Zukunft werden, die zwei Jahre, die ihr noch bis zum Ende der jetzigen Vollanstalten fehlen, Unter- und Oberprima, wird man künftig wieder der Universität angliedern, deren Aufbau sich in dem Sinne ändern wird, daß die beiden ersten Studienjahre künftig allgemeinbildenden Studien zu dienen haben, während das Fachstudium erst später anfängt. Das Prüfungswesen muß sich dahin ändern, daß die Staatsprüfungen wegfallen und die Doktorprüfung als eigentliche akademische Prüfung übrigbleibt. Doch wird diese Prüfung kein Privileg geben. Im Leben gilt die freie Konkurrenz.»[75]

Schon in diesen ersten Bemerkungen zu einer «Einheitsschule» finden wir das Grundthema, das uns im Verfolgen des Jugendalters immer bedeutender wurde. Der Jugendliche soll in seiner Zeit Fuß fassen: Heimatgeschichte und Heimatgeographie wird als Zusammenfassung gefordert, der Deutschunterricht erhält im Geschäftsaufsatz sein abschließendes Ziel. Also auch das Fach Deutsch soll an das praktische Leben herangeführt werden. Die Mathematik soll in ein Verständnis der Mechanik münden. Mit anderen Worten, jeder Unterricht im Lebensalter bis zum 16. Jahr soll auf Verständnis der Umwelt angelegt sein.

Die zweite Überraschung ist, daß Rudolf Steiner die Schule nach dem 16. Lebensjahr der Schüler enden lassen will. Weitere Bildung verlegt er idealtypisch an die Universität. Stellen wir uns einmal für einen Augenblick vor, daß dieser Vorschlag Wirklichkeit geworden wäre. Dann müßten die Schüler am Ende der 10. Klasse so selbständig geworden sein, daß sie sich in den propädeutischen Kursen der Universität «frei» bewegen könnten. Das wirft die Frage nach dem Arbeitsstil der eigentlichen Oberstufe der Waldorfschulen vor allem für die 11./12./13. Klasse auf.

Aber ebenso werden Fragen nach dem Arbeitsstil der Klassen 6-10 berührt. Die Einführung in das Leben müßte mit der 10. Klasse einen ersten Abschluß gefunden haben. Diese Einführung wäre dann wohl viel gezielter und ernsthafter, als das heute geschieht, zu verfolgen. Sie hätte den Jugendlichen zu befähigen, mit einer ersten Selbständigkeit in das Leben einzutreten.

Es fällt auf, daß Rudolf Steiner, wenn er auf Inhalte zu sprechen kommt, die der Einsicht in das praktische Leben dienen, immer die Wendung gebraucht: Zwischen dem 12./13. und dem 15./16. Jahre. Folgt man dieser Spur, so bekommen die Klassen 6-10 ein Generalthema. Die Geburt des individuellen Seelischen, die in diese Zeit fällt, würde also am besten durch dieses Generalthema vor- und nachbereitet. Die Berücksichtigung dieser Orientierung des Unterrichts wäre – bildhaft gesprochen – für den Geburtsvorgang die beste «Hebamme». Und in der Tat: Die Korrespondenz zwischen dem Wesen des Astralleibes und der historisch geschaffenen Zivilisation hat Rudolf Steiner aufgezeigt. Unter diesem Gesichtspunkt erweist sich der «Neueinschlag» der 10. Klasse nicht als ein Auftakt, sondern als Abschluß, als Finale.

Der Auftakt für ein neues Generalthema liegt wirklich, der Spiegelung gemäß, in der 11. Klasse. Und schon der erste «Schulentwurf» gibt ihm einen konkreten Inhalt: Einführung in das wissenschaftliche Denken. Diese Formulierung kann leicht mißverstanden werden. Deshalb seien einige Bemerkungen zu ihr gemacht. Es gilt auch für diese Altersstufe, also die Klassen 11, 12 und 13 das, was Rudolf Steiner für das gesamte Jugendalter fordert: Man solle nur das aus der Wissenschaft an den Jugendlichen heranbringen, was «reif verarbeitet» ist. Ferner: Unter Wissenschaft wird nicht nur das verstanden, was an den Universitäten gelehrt wird, sondern Rudolf Steiner hat durchaus eine «Erweiterung» heutiger Wissenschaft im Auge. Auch ist mit diesem neuen Thema sicher nicht gemeint, daß Inhalte, die dem «Generalthema» um die Pubertät herum entsprechen, in dem neu anhebenden Entwicklungsabschnitt gänzlich zu verschwinden hätten. Selbstverständlich sollte das vorher Errungene auf einem neuen Niveau weitergeführt und ausgebaut werden. Bleibt doch die tätig herzustellende Verbindung von Erkenntnis (Wesen) und Leben (Erscheinung) eine ständig zu lösende Lebensaufgabe. Je mehr also das jetzt in den Vordergrund tretende und erweitert aufgefaßte Wissenschaftsthema auch mit seinen praktischen Folgen abgehandelt wird, um so besser. Trotzdem wird die praktische Lebensorientierung für diejenigen, die sich einen akademischen Beruf zum Ziele gesetzt haben, in den allerletzten Schuljahren ein Nebenthema. Die menschenkundliche Überlegung, die das Atmen zwischen Erkenntnis und Tätigkeit ins Auge faßt, begründet aber, daß es weiterhin pädagogische Bedeutung hat. Es sollte exemplarisch durchaus weitergeführt werden.

Die Vorpubertät – der Auftakt des Jugendalters

Die vielen Äußerungen Rudolf Steiners über die Entwicklungsepoche zwischen dem 12./13. und 15./16. Lebensjahr legen es nahe, Betrachtungen über das Jugendalter durch solche über die Vorpubertät zu ergänzen. Im folgenden werden die Hinweise, die Rudolf Steiner für den Lehrplan der Klassen 6-8 gegeben hat, befragt. Eine Aussage aus *Erziehungskunst. Methodisch-Didaktisches*, wo die Drittelung des zweiten Jahrsiebts noch einmal in ihren pädagogischen Konsequenzen in einer Kurzformel zusammengefaßt wird, ist wegleitend. Dort heißt es über das letzte Drittel des zweiten Jahrsiebts: «... so kommt es vom 13. bis 15. Jahr für die Gestaltung des Lehrplans darauf an, daß wir als Lehrende und Unterrichtende im Leben stecken ... daß wir aus dem Leben heraus unterrichten.»[76] Was ist konkret darunter zu verstehen?

Bevor wir uns dieser Frage zuwenden, sollen die Erkenntnisinstrumente, die mit der Vorpubertät vom Schüler langsam individuell erobert werden, noch einmal aus einem neuen Gesichtswinkel betrachtet werden.

Verstand, Vernunft, Phantasie

Alle drei sind für die Erkenntnis nicht zu entbehren. Die Phantasie zu den Grundfähigkeiten der Erkenntnis zu zählen, stößt immer noch auf Mißverständnisse. Auf der einen Seite weiß man, daß es der Entwürfe bedarf, die neue Zusammenhänge aufdecken, und daß solche Entwürfe nicht durch den analytischen Verstand hervorgebracht werden können. Dieser ist nicht zukunftsorientiert, sondern vergangenheitsgerichtet. Er macht nur detailliert bewußt, was bereits geschaffen, also vorhanden ist. Der Verstand schafft Grundlagen für die Phantasie, aber er kann diese nicht ersetzen.

Die Vernunft faßt das, was der Verstand zergliedert hat, zu Einheiten unterschiedlicher Art zusammen. Aber auch die Vernunft beschäftigt sich mit bereits wirksamen Tatsachen. Die Vernunft macht nur – über den Verstand hinaus – deren Zusammenhang bewußt. So tätig, ist sie für die Erkenntnis von allergrößter Bedeutung. Nur fehlt auch der Vernunft die Kraft, noch nie Dagewesenes zu konzipieren. Das gelingt nur der Phantasie.

Die Phantasie hat die vom Verstand umrissenen Einzelheiten und die von der Vernunft aufgezeigten Zusammenhänge bei ihrer Tätigkeit zu berücksichtigen. Aber sie hat bei ihrem Bildentwurf auch über diese hinauszugehen. Sie hat in den Objekten jene Tendenzen zu entdecken, die als Entwicklungskeime in den erkannten Zusammenhängen gleichsam noch schlummern, also noch nicht in die Erscheinung getreten sind. Von solchen realen, aber noch keimhaften, da noch nicht vollzogenen Entwicklungen hat die Phantasie einen bildhaften Entwurf zu liefern, damit Entwicklung konkret in Gang gesetzt werden kann. Nur wenn dieser Entwurf auch praktisch verwirklicht werden kann, ist von exakter Phantasie zu sprechen.

Daneben gibt es freilich auch Formen der Phantastik. Bloße Träume werden entworfen, Bilder um der Bilder willen gemalt. Die Produkte bloßer Phantastik können manchmal von jenen der exakten Phantasie schwer unterschieden werden. Diese Schwierigkeit öffnet Tür und Tor, *jedem* phantasievollen Entwurf erst einmal ungemein kritisch gegenüberzutreten. Das geschieht besonders dann, wenn der Phantasieentwurf bisherigen Erkenntnisgewohnheiten eindeutig zuwiderläuft. Die Unsicherheit bei der Beurteilung der Bildentwürfe macht verständlich, daß die Phantasie oft nicht in gleicher Weise als Grundfähigkeit der Erkenntnis anerkannt wird wie Verstand und Vernunft.

Der Geburt des Denkens, also des Gebrauchs von Verstand und Vernunft, ging in Griechenland ein anders gestaltetes Bewußtsein voraus. Dieses schuf mit imaginativen Bildern Mythologie. Seine Imaginationen faßten wesenhafte Erscheinungen. Das heißt, mit der Erfahrung war auch das Wesen, das sie ursächlich beherrscht, gegeben. Der Mensch rief diese Imaginationen nicht willentlich in sein Bewußtsein, sondern sie wurden ihm geschenkt. Ungerufen stiegen sie in seinem Bewußtsein auf. Damit war der Mensch gegenüber der Bilderwelt der Imaginationen nicht frei; sie bestimmte auch seine Handlungen. Die Rechtfertigung ihres Auftretens im menschlichen Bewußtsein brauchte und konnte der Mensch der damaligen Zeit nicht leisten.

Für den heutigen Menschen ist in dieser Art nur die Wahrnehmung gegeben. Sie unterscheidet sich jedoch radikal von den alten Imaginationen. Der die Wahrnehmung beherrschende Sinn, das heißt ihr Wesen, bleibt dunkel.

Daher ist der Mensch aufgerufen, durch eine ganz anders geartete Tätigkeit, nämlich das Denken, den Sinn der Wahrnehmung zu erhellen. Diese Notwendigkeit ergab sich in dem Maße, in dem das alte imaginative Bewußtsein schwand. Noch in der Frühzeit der Philosophie wurde der Gedanke wie ein Schattenwurf der alten Imaginationen erlebt. Der Gedanke hatte noch lange den Charakter des Einfalls. Auch er fiel gleichsam als vorgegebener in die menschliche Seele. Erst allmählich gelang es dem menschlichen Bewußtsein, auch die Quellen solchen Einfalls zu erschließen. Erst mit dieser Anstrengung stieß der Mensch zu der Erfahrung des Selbstbewußtseins vor, das die Entstehung des Gedankens und damit auch das Selbstbewußtsein selbst rechtfertigte. In diesem Vorgang erschloß sich langsam die Gewißheit der Individualität. Erst mit diesem Ereignis wurde die vorgegebene Erkenntnis ganz von der individuell erarbeiteten abgelöst. Damit wurde auch der Schnitt zwischen Wahrnehmung und Denken endgültig perfekt. Nur die Wahrnehmung präsentiert heute noch das Gegebene, das Denken aber wird zum Ausdruck der Eigentätigkeit der menschlichen Individualität. Unsere Schilderungen der Pubertät haben auf immer neue Weise gezeigt, wie das Selbstbewußtsein sich seiner selbst vergewissern muß, um in diesem Vorgang seine Sicherheit zu erwerben. Und es braucht dabei eine gezielte pädagogische Hilfe.

Das alte Volksmärchen ist noch ein nachklingendes Produkt des mythologischen Bewußtseins. Daß das Kind seine Bilder ganz selbstverständlich aufnimmt, zeigt, daß es selbst noch in einem Bewußtseinszustand lebt, der dem mythologischen Bewußtsein ähnlich ist. Es erlebt die Welt ganz anders als der Erwachsene. Der Erzieher kann zur besonderen Welterfahrung des Kindes nur Zugang gewinnen, indem er sich in die Eigenheiten des mythologischen Bewußtseins einzuleben versucht.[77] Diese Bewußtseinstatsache prägt deutlich den Charakter des Unterrichts der ersten Klassen, wenn er auf eine so grundlegend wichtige menschenkundliche Tatsache Rücksicht nehmen will. Diese Befindlichkeit des Kindes verklingt aber beobachtbar im dritten Schuljahr.

Umgekehrt wirft das Bewußtsein, das mit der Pubertät signifikant einsetzt, sein Licht bereits in die Vorpubertät voraus. Dieses Vorscheinen setzt mit einem Ereignis ein, das ebenfalls deutlich zu beobachten ist. Etwa um das zwölfte Lebensjahr setzt eine erste Innenerfahrung des Denkens ein, das für die ursächliche Logik aufwacht. Dies ist der Grund, warum die Vorpubertät mit der Pubertät zusammen gesehen werden kann und muß. Zwischen diesen beiden Bewußtseinsereignissen liegt eine Zeit, in der die letzten Nachklänge eines traumhaften, gleichsam mythologischen Bewußtseins abgestreift sind, aber die erste Innenerfahrung des eigenen Denkvorgangs noch keineswegs erreicht ist. Sie im Unterricht zu fordern, wäre verfrüht. Dort wo die Intellektualität in diesen Lebensjahren dennoch angesprochen wird, zeigt sich zwar, daß sie durchaus trainiert werden kann, aber sie wird nicht innerlich vom Kinde ergriffen. Sie verkommt zu einer gedächtnismäßigen Reproduktion eingelernter Gedanken. Diese ist deshalb so schädlich, weil sie die Geburt der innerlich erlebten Denkerfahrung verstellt.

Es gibt für die Mitteljahre des zweiten Jahrsiebts eine Unterrichtsmethode, die dem Zwischenzustand des kindlichen Bewußtseins entgegenkommt. Es ist die Methode des künstlerisch gestalteten Bildes. Das künstlerisch gestaltete Bild steht zwischen der alten Imagination und dem modernen Selbstbewußtsein. Mit der Imagination gemeinsam hat es den im Bilde enthaltenen Sinn. Er braucht nicht besonders entschlüsselt zu werden. Er ist mit dem Bilde sinnenfällig gegeben. Zum Unterschied von der alten Imagination ist dieser Bildsinn aber nicht eindeutig. Das Bild erlaubt immer mehrere Interpretationen. Es legt den Betrachter keineswegs auf eine Interpretation fest. Der gestaltete Sinnzusammenhang des Bildes überzeugt nicht nur die Sinne, sondern auch das tastende Denken. Die Vorstellungsbildung hat alle Hände voll zu tun, das Bild und dessen Sinngehalt nachzuzeichnen. Die Mehrdeutigkeit des Bildes eröffnet aber auch den Freiraum für das eigene Sinnen; sie läßt den experimentellen Gedanken zu und den oft phantasievollen Einfall. Die Einfälle der Kinder sind oft originell. Sie nähren sich von dem Sinnzusammenhang des Bildes, führen ihn aber in eine bestimmte Richtung weiter aus. Der Sinnzusammenhang des Bildes regt also die eigene Gedankentätigkeit des Kindes dazu an, ihn weiter auszugestalten. Freilich muß das Bild dann aus der Sache selbst entwickelt und nicht – etwa gar sentimental – ihr übergestülpt sein. Es muß einer gedanklichen Prüfung standhalten, durch sie zu rechtfertigen sein. An dieser Ausgestaltung ist auch das kindliche Gemüt beteiligt. Wenn das Bild nicht intellektuell konstruiert ist, sondern künstlerisch gestaltet, ergreift es geradezu das Gemüt, das heißt das Bild wird mit unterschiedlichen und wechselnden Empfindungen und Gefühlen begleitet. Dieser Wirkung des Bildes kann sich das Gemüt nicht entziehen. Im Sinnen drängt das Gemüt, seine Weltverbindung zu erhellen. *Vor allem aber stellt die Beteiligung des Gemüts das Interesse des Kindes für die Welt her.*

Sieht man auf die für das Selbstbewußtsein notwendige innere Aktivität, wird man den Unterricht nicht vorzugsweise auf eine Wissensvermittlung abstellen, sondern vor allem auf eine Aktivierung und Verstärkung jener eigenen Kräfte des Kindes, die das Lebensalter hergibt. Man kann durchaus darauf vertrauen, daß die Stärkung des Gemüts, die durch das künstlerisch gestaltete Bild eintritt, über das Sinnen zur gegebenen Zeit auch die Intellektualität aus eigener Kraft entfaltet. Freilich bedarf es dazu kräftiger Unterstützung durch den Unterricht in dem Moment, wo die Intellektualität im Kinde erwacht. Diese Innenerfahrung des Kindes muß energisch aufgegriffen werden. Das tut der Lehrplan der 6. Klasse ganz entschieden. Er beschäftigt die sich regende Intellektualität sehr energisch. Vor allem spricht er zuerst die Verstandeskräfte an. Das Auffinden von Ursache und Wirkung wird zum Generalthema dieser Klasse. Neben das künstlerisch gestaltete Bild tritt die Anregung zum eigenen Entdecken der gedanklichen Ordnung der Welt.

Die Welt in allen Fächern in künstlerisch gestalteten Bildern zu vermitteln ist keine leichte Aufgabe. Der Lehrer hat sich für diese Aufgabe erst zu erziehen. Aber er darf darüber den neuen Einschlag, der mit der 6. Klasse beginnt, nicht vergessen. Die Sorge, die Intellektualität nicht zu früh abzurufen, weil sie dann eingelernt und nicht vom Kinde innerlich ergriffen wird, darf ihn nicht dazu verführen, auch jetzt zaghaft mit der Intellektualität umzugehen. Die folgenden Betrachtungen über den Lehrplan der Klassen 6-8 machen dies deutlich.

Überlegungen zum Lehrplan der 6. Klasse

Beispiele: Astronomie und Geographie

Zuerst: *Neue Fächer* treten in der 6. Klasse auf: unter anderem Astronomie, Mineralogie, Meteorologie, Geometrie, Schattenlehre, Handwerk und der Gartenbau. In der Physik wird in die Akustik, Optik, Wärmelehre, den Magnetismus, die Elektrizität eingeführt. (Die Mechanik bleibt der 7. Klasse vorbehalten.)

Die Methode allen Unterrichts zielt streng auf das beobachtbare Phänomen. In der Astronomie wird zum Beispiel gefragt: Wo geht die Sonne auf, wo geht sie unter? Verschiebt sich ihr Auf- und Untergangspunkt im Laufe des Jahres, oder bleibt er an einem festen Ort? Wo steht die Sonne zu Mittag? Immer am selben Punkt des Himmels oder «wandert» dieser Mittagspunkt? Wie kann man die gefundenen Betrachtungsresultate zeichnerisch festhalten, also abbilden? und so weiter.

Es wird auf ein bewußtes Ergreifen alltäglicher Beobachtungen gedrängt, eine Schulung der Beobachtungsfähigkeit angeregt, eine Phänomenologie angestrebt. Danach werden die Einzelbeobachtungen gedanklich miteinander verbunden. Am Ende steht unter anderem ein Bild vom «Atmungsvorgang» der Sonnenbögen im Laufe des Jahres mit den Extremlagen zum 21.12. und 21.06. und der Mittellage der Tag- und Nachtgleichen zu Frühlings- und Herbstanfang. Das langsam erarbeitete, zusammenfassende Bild entspricht dann den Beobachtungen von einem Standort irgendwo in Deutschland.

Diese Vorstellung wird nun aus dem Raum, in dem sie erarbeitet wurde, entbunden: Wie sind die Verhältnisse der Sonnenbögen am Äquator, am südlichen Wendekreis, an den Polen? Jetzt wird ohne weitere äußere Wahrnehmung ein Bild von den differenzierten Lichtverhältnissen, die auf der Erde herrschen, entworfen, die «erfahrene Vorstellung» rein gedanklich verändert, das heißt den neuen Standortbedingungen angepaßt.

Die Komposition des Lehrplans überrascht, denn in der Geographie der 6. Klasse wird die Erde als Ganzes durchgenommen, ihre Vegetationsgürtel, der Unterschied zwischen nördlicher und südlicher Halbkugel. Jetzt wird für die Kinder verständlich, daß die im Unterricht zuvor erkundeten «Himmelsverhältnisse» das Antlitz der Vegetation auf der Erde bewirken.

Ein methodisches Hauptmotiv der 6. Klasse ist das Entdecken von Ursache und Wirkung auf den verschiedensten Lebensgebieten. Wenn eine Eisenkugel durch einen Ring geführt werden kann, in erhitztem Zustand aber den Ring nicht mehr passiert, kann ein Gesetz gefunden werden: Wärme dehnt die Körper aus. Wärme ist die Ursache der Ausdehnung, die Ausdehnung ihre Wirkung.

Das Pflanzenwachstum auf der Erde ist zu einem wesentlichen Teil die Wirkung der Himmelsverhältnisse. Der flache Sonneneinfall etwa im Norden Europas hält das Pflanzenwachstum zurück. Die Pflanzen werden zu kurzstengeligen Bodenbedeckern mit relativ großen Blüten. Die kurze Zeit des Sommers erlaubt nur eine geringe Erwärmung des Bodens. Diese kurze Licht- und Wärmephase haucht gewissermaßen eine zarte Pflanzendecke über den Boden. Dort aber, wo die Sonne ein ständiger Gast durch alle Jahreszeiten ist, in den Regionen des Äquators, kann der tropische Regenwald entstehen, der an die 100 m hoch in den Himmel greift. Jeder Baum ist ein Wirt für viele andere Pflanzen. Das Pflanzenwachstum entfaltet sich also in mehreren Etagen in den Luftraum.

Astronomie und Geographie fassen das Gesetz von Ursache und Wirkung im Großen, das Beispiel aus der Wärmelehre im Kleinen. Bei den Kindern entsteht die Empfindung, daß dieses Gesetz die gesamte physische Welt regiert.

Zur Methode des Unterrichts

Die Fähigkeit, mit der das Gesetz von Ursache und Wirkung zur inneren Erfahrung gebracht wird, ist das logische Denken. Das hier wirkende *wenn … dann* ist eine logische Figur, welche die Weltverhältnisse bestätigen. Das gilt auch dann, wenn die Logik in abgezogener, das heißt abstrakter Weise ausgesprochen wird, etwa in dem Satz: Das Ganze ist größer als seine Teile. Es ist für die persönliche Entwicklung des Kindes von ausschlaggebender Bedeutung, *wie* die Logik im Unterricht zum Erlebnis gebracht wird. Der Lehrer kann unterstellen, daß alles, was er jetzt logisch begründet, vom Kinde verstanden wird. Endlich, mag der Lehrer sagen, ist das Kind in eine jener Denkformen eingetreten, die ihm als Erwachsenen vertraut sind. Die Anstrengung, den Unterrichtsstoff ins Bild umzusetzen, entfällt, das Unterrichten wird scheinbar bequemer. Wer so empfindet, denkt in erster Linie an sich selbst und nicht an das Kind.

Es geht in diesem Lebensaugenblick um die überaus wichtige Frage, wie das Seelenleben des Kindes mit Hilfe dieser neuen Fähigkeit strukturiert wird: Das kann an den vorgedachten Begriffen des Lehrers geschehen, oder der Lehrer macht sich die Mühe, *das Kind diese Begriffe selbsttätig finden zu lassen.*

Der strenge Hinweis Rudolf Steiners, der Lehrer habe von den Phänomenen auszugehen, er habe diese – vor allem Denken über sie – vielfältig und stark zum Erleben zu bringen, zeigt, daß er beim Schüler die Eigentätigkeit des Wahrnehmens und Denkens so weit wie möglich anregen und fördern möchte. *Der Schüler soll sich, natürlich unter Anleitung des Lehrers, selbst belehren.* Prinzipiell ist das, was man unter entdeckendem Lernen versteht, gefragt. Daß man diese Methode nicht im gesamten Unterricht durchhalten kann, ist Erfahrung. Aber der Lehrer sollte sich immer wieder fragen, wo das entdeckende Lernen notwendig und möglich ist.

Seine Aufgabe besteht eben nicht darin, vorzutragen und seinen Vortrag anhand der Phänomene zu begründen. Ginge er so vor, würde er die individuelle Gedankentätigkeit seiner Schüler nicht optimal anregen. Es geht in diesem Lebensalter nicht um die Aufnahme bereits vorgefertigter logisch geordneter Vorstellungen, sondern darum, daß der Schüler das selbsttätige

Aufschlüsseln der Phänomene lernt. Der Lehrer hat zwar die Aufgabe, die Phänomene so zu ordnen, daß ihr gedanklicher Zusammenhang leichter «ins Auge springt». Aber er sollte sich nur als Geburtshelfer des Gedankenprozesses beim Kinde fühlen. Und in dieser Rolle hat er viel zu tun: Zuerst muß er seine eigenen voraneilenden Denkgewohnheiten willentlich noch einmal an jenen Ursprungsaugenblick zurückführen, wo auch bei ihm das eigenständige Denken seinen Anfang genommen hat. Er sollte wieder «naiver» Beobachter werden. Er hat jede weiterführende «Theorie», die sich nicht aus den schon dargebotenen Phänomenen ergibt, zu unterdrücken. Er muß sich erneut wie der Schüler den Phänomenen stellen. Sein schon geschärftes Bewußtsein hat sich verstärkt der gewissenhaften Beobachtung zu widmen. Wer eine 6. Klasse unterrichtet hat, weiß, daß ein solches Lehrerverhalten nicht leicht herzustellen ist. Der Lehrer erfährt dabei aber auch, welche Freude es bereitet, das aufkeimende selbständige Denkvermögen der Schüler zu beobachten und die Begeisterung zu erleben, die bei den Schülern auftritt, die Freude an jeder selbständig gemachten Entdeckung.

Es ist nun an Beispielen des Lehrplans weiter zu verifizieren, daß die Entdeckung von Ursache und Wirkung, die logische Verkettung von *wenn ... dann* die wesentliche pädagogische Grundfigur für den Lehrplan der 6. Klasse ist.

Die Mathematik

In der Mathematik wird der Dreisatz behandelt. Er ist ein klassisches Beispiel für logische Verknüpfung der Gedanken. Im Grunde ist er so einfach, daß die Regel, nach der verfahren wird, schon vor der 6. Klasse gelernt und angewendet werden könnte. Aber damit wäre das selbsttätige Entdecken der Regel auch verspielt.

Die Prozentrechnung ist nur eine spezielle erweiterte Modifikation des Dreisatzes. Ein Mann hat acht Jahre lang jährlich seine Zinsen auf ein entsprechendes Kapital abgehoben. Er hat dabei 4.000,– DM eingenommen. Wie hoch war das Kapital, wenn es jährlich mit 5 % verzinst wurde? Die logische Verkettung der angegebenen Zahlen ist herzustellen, damit die Unbekannte, die Höhe des Kapitals, gefunden werden kann. Wir sind bei einer einfachen Form der Gleichung angelangt:

$$X = \frac{4.000 \cdot 100}{8 \cdot 5} \quad \text{also} \quad \frac{\text{Zinsen} \cdot 100\ \text{Prozent}}{\text{Zeit} \cdot \text{Zinsfuß}}$$

Auch die «Abstraktion» der Buchstabenrechnung wird bei diesem Verfahren verständlich. Es ist sicher kein Zufall, daß Rudolf Steiner vorschlägt, den Übergang von den konkreten Zahlen zur Buchstabenrechnung an dem «Material» der Zinsrechnung zu vollziehen. Man mache sich aber klar, was dieser Schritt in die Abstraktion, der die konkreten Zahlen hinter sich läßt, bewußtseinsmäßig für den Schüler bedeutet. Am besten geschieht das dadurch, daß man jene Tatbestände aufsucht, die nach einer solchen Abstraktion «rufen», damit sie bewußtseinsmäßig völlig beherrscht werden.

Die Abstraktion filtert das vielfältigen Erscheinungen zugrundeliegende Gesetz heraus. Sie leistet damit eine Befreiung von den vielen Einzelerscheinungen, die alle von dem durch das Denken gefundenen Gesetz beherrscht werden. Mit ihrer Hilfe wird prinzipiell erfahren, daß das Denken die Welterscheinungen «aufschlüsseln» kann und daß die gefundenen Begriffe die Welterscheinungen konstituieren. *Die Erfahrung von der Souveränität der denkenden Person gegenüber der Welt wird damit begründet.* Diese Erfahrung immer wieder selbsttätig zu machen, ist ungemein wichtig. Sie gelingt nicht durch ein «halbes» Verstehen «dozierter» Gesetze. Sie muß immer wieder durch die angebotene Chance, dieses Gesetz selbst zu entdecken, befestigt werden. Das erfordert eine spezielle Methode des Unterrichts, die geduldig immer wieder die Tatsachen ausbreitet und sich der Deutung enthält, zum Selbstfinden des Zusammenhangs auffordert und anregt.

Das Entdecken kann bei Schülern dieses Alters eine ähnliche gefühlstiefe Begeisterung wecken wie bei Archimedes. Dieser stieg bekanntlich in eine Badewanne, die überlief, und im Augenblick erkannte er das Gesetz von der Verdrängung der Körper. Und er soll nackt, wie er war, *heureka* rufend, durch die Gassen gelaufen sein. Ihm war offensichtlich ein Licht aufgegangen, das ihn zur Ekstase trieb.

Die *Sicherheit*, die wirklicher Souveränität eignet, ist nicht durch ein einmaliges Erkennen herzustellen. Sie stellt sich erst ein, wenn das Gesetz an vielen Erscheinungsvarianten immer wieder neu erprobt wird, die unterschiedlichsten «Fälle» mit dem Gesetz gedanklich durchdrungen werden. Es muß viel *geübt* werden, um das Erleben der Souveränität zu sichern. Und die Kinder üben gern. Sie erleben mit einem durch und durch erlaubten Genuß das neue Gefühl, eine Sache selbständig zu meistern.

Schattenlehre als Beobachtungsübung

Die methodischen Schritte – Heranführen an die genaue Beobachtung, Aufwerfen der Frage, die ein Problem faßt, die selbständige Lösung des Problems, die Sicherung der Erkenntnis in der wiederholten Anwendung des gefundenen Gesetzes – sind bei jedem Unterricht die gleichen. Die Art, wie diese Schritte gegangen werden, ist ungemein variabel. Es zeigt sich schnell, daß die meisten Schüler noch keine genaue Beobachtungsfähigkeit besitzen. Sie geben sich – gleichsam noch in ihren Sinnen träumend – schnell mit einem ungefähren, undifferenzierten Vorstellungsbild zufrieden.

Wenn in der Schattenlehre in einem abgedunkelten Raum ein einfacher Gegenstand, etwa eine Säule, von einer Lichtquelle beleuchtet wird, ergibt das einen Schattenwurf auf der Standfläche. Auch auf dem Gegenstand selbst tritt ein geordnetes Spiel von Licht und Schatten auf. Der Schüler wird aufgefordert, die unterschiedlichen Licht- und Schattenverhältnisse genau zu beobachten und sich einzuprägen; später soll er sie mit weicher Kohle zu Papier bringen. Kaum eine erste Zeichnung entspricht den tatsächlichen beobachtbaren Verhältnissen. Schnelle Korrektur durch den Lehrer ist unangebracht, *der Schüler muß sich selbst korrigieren lernen.* Deshalb wird er neu mit der Wahrnehmung konfrontiert – Gelegenheit, die Abweichungen seiner Abbildung von den vorgegebenen Verhältnissen selbst zu finden. Der Vergleich zwischen Beobachtung und deren Abbildung muß erfahrungsgemäß oft wiederholt werden, ehe eine Übereinstimmung beider erzielt wird. Es gibt Schüler, die mit der gestellten Aufgabe überhaupt nicht zurechtkommen. Bei ihnen kann der Lehrer jene Stellen auf der Zeichnung «ankreuzen», die von den vorgegebenen Verhältnissen abweichen, um dem Schüler zu helfen, seine Beobachtung auf bestimmte Punkte zu konzentrieren. Sehr langsam entsteht auch bei ihnen ein «wirklichkeitsgemäßes» Bild. Dabei kann der Schüler beiläufig zu einer grundlegenden Erfahrung gebracht werden, die ein Leben lang Gültigkeit hat: Die gegebene Erfahrung ist nur durch erhöhte Aktivität, also den Willen, der in die Sinne geschickt wird, zu erobern. Der Schüler darf nicht bei einem undifferenzierten «Sinnestraum» stehenbleiben. Diese selbsttätige Aktivierung der Sinne geht einher mit dem begrifflichen Fassen der Licht- und Schattenräume, die im vorliegenden Fall das Bild «beherrschen». Sind sie entdeckt, wird auch die Wahrnehmung genauer. Der Schnitt zwischen Wahrnehmung und Denken, der im «träumenden» Bewußtsein noch nicht vollständig gezogen ist, wird jetzt endgültig getätigt.

Nach einer Reihe solcher Beobachtungs- und Denkübungen kann – erst einmal ohne sinnliche Anschauung, also rein vorstellungsmäßig – die Lichtquelle bewegt werden. Der Schüler wird aufgefordert, die Veränderung der Licht- und Schattenräume, die sich durch diese Bewegung ergeben, vorherzusagen. «Wann wird der Schlagschatten kürzer, wann wird er länger?» «Was ruft ein Wandern des Schattens auf der Unterlage hervor?» und so weiter. Die «freigewordene» Vorstellung kann durchaus die Verhältnisse voraussagen, die sinnlich noch nicht gegeben sind. Durch solche Übungen wird das Denken beweglich gemacht. Es hängt von der Klasse ab, ob die inneren Vorstellungen auch durch die reale Bewegung der Lichtquelle verifiziert werden müssen. Am Ende der Epoche können Aufgaben wie diese stehen: Die Lichtquelle fällt auf die Unterlage in einem Winkel von 45° ein. Sie scheint halbrechts im Rücken des Beobachters. Welches Licht- und Schattenbild entsteht bei einer Pyramide, die vor ihm auf dem Tische steht? Die Fülle der Aufgaben ist, zumal bei der Variation der schattenwerfenden Gegenstände und bei unebenen Unterlagen, auf die der Schatten fällt, unerschöpflich.

Es ist leicht einzusehen, daß bei der Schattenlehre drei «Fächer» zusammenspielen: Die Astronomie, insofern sie die Lichtverhältnisse auf der Erde bestimmt (Sonnenuhr), die Geometrie und das Zeichnen. Die Komposition des Lehrplans, bewußt durchdrungen, hebt die «Grenzen der Fächer» sehr oft auf. Der Lehrer bekommt die Freiheit, mit den Lehrinhalten zu «spielen».

Freilich liegt hier auch die nicht zu unterschätzende Gefahr, daß der Unterricht eine interessante *Anregung* bleibt. Dieser Gefahr kann der Lehrer nur entrinnen, wenn er sich bewußt ist, daß er Fähigkeiten zu erzeugen hat. Gerade an der Schwelle der Vorpubertät sind es *grundlegend neue Fähigkeiten.* Und diese Fähigkeiten bilden sich nur durch stringente, gezielte, wiederholte *Übung.* Die Vielfalt des Lehrplans verlangt eine sehr bewußte Ökonomie des Unterrichts; die wiederholte Übung darf nicht zu kurz kommen.

Geschichte

Das Entdecken von Ursache und Wirkung als die erzieherische Grundfigur dieses Lebensalters soll auch in der Geschichte verfolgt werden. Noch die Geschichte der 5. Klasse ist Geschichte in Bildern. Die geschichtliche Szene, möglichst in sich abgerundet, übermittelt erste geschichtliche Kenntnisse. Der Zusammenhang dieser Bilder bleibt offen. So wird zum Beispiel der Frage, was die Alexanderzüge – die plastisch-bildhaft geschildert werden – in der Folge bewirkt haben, nicht besonders nachgegangen. Wichtig ist erst einmal, daß diese Bilder innerer Besitz der Kinder werden.

Themen der Geschichtsepoche der 6. Klasse sind unter anderem: Das Römische Reich, das Christentum, die Völkerwanderung, das Mönchtum, die Hunneneinfälle, die angestrebte Welteroberung durch den Islam bis hin zu den Anfängen des «Römischen Reiches Deutscher Nation». Freilich verlangt gerade der Geschichtsunterricht vom Lehrer den Mut zur Auswahl oder, anders gewendet, den Mut zur Lücke. Nur wenn einzelne Linien der Geschichte signifikant und bildhaft in ihren Ereignissen geschildert werden, entsteht das Tatsachentableau, auf dem der Schüler die Tatsachen dann selbständig verknüpfen kann. Hierbei ist er noch auf die leitende Frage des Lehrers angewiesen. Ob in der Geschichte der Schüler, den Anweisungen Rudolf Steiners gemäß, zu einem Entdecken der Ursache und Wirkung selbständig kommt, hängt weitgehend von der Souveränität des Lehrers und dessen methodischem Geschick ab. Das erwirbt er sich nur durch gründliche Geschichtsstudien. Ohne sie versinkt er in der Tatsachenfülle. Die Auswahl dessen, was er im Unterricht vorbringt, wird dann zufällig. Dadurch macht er es dem Schüler schwer, wenn nicht unmöglich, die Fäden von Ursache und Wirkung aufzufinden.

Es scheint nicht nötig, die methodische Grundfigur der 6. Klasse an weiteren Fächern zu verifizieren, obwohl das reizvoll wäre. Vielmehr soll nach den pädagogischen Absichten des Lehrplans gefragt werden.

Ein spezieller Gesichtspunkt des Lehrplans: Vorbereitung auf die Pubertät

Die Wahrnehmungs- und Denkfähigkeiten, die in diesem Lebensalter keimhaft auftreten, sind kontinuierlich durch die folgenden Klassen weiter zu üben; begründen und befestigen sie doch das in der Pubertät notwendig zu erarbeitende Selbstbewußtsein. Das, was vorher wie selbstverständlich hingenommen wurde, wird mit der Pubertät «fremd», und vom Jugendlichen zunehmend hinterfragt (vgl. S. 32ff.). Die dabei auftretenden Fragen sind nicht so leicht zu beantworten wie die durch den Unterricht der 6. Klasse angeregten. Fragen, die die eigene Person betreffen, bleiben für die Selbsterkenntnis erst einmal «offen». Begleiten uns doch manche dieser Fragen ein Leben lang.

Um so wichtiger ist es, daß jene Welterscheinungen, die «leichter» zu beantworten sind, energisch *selbsttätig* auch beantwortet werden. Wie sollte sonst jene Sicherheit erfahren werden, daß das Denken prinzipiell in der Lage ist, alle Fragen, welche die Welt aufwirft, zu klären. Der *Zweifel* an dieser Tatsache sollte in diesem Lebensalter nicht aufkommen. Er ist erst viel später mit all den Erfahrungen, die ihn begleiten, vom Jugendlichen zu ertragen, eigentlich erst in dem Alter, wo eine Propädeutik der Wissenschaft nach dem 16. Lebensjahr im Lehrplan einsetzt. Was dem Schüler in der Vorpubertät nottut, ist die *Begeisterung* darüber, daß das Aufschlüsseln der Welterscheinungen mit Hilfe des Denkens gelingt. Frische, Entdeckerfreude und Initiative sollten vom Lehrer ausgehen: vorgelebte Souveränität. Melancholie, Griesgrämigkeit oder gar Skepsis sind dagegen nicht gefragt. Denn Vorpubertät und Pubertät haben ein Doppelgesicht: die *Entfremdung* von der Welt, die das Aufglimmen des Selbstbewußtseins notwendigerweise hervorruft, und die neue *Behausung* der Person in dieser entfremdeten Welt. Diese gelingt nur so weit, wie das Denken die Erscheinungen wirklich erkennend durchdringt. Und diese selbst erfahrene Durchdringung hat gründlich und vielfältig zu geschehen. Sie ist die einzige Therapie dafür, daß das Selbstbewußtsein sich nicht immer mehr in sich selbst abschließt. Der Lehrer muß die Welt so interessant erscheinen lassen, wie sie in Wirklichkeit doch ist. Ferner darf er dem Schüler in diesem Alter die Anstrengung der eigenen Erkenntnisbemühung nicht ersparen, sondern muß sie geradezu herausfordern. Wir haben schon darauf hingewiesen (S. 180), daß der Unterricht in diesem Lebensalter nicht nur anregend bleiben darf. Das Üben muß «gesicherte» Fähigkeiten bilden. Die Übung, die in der Schule immer wichtig ist, gewinnt in diesem Lebensalter ausschlaggebende Bedeutung. Idealerweise sollte erreicht werden, daß der Schüler jetzt «von sich aus» übt, also selbst üben *will.* Die Herausforderung, Aufgaben selbst zu meistern, kann ihm dabei helfen. Aus dem vorab Gesagten wird vielleicht verständlich, daß eine erste selbsttätige Erkenntnis der Welt – gerade bevor die Pubertät voll einsetzt – für die Selbstsicherheit des Schülers in der Krise der Pubertät ungemein wichtig ist.

Rudolf Steiner gibt für die Behausung der Schüler in der Welt eine Reihe von Anregungen, die in ihrer pädagogischen Bedeutung noch kaum erkannt sind. Rückt man diese Anregungen in das Licht der Begriffe von Entfremdung und Behausung, wird ihre grundlegende Bedeutung für die Entwicklung der Schüler in diesem Lebensalter leichter einsichtig. Man behaust sich in einer fremd gewordenen Welt nur soweit, wie man deren vielfältige Erscheinungen aktiv ergreift und zunehmend verstehen lernt. Nur dadurch verliert die Welt den Charakter der «Fremdheit» und wird «vertraut», so daß man sich in ihr sicher bewegen kann.

Einige dieser Anregungen für den Lehrplan der Klassen 6-8 sollen im folgenden mit einer gewissen Ausführlichkeit dargestellt werden.

Einführung der Schüler in das Verstehen des praktischen und sozialen Lebens: Die Betriebssysteme

Unsere Fabrikationsstätten, unsere Wohnungseinrichtungen, die Einrichtungen unseres Verkehrs und vieles andere sind in Lebenspraxis umgesetzte Technik. Die erkannten Gesetze der Physik und Chemie werden dabei praktisch genutzt. Für den Schüler – und für viele Erwachsene – ist diese Welt zunächst «fremd». Der Schüler durchschaut vorerst nicht, wie es zu diesen technischen Errungenschaften kam und nach welchen Prinzipien sie gestaltet sind. Trotzdem muß er mit ihnen leben, mit ihnen umgehen. Ist seine eigenständige Denkkraft erst einmal erwacht, kann man voraussetzen, daß sich ein Hunger nach dem Verständnis dieser Tatsachen bei ihm regt. Wird dieser Hunger nicht wenigstens exemplarisch befriedigt, entsteht ein unterbewußtes Unbehagen, ja sogar Angst. Wir haben diese Tatsache bereits ausführlich behandelt (siehe S. 90ff.). Solche Angst bewirkt eine mehr oder weniger große Ich-Schwäche. Das Ich wird von Erfahrungen bedrängt, die es erkenntnismäßig nicht «meistert», die es in seiner Aktivität lähmen. Es kann sich nicht in der rechten Art in diesem Teil der Welt behausen.

Rudolf Steiner gibt zwei unterschiedliche Wege für das Lebensalter der Vorpubertät an, die Behausung auf diesem speziellen Gebiet zu befördern. Der eine ist, daß man dem Schüler bewußt auch scheinbar «fernliegende» Tatsachen, wie zum Beispiel Fabrikationsprozesse, nahebringen sollte. Es wäre durchaus möglich, diese in einer leicht faßlichen Form so darzustellen, daß die Schüler den Produktionsablauf im Wesentlichen verstehen können. Auch die üblichen Unterrichtsfächer Physik und Chemie sollen ins praktische Leben einführen. Aber wichtige Produktionszweige können schon aus Zeitgründen dort nicht behandelt werden. Sie sollten dann gesondert vorgestellt werden.

Wird hier ein neues Fach kreiert? Einerseits kann diese Frage positiv beantwortet werden, denn es wird von Rudolf Steiner eine Menge «Unterrichtsstoff» vorgeschlagen. Andererseits hat man den Eindruck, daß er nicht auf eine eigene Unterrichtsepoche drängt, sondern anregt, diese Unterrichtsinhalte fallweise aufzugreifen. Er vertraut der Improvisationskunst des Lehrers, den richtigen Zeitpunkt für einen solchen «Einschub» zu finden, und auch darauf, daß diese Inhalte wegen der erzieherischen Bedeutung, die sie haben, vom Lehrer nicht vergessen werden. Der etwas gekürzte Wortlaut Rudolf Steiners zum Thema Betriebskunde sei hier festgehalten:

«Wir leben in einer Welt drinnen, die von Menschen hervorgebracht ist. die nach menschlichen Gedanken geformt ist, die wir benützen und von der wir nichts verstehen. Diese Tatsache, daß wir von etwas, was vom Menschen geformt ist, was im Grunde genommen das Ergebnis menschlicher Gedanken ist, nichts verstehen, das hat für die gesamte menschliche Seelen- und Geistesstimmung eine große Bedeutung. Die Menschen müssen sich nur eigentlich betäuben, damit sie die Wirkungen, die von dieser Seite her stammen, nicht wahrnehmen.» Und ein wenig später: »Das schlimmste ist das Miterleben der von Menschen gemachten Welt, ohne daß man sich kümmert um diese Welt.»[78]

Nach der individuellen Seite entsteht dadurch, daß man sich «um diese Welt nicht kümmert», mangelnde Behausung, verbunden mit unbewußter Angst. Eine weitere Folge aber ist, daß Menschen so auch kein gesundes Verhältnis zu ihren Mitmenschen finden können. Was und wie Menschen in diesen Fabriken arbeiten, bleibt unbekannt. Die Sozialisationsprozesse stokken. Befriedigende soziale Gemeinschaft kann sich auf diese Weise nicht bilden.

Im Gegenwurf wird ein pädagogisches Konzept vorgestellt, das schon im Keimzustand des Selbstbewußtseins, also in der Vorpubertät, mit der «Therapie» ansetzt.

«...Wir sollten nicht unterlassen, aus den physikalischen, naturgeschichtlichen Begriffen heraus, die wir gewonnen haben, das Kind in den Gang wenigstens ihm naheliegender Betriebssysteme einzuführen. Das Kind sollte im allgemeinen mit dem 15. und 16. Jahr einen Begriff bekommen haben von dem, was in einer Seifenfabrik oder in einer Spinnerei vor sich geht. Es wird sich natürlich darum handeln, daß wir die Dinge so ökonomisch wie möglich treiben» ... «Solch ein Beibringen gewisser Zusammenfassungen von Betriebszweigen, das ist für den kindlichen Menschen im 13., 14., 15., 16. Jahr eine allergrößte Wohltat.» ... «Der Mensch würde nämlich nicht nur das davon haben, daß er dann diese Dinge weiß, sondern das Wichtigste ist, daß er fühlt, indem er durch das Leben und durch seinen Beruf geht: er hat diese Dinge einmal gewußt, er hat sie einmal durchgenommen. Das *wirkt nämlich auf die Sicherheit seines Handelns.* Das wirkt auf die Sicherheit, mit der der Mensch sich in die Welt hineinstellt. Das ist sehr wichtig für die Willens- und Entschlußfähigkeit des Menschen.»[79]

Entschlußfähigkeit kann demnach nur von einem Menschen ausgehen, der sich erkennend mit dem, was Menschen vor ihm an Zivilisation geschaffen haben, vertraut gemacht hat. Das Verständnis dieser Zivilisation braucht nicht in alle Details zu gehen, aber es sollte doch exemplarisch Wesentliches umfassen. Ohne eine solche Behausung in der Welt ist offensichtlich die so notwendige Sicherheit nicht zu erlangen. Ohne sie gewinnt das erwachende Selbstbewußtsein offenbar nicht jene Konsolidierung, die es für die bevorstehende Krise der Pubertät braucht. Berührungsangst mit der Umwelt und dem sozialen Leben wäre die Folge. Genau das Gegenteil aber soll mit dieser Wendung des Unterrichts erreicht werden. Er soll Sicherheit veranlagen und dadurch persönliche Initiative ermöglichen.

Geschäftsaufsatz, Geschäftsbrief, Buchführung

Es gibt einen zweiten Weg, den Rudolf Steiner beschritten wissen will. Programmatisch zielgebend äußert er sich dazu folgendermaßen:

«Heute ist im Leben alles spezialisiert. Dieses Spezialisieren ist eigentlich furchtbar, und es ist hauptsächlich im Leben soviel spezialisiert, weil wir schon im Unterricht anfangen zu spezialisieren.

Was da ausgeführt worden ist, das könnte man zusammenfassen in den Worten: Es soll alles dasjenige, was das Kind lernt im Laufe seiner Schuljahre, zuletzt irgendwie so verbreitert werden, daß es *überall* die Fäden hineinzieht ins praktische Leben.»

Also auch die Schule mit ihren «üblichen» Unterrichtsgegenständen sollte herangeführt werden an das «praktische Leben». Mit welchen exemplarischen Beispielen verdeutlicht Rudolf Steiner das, was er mit dem «Hineinziehen der Fäden in das praktische Leben» meint? Dazu: «So sollte im Grunde genommen kein Kind das 15. Jahr erreichen, ohne daß ihm der Rechenunterricht in die Erkenntnisse der Regeln wenigstens der einfachsten *Buchführungsformen* übergeführt worden ist.»

Ein frappantes Beispiel! Schaut man es aber auf dem Hintergrund der bisherigen Ausführungen an, leuchtet es sofort ein. Die Buchführung ist die grundlegende Technik, mit deren Hilfe das Wirtschaften überschaubar gemacht wird. Und das Wirtschaftsleben prägt unsere soziale Umwelt stark.

Das Kind sollte also auch vom Wirtschaften sich grundlegende Kenntnisse erwerben. Aber man sollte nicht bei Kenntnissen stehenbleiben. Buchführung – wenn auch in elementarer Form – sollte *tätig-praktisch geübt* werden. Es wird mit der Buchführung ein Anwendungsgebiet der Mathematik aufgezeigt. Mathematik soll in der Buchführung «ins praktische Leben» auslaufen. Der Sinn der Mathematik für die Lebenspraxis wird dadurch vom Schüler erlebbar. Und: Buchführung sollte nicht nur eine Sache von Spezialisten sein, sondern von jedem Menschen dem Prinzip nach durchschaut werden.

Der praktische Zweck der Mathematik ist auch auf anderen Anwendungsgebieten erlebbar. Wenn in der 7. Klasse in der Physik die Mechanik durchgenommen wird, kommt sie unter anderem zu dem Gesetz: Last mal Lastarm ist gleich Kraft mal Kraftarm. Mit dieser Gleichung kann etwa das Prinzip aller Waagen durchschaut und deren Konstruktion berechnet werden. Die Mechanikepoche der 7. Klasse bietet also ebenfalls ein Übungsfeld für die sogenannte angewandte Mathematik. Und auch dieses sollte entsprechend genutzt werden, so zum Beispiel auch dafür, die Funktionen der Gleichung in immer neuen Varianten zu demonstrieren.

Die praktische Anwendung der Mathematik liegt hier nahe. In der Buchführung dagegen wird ein der Schule scheinbar fernliegendes Gebiet, nämlich das Wirtschaften, in die Schulstube «hereingeholt» und durch die eigene Übung erschlossen. Der Zeitpunkt für diesen Unterrichtsvorschlag liegt auf den ersten Blick ungewöhnlich früh. Er ist es aber nicht, wenn man die charakterisierte Schwellensituation, die mit der 6. Klasse einsetzt, bedenkt. Die inneren Kräfte sind vorhanden, die Grundsätze elementarer Buchführung zu verstehen. Es ist nicht schwieriger, elementare Buchführung zu verstehen als die Gesetze der Mechanik. Gefordert ist allerdings ein methodisch-didaktisches Konzept der Einführung in dieses Lebensgebiet, auf das der Lehrer nicht speziell vorbereitet worden ist.

Unmittelbar nach dem Vorschlag, die Schüler in der Buchführung zu unterrichten, fährt Rudolf Steiner fort: «Und so sollten die Grundsätze der Grammatik und der Sprachlehre in diesen Jahren weniger in jene Aufsatzform eingeführt werden, die gewissermaßen das menschliche Innenleben überall wie durchspült von Gerstenschleimsaft darstellt – denn das sind meistens die Aufsätze, die man die Kinder pflegen läßt in diesem 13. bis 16. Jahre, so als besseren Aufguß von dem, was beim Dämmerschoppen und in den Kaffeeklatschgesellschaften als Geist herrscht –, es sollte vielmehr darauf gesehen werden, daß die Sprachlehre einläuft in den geschäftlichen Aufsatz, in den Geschäftsbrief. Und kein Kind sollte das 15. Jahr überschritten haben, ohne durchgegangen zu sein durch das Stadium, Musterbeispiele von praktischen Geschäftsbriefen geschrieben zu haben.»

Es ist selten, daß sich Rudolf Steiner so «unverblümt» gegen eine Sache wendet, in diesem Fall gegen den sogenannten Besinnungsaufsatz. Vorher hat er Themen solcher Besinnungsaufsätze, wie sie wohl in der damaligen Zeit üblich waren, genannt: über die Gutmütigkeit des Lammes, über die Wildheit des Löwen, über die gottdurchwirkte Natur. Er charakterisiert solche Themen schlichtweg als sentimental. Rudolf Steiner nimmt aber auch einen naheliegenden Einwand gegen die Einführung von Geschäftsbriefen vorweg, der – seien wir ehrlich – auch uns beim Lesen dieser Ausführungen schnell überkommt.

«Sagen Sie nicht, das kann das Kind ja später noch lernen. Gewiß, unter Überwindung von furchtbaren Hindernissen kann man es auch später lernen, aber eben nur unter dieser Überwindung von Hindernissen. Sie erweisen dem Kinde eine große Wohltat, wenn Sie es lehren, seine grammatischen Kenntnisse, seine Sprachkenntnisse in *geschäftliche Aufsätze,* in *Geschäftsbriefe* einfließen zu lassen. In unserer Zeit sollte es eigentlich keinen Menschen geben, der nicht einen ordentlichen Geschäftsbrief einmal hat schreiben lernen. Gewiß, er wird es vielleicht im späteren Leben nicht anzuwenden brauchen, aber es sollte doch keinen Menschen geben, der nicht einmal dazu angehalten worden ist, einen ordentlichen Geschäftsbrief zu schreiben.»[80]

Rudolf Steiner schweigt sich zunächst darüber aus, welcher Art die «furchtbaren Hindernisse» sind, die zu bewältigen seien, wenn diese Unterrichtsinhalte später als nach dem 15./16. Lebensjahr gelernt werden müßten. Wir werden später darauf zurückkommen.

Schon mit der gerade aufkeimenden selbständigen Denkkraft soll das logisch erfaßt werden, was an Naturgesetzen nach Ursache und Wirkung verläuft, ferner auch die Anwendung dieser Gesetze in der Zivilisation. Also in das, was Verstandesseelenkultur gestaltet hat, wird gezielt eingeführt. Damit erfahren die *Verstandeskräfte* im Kinde selbst eine erste formale Schulung. Abstraktion wird dabei keineswegs gescheut. Ihr wird aber die Einführung in neue Kulturtechniken – Buchführung und Geschäftsbrief – entgegengesetzt. Die Erkenntnis wird konkretisiert. Dadurch wird im Seelenleben des Schülers eine Balance angestrebt.

Es fällt ferner auf, daß die Schulung der Verstandeskräfte, die auch noch das kleinste Detail analysieren wollen, im Unterricht ihren Ausgangspunkt von großen Zusammenhängen nimmt. Man geht vom Ganzen in die Teile. In der Mineralogie zum Beispiel wird nicht das Urgestein aus seinen Bestandteilen Quarz, Glimmer und Feldspat zusammengesetzt, sondern in sie gegliedert. Relative Ganzheiten, welche die Vernunft später durch weiteres Einzelwissen bereichert, stehen am Anfang der Betrachtung. Zu diesen pädagogischen Motiven kommt ein weiteres:

«Wenn Sie das Kind für die ersten Volksschuljahre bekommen, dann ist es ein ganz anderes Wesen als in den letzten Volksschuljahren ... dann ist es noch sehr, sehr leiblich, es steckt noch sehr in seinem Leibe drin. Wenn Sie das Kind aus der Schule entlassen, so müssen Sie in ihm die Fähigkeit veranlagt haben, nicht mehr mit allen Fibern der Seele im Leibe drinnenzustecken, unabhängig geworden zu sein vom Leibe in bezug auf Denken, Fühlen und Wollen.»[81]

Die Verselbständigung des Seelischen vom Leibe als eine Erziehungsaufgabe des zweiten Jahrsiebts wird hier angesprochen. In bezug auf den Willen des Kindes heißt das, die naturhaften, eben leibgebundenen Triebe umzuwandeln in den motivgerichteten Willen. Die Vorbereitung dafür ist die Erziehung zu bestimmten Gewohnheiten beziehungsweise Verhaltensweisen, welche die Erwachsenen vorgeben oder vorleben. Sie befördern das Fortschreiten vom Naturdasein zur Individualität des Menschen. Diesem Ziel dienen alle Übungen, die konkrete Arbeitsaufgaben stellen: das Handwerk, die Handarbeit, die Eurythmie, das Turnen, das Malen, die Musik, aber eben auch Buchführung und Geschäftsbrief. Die Befindlichkeit der Willensäußerungen wirkt, da der Mensch seelisch eine Einheit ist, auch auf die Art der Erkenntnis zurück.

In den Instinkten und Trieben, den Gewohnheiten und Verhaltensweisen führt das Kind gleichsam ein Weltdasein, das von der bewußten Egoität, die das Selbstbewußtsein begleitet, noch nicht berührt worden ist. Erst die Tatsache, daß dieses Selbstbewußtsein alles und jedes auf sich bezieht, verändert diese Befindlichkeit.

Die Vorpubertät ist dadurch gekennzeichnet, daß dieses «Weltdasein» des Kindes noch fast egoismusfrei sich darlebt. Rudolf Steiner nutzt diese Tatsache; er siedelt in diesem Lebensalter zum Beispiel eine Ernährungslehre für die 7. Klasse an.

Steiners Begründung: «Und wenn die Geschlechtsreife an den Menschen herangerückt ist, dann bedeutet das zugleich auch, daß er seine Instinkte für die Ernährung verloren hat, daß er dasjenige, was ihm früher die Instinkte gegeben haben, durch die Vernunft ersetzen muß. Deshalb ist es so, daß Sie gewissermaßen die letzten Offenbarungen der Ernährungs- und Gesundheitsinstinkte noch abfangen können in den letzten Volksschuljahren des werdenden Menschen. Da kommen Sie gerade noch heran an die letzten Offenbarungen der gesunden Ernährungsinstinkte, Wachstumsinstinkte und so weiter. Später kommen Sie nicht mehr an das innere Fühlen der richtigen Ernährungs- und Gesundheitspflege heran. Daher gehört gerade in die letzten Volksschuljahre eine Unterweisung über die Ernährung und Gesundheitspflege des Menschen hinein.»

Nach einer abrißhaften Darstellung, wie man dabei vorgehen könnte, fährt er fort:

«Aber der Mensch ist den Gefahren des Egoismus *im späteren Leben* weniger ausgesetzt, wenn er in Ernährungs- und Gesundheitslehre unterrichtet wird in den letzten Volksschuljahren, wo der Unterricht über Ernährungsfragen und Gesundheitslehre noch nicht auf den Egoismus geht, sondern auf das dem Menschen Natürliche. Sie sehen, *in welch hohem Maße Lebensfragen darinnen liegen, im rechten Zeitpunkt den Menschen in etwas zu unterrichten. Sie sorgen wirklich für das ganze Leben vor, wenn Sie den Menschen in irgendeinem Zeitpunkt vom Rechten unterrichten.*»[82]

Mit dieser Darstellung charakterisiert Rudolf Steiner selbst die Vorpubertät von einer speziellen Seite. Noch ist es in dieser Zeit möglich, Erkenntnis- und Verhaltensweisen zu lehren, die ein Leben lang nachwirken. Ein grundlegendes Erziehungsmotiv des 2. Jahrsiebts wird noch einmal betont: die Bildung von Gewohnheiten. Der Träger dieser Gewohnheiten, der Ätherleib, ist für die Strukturierung durch Erziehung gleichsam noch «offen». Mit der Verselbständigung des Seelischen zur Zeit der Pubertät wird diese Offenheit des zweiten Jahrsiebts geschwächt. Denn von jetzt ab regiert das bewußt gewordene Persönlich-Seelische die Strukturierung der Lebensbildekräfte, beeinflußt Gewohnheiten und Verhaltensweisen. Das Seelische ist nach der Pubertät aber vom Egoismus durchdrungen. Wie wir gesehen haben, muß die neue Subjektivität mühsam abgearbeitet werden, um zu einer tragfähigen Erkenntnis zu kommen. Dasselbe gilt für den motivgerichteten Willen. Dazu kommt die Labilität der Person, die mit den bewußt gewordenen Tatsachen des Seelenlebens selbständig noch nicht recht umgehen kann (s. 1. Kapitel), die aber hartnäckig darauf besteht, alles selbständig zu entscheiden und zu tun.

Andererseits braucht das Kind für das Verständnis der Ernährungslehre eine gewisse Denkfähigkeit. Diese bietet das «vorscheinende» 3. Jahrsiebt in der Vorpubertät an. Gerade dadurch erhalten die letzten Volksschuljahre ihren besonderen Charakter. Sie bieten eine einmalige pädagogische Gelegenheit: Jetzt kann der Lehrer mit dem Kinde Tatsachen betrachten, für deren Verständnis intellektuelle Fähigkeiten notwendig sind. Und er kann durch Erziehung Verhaltensweisen anlegen, die für das weitere Leben ausschlaggebend sind. Sie können dem Kind eine erste einsehbare Lebensorientierung geben, die noch in den Kräften des Ätherleibs, also in den Gewohnheiten verankert wird. Man kann dieselben Unterrichtsinhalte zwar später nachholen. Aber dann hat man mit Schwierigkeiten zu kämpfen, die sich aus der neuen Seelenlage des Jugendlichen ergeben. Darauf weist Rudolf Steiner exemplarisch beim Thema Geschäftsbriefe hin. Dieser Hinweis gilt aber für alle so überraschenden Unterrichtsinhalte, die Rudolf Steiner in der Vorpubertät abgehandelt wissen will, so etwa die Buchführung.

Im Kind lebt – ebenfalls Vorklang der Pubertät – ein elementarer Trieb, in der Welt heimisch zu werden. Es ist eine pädagogische Unterlassung, wenn man diesen Trieb nicht umfassend befriedigt. Rudolf Steiner faßt deshalb das Erziehungsziel für die letzten Volksschuljahre sehr lapidar in die Worte: «Wir sollten daher die einzelnen Unterrichtsgegenstände gegen das Ende der Schulzeit hin in *umfassendem Sinne* so verwenden zu einer *sozialen Bildung* des Menschen». Dem dienen vor allem jene Unterrichtsinhalte, die uns im Lehrplan überraschen.

Von dieser menschenkundlichen Grundfigur der Vorpubertät her wird manches verständlich, was auf den ersten Blick nicht leicht einzusehen war, zum Beispiel daß die Einführung in die Fabrikationssysteme dem Willen Sicherheit gibt. «Das wirkt nämlich auf die Sicherheit des Handelns, das wirkt auf die Sicherheit, mit der der Mensch sich in die Welt hineinstellt. Das ist sehr wichtig für die Willens- und Entschlußfähigkeit des Menschen.»

In der Vorpubertät haben sich die Seelenkräfte noch nicht ganz aus ihren leiblichen Bindungen gelöst. Deshalb stehen sie noch in einer Wechselwirkung mit dem Leibe. Die leibliche Abhängigkeit bindet sie – extrem formuliert – noch zu einer relativen Einheit zusammen. Die Erkenntnis wirkt in diesem Lebensalter noch unmittelbar auf den Willen und umgekehrt. Je mehr Einblicke das Kind in die Tatsachenwelt erhält, um so mehr Ausblicke gewinnt es für die gedanklich geleitete Motivation. Der richtige Zeitpunkt, diese Einblicke in das soziale Leben möglichst umfassend zu geben und damit ein Interesse für dieses soziale Leben anzuregen, beginnt aus den angeführten Gründen mit der Vorpubertät. Gelingt es, das kindliche Interesse in diesem Lebensalter für die soziale Umwelt erkennend und handelnd zu wekken, verbindet sich dieses Weltbild noch mit den unbewußten Willensintentionen. Der elementare Trieb, in der Welt heimisch zu werden, wird befriedigt. Das Kind hat dann das «Gefühl», daß die Schule ihm das bietet, was es unterbewußt will. Die vorerst elementaren Begriffe der behandelten Tatsachen können und müssen dann später selbstverständlich differenziert und erweitert werden. Wichtig aber ist, daß sie angeklungen sind.

Rudolf Steiner beginnt den 12. Vortrag sehr charakteristisch: «Wir haben gelernt, die drei Stufen der menschlichen Entwicklung, die sich geltend machen zwischen dem Zahnwechsel und der Geschlechtsreife und die insbesondere in die Volksschulzeit und in den Anfang der Mittelschulzeit hineinfallen, zu unterscheiden. Wir müssen uns nur klar sein, daß insbesondere in der letzten dieser Lebensepochen das Unterbewußtsein neben dem Bewußtsein eine große Rolle spielt, eine Rolle, die eine Bedeutung hat für das ganze künftige Menschenleben.»[83]

Begründung von Weltoffenheit als durchgängig zu erzielende Seelenstimmung der Vorpubertät

Die durch den Lehrplan angeregte Auseinandersetzung mit der Umwelt begründet bei den Schülern unter anderem einen *Denkstil*. Die aufkeimenden selbständigen Denkkräfte werden sofort in einer bestimmten Weise gerichtet, nämlich auf die naturgegebene und die sozial geschaffene Umwelt. Damit werden aber auch Gefühl und Wille nach «außen» gewendet. Die Verhaltensweise einer idealtypischen Weltoffenheit wird durch den Lehrplan angestrebt, Denken, Gefühl und Wille werden «weltorientiert». Zusätzlich werden die gefundenen Erkenntnisse übend praktiziert (Buchführung und Geschäftsbrief sind dafür nur zwei exemplarische Verdeutlichungen). Die Denkresultate werden also sofort mit dem Willen verbunden. Es entsteht dadurch in der Spanne zwischen dem 12./13. und dem 15./16. Jahr *ein bestimmter Habitus des gesamten Seelenlebens.* Dieser ist für die ganze biographische Entwicklung grundlegend wichtig.

Rudolf Steiner charakterisiert auch am negativen Beispiel die ungemeine Bedeutung dieser Lebensepoche. «Hat man das Kind vorzugsweise mit sentimentalem Idealismus übersättigt im 13. bis 15. Jahr, so wird ihm später der Idealismus zum Ekel, und es wird ein materialistischer Mensch.» Oder: «Glauben Sie nicht, daß es idealistisch auf das Kind wirkt, wenn Sie es vermeiden, ihm den Unterrichtsstoff in seiner Beziehung auf das praktische Leben zu zeigen in den letzten Jahren seines Volksschullebens, in den ersten

Jahren seines Mittelschullebens. Glauben Sie nicht, daß das Kind für das spätere Leben idealistischer wird, wenn Sie es in diesen Jahren Aufsätze machen lassen über allerlei sentimentalisches Weltempfinden, über die Gutmütigkeit des Lammes, über die Wildheit des Löwen und dergleichen, über die gottdurchwirkte Natur. Sie wirken nicht dadurch idealistisch auf das Kind. Sie wirken tatsächlich viel besser für die Pflege auch des Idealismus in dem Kinde, wenn Sie nicht so direkt, so brutal direkt auf den Idealismus losgehen.»[84]

Er bestätigt also, daß in diesem Lebensalter ein bestimmter Seelenhabitus – so oder so – geformt wird, der das gesamte Seelenleben durchsetzt. Eine Grundstimmung der Seele wird in der Vorpubertät angelegt. Die Art, wie in diesem Alter das Weltverhältnis aufgebaut wird, wirkt eben noch bis in die Lebensbildeprozesse der Schüler hinein und begründet dort Verhalten. In dem negativen Beispiel des sentimentalen Idealismus, der den Trieb nach Behausung nicht befriedigt, wird Ekel vor dem einseitigen «Idealismus» konstituiert. Dieser Ekel lehnt später auch eine begründete geistige Betrachtungsweise instinktiv ab. Er hat sich ihr gegenüber verschlossen, weil sie im richtigen Augenblick nicht geistig konkret war. Die Erziehung hat im entscheidenden Augenblick versagt.

Solch abstrakt-sentimentaler «Idealismus» entsteht keineswegs aus der Sache, die betrachtet wird, sondern er wird dieser übergestülpt. Er ist Phrase. Wirklicher Idealismus bedarf zu seiner Entfaltung der Grundlage des *Realismus,* das heißt er muß konsequent aus den wirklich gegebenen Lebensverhältnissen heraus entwickelt werden. Dazu muß der junge Mensch aber erst einmal in diese eingeführt werden, gründlich und umfassend. Das ist unserem Urteil nach der Grund, warum der Lehrplan bis zum 15./16. Lebensjahr einen so durchgängig «realistischen» Charakter trägt.

Bleibt der Unterricht unrealistisch, so finden auch die keimhaften Denkkräfte keine ihnen entsprechende Zielrichtung. Sie sind in der Vorpubertät zuerst auf die logische Verkettung aus. Gerade in den Gedanken, die Zivilisation geformt haben, findet das erste selbständige Denken etwas, was ihm adäquat ist. Die Auseinandersetzung mit der Zivilisation schafft diesem Denken Sicherheit. Der Schüler empfindet dabei die tiefe Befriedigung einer ersten Souveränität gegenüber der Umwelt.

Die Phrase eines abstrakt-sentimentalen Idealismus, ebenso aber auch ein noch undurchschaubarer Idealismus lösen keine Resonanz bei diesen ersten selbständigen Denkkräften aus. Auch der Wille wird durch den falschen Idealismus nicht geweckt und das Gefühl vielmehr pervertiert. Beide schlagen – bildlich gesprochen – in sich selbst zurück und beginnen – wenn auch erst leise – zu rumoren. Der Ekel gegenüber dem Idealismus ist dann nur Endpunkt einer langen Stauung. Unserer Beobachtung nach hat dieses Stauungsphänomen nicht allein zur Folge, daß die Seele im Gegenschlag zu materialistischen Gedanken neigt. Solche Stauung kann auch Berührungsangst mit der Umwelt erzeugen. Die objektiven Forderungen der Umwelt werden dann als unzumutbar erlebt. Sie werden gemieden oder gar verweigert. Bildlich gesprochen: Die Seelenaktivität ist, weil sie nicht zeit- und sachgerecht angeregt wurde, bereits schlaff geworden. Man muß sich nur darüber im klaren sein, daß diese Schlaffheit – sicher ungewollt – durch unsachgemäße Erziehungsmaßnahmen verursacht wurde. Man sollte nicht der materialistischen Umwelt oder ähnlichem die Schuld zuweisen. Der Unterricht hat in diesem Falle einen falschen Seelenhabitus begründet.

Wir sind hier an einem Dreh- und Angelpunkt der Pädagogik der Vorpubertät. Seine Bedeutung kann gar nicht überbewertet werden. Es geht in diesem Lebensalter nicht allein um die Behausung des Jugendlichen in der Umwelt, sondern zusätzlich um eine sachgemäße Strukturierung seines gesamten Seelenlebens, ohne die der Jugendliche später Schwierigkeiten hat, mit der Welt zurechtzukommen. Gelingt die Strukturierung in diesem Lebensalter nicht, so kann sie zwar später nachgeholt werden, aber eben nur unter Überwindung «furchtbarer Hindernisse». Wer sich in Rudolf Steiners Sprachstil eingelebt hat, weiß, wie sorgsam er mit Adjektiven umgeht. Er spricht keineswegs leichtfertig von «furchtbaren Hindernissen», ebensowenig von einem «brutalen Losgehen auf den Idealismus». Diese ungewöhnlichen Ausdrücke sind von Sorge bestimmt.

Sie wird in den kulturkritischen Betrachtungen, die in diesen Vorträgen zwischen die Lehrplanangaben eingestreut sind, faßbar. Eine unsachgemäße Pädagogik in diesem Lebensalter läßt zum Beispiel auch die religiösen Kräfte im Kinde unberührt. Sie wurden durch den zu seiner Zeit herrschenden Unterrichtsstil nach Rudolf Steiners Urteil nicht angesprochen, geschweige denn entwickelt. Der Zugang zu ihnen würde überhaupt erst durch den charakterisierten Realismus des Unterrichts möglich werden. «Wollen Sie Kinder um sich scharen, um ihnen, religiös durchdrungen, von der Herrlichkeit der göttlichen Kräfte in der Welt zu sprechen, dann werden Sie ... so sprechen, daß das bei einem Ohr herein, beim andern herausgeht *und gar nichts ans Gefühl dringt.* Wenn Sie Kinder, nachdem sie vormittags einen Geschäftsbrief geschrieben haben, nachmittags mit dem, was durch den Geschäftsbrief in dem Unterbewußtsein entstanden ist, wieder bekommen und ihnen religiöse Begriffe beibringen wollen, dann werden Sie Glück dabei haben, denn Sie haben dann selbst diejenige Stimmung erzeugt, die ihren Gegenpol haben will.»[85]

In dieser Aussage werden die Gründe für mangelnde Bereitschaft charakterisiert, religiösen Inhalten mit Interesse zuzuhören. In dem angesprochenen Lebensalter resultiert eine ablehnende Haltung gewiß nicht aus vorab getroffenen Überlegungen. Das Kind verhält sich instinktiv. Auch kann man nicht von einem aktiven Verschließen des Kindes sprechen. Der Realist weiß, daß jede moralische Aufforderung, doch gefälligst bei der Sache zu sein, nichts bringt. Moralische Ansprüche verändern die Seelenverfassung der Kinder eben nicht. Wenn aber der unbewußte Behausungstrieb durch einen Unterricht, der realistisch sozialer Unterricht ist, befriedigt wird, entsteht das Bedürfnis nach dem Gegenpol religiöser Vertiefung. Durch den realistischen Unterricht werden also die Bedürfnisse nach Idealismus nicht geschädigt, auch nicht das religiöse Gefühl. Im Gegenteil: Sie werden erst durch solchen Unterricht geweckt und in die richtigen Bahnen gelenkt.

Nach den vorausgegangenen Ausführungen über das Jugendalter wird eine solche Aussage nicht mehr überraschen. Sie zeigt nur, daß das dort dargestellte Gesetz, daß intellektuelle Arbeit Hunger nach ihrem Gegenteil weckt und umgekehrt, schon in der Vorpubertät gilt. Damit wird auch bestätigt, daß die Zeit zwischen dem 12. und 16. Lebensjahr eine relative Einheit in der menschlichen Entwicklung darstellt. Vorpubertät und Pubertät beleuchten sich wechselseitig.

Überlegungen zum Lehrplan der 7. Klasse

Bildung der Phantasie im Handwerk

Der Handwerkslehrer hat die Kinder aufgefordert, beim Ausflug nach Ast- oder Wurzelstücken Ausschau zu halten, die besonders geformt sind. Nun hat jedes Kind drei, vier Exemplare vor sich liegen und wird ermuntert, eine Gestalt in den Hölzern zu finden. Es ist schon erstaunlich, was da in das Holz hineingesehen, manchmal auch herausgesehen wird. Mit einem kurzen Messer dürfen die Kinder die Gestalt, die sie sehen, noch deutlicher herausarbeiten. Entzückende Kleinigkeiten entstehen unter ihren Händen. Eine Nebenwirkung ist, daß sie bei künftigen Spaziergängen aufmerksamer durch den Wald laufen.

Was wird da geübt? Eine Verwandlung der Form. Sie muß vor aller Bearbeitung «gesehen» werden. Allein mit den Augen ist sie nicht zu finden. Denn oft sieht ein Kind beim Holz des Nachbarn gar nichts, was sich lohnen würde, gestaltet zu werden. Der Nachbar aber ist überzeugt, daß eine Maus im Holze steckt. Die Verwandlung der Form wird durch die Phantasie bewirkt; das spätere Schnitzen ist die Probe darauf, ob sie echt war und nicht willkürlich. Die Aufregung der Kinderschar zeigt, wie bei einem so ernsten Spiel der Wille in die Augen schießt. Selten ein Kind, das hilflos vor der Aufgabe steht. Die Natur, die bekanntlich unaufhörlich mit den Formen spielt, nimmt bei solchem Handschnitzen in der 5. oder Anfang der 6. Klasse die Kinder gleichsam an die Hand.

Die künstlerisch gestaltete Nutzform, das eigentliche Thema des Handwerks in der 6. Klasse, verlangt mehr. Die Ausgangsfrage sollte möglichst freilassend sein, etwa: Wo wird ein Löffel gebraucht? Vom Salzlöffelchen bis zum Löffel für die Gulasch-Kanone gibt es eine breite Auswahl. Jeder Löffel dient einem besonderen Zweck, erhält von ihm die sinnvolle Größe, die beste Proportion zwischen Stiel und Kelle, die Stärke des Materials. Bis dahin bestimmt der Zweck die Form. Wir vollziehen, indem wir diese Frage klären, eine Orientierung an der gleichsam technischen Aufgabe des Geräts. Schon Rühr- und Schöpflöffel haben unterschiedliche Funktionen. Das scheint von vornherein klar, ist es aber nicht. Für Kinder dieses Alters ist es eine Entdekkung. Wir bewegen uns mit der Klärung dieser Fragen in der schon bekannten Figur des *wenn ... dann.*

Sind die Zweckbedingungen geklärt, ist die konkrete Form des Löffels noch lange nicht gefunden. Die zusätzliche Aufgabe ist ja, einen «schönen» Löffel zu gestalten. Wo also bleibt Offenheit in der Gestaltung? Muß der Stiel gerade sein, oder erlaubt der Zweck eine geschwungene Form? Wie ist der Übergang von der Kelle zum Stiel? Kann die Kelle einen Rand haben? Muß dieser gleichmäßig die Rundung der Kelle umlaufen? Wo kann er unter Umständen dicker werden? Welche Form kann die Vertiefung der Kelle haben? Wie liegt der Stiel in der Hand? Tausend Fragen! Gäbe es sie nicht, hätten die sogenannten Designer keine Arbeit mehr. *Die Klärung der Zweckfragen ist eine Sache des Verstandes, die Bestimmung der Form eine der Phantasie.* Das Aufregende ist, daß Verstand und Phantasie bei der Arbeit eine Verbindung eingehen sollen und auch durchaus können. Die Phantasie ist gebunden und doch in hohem Maße frei. Das ästhetische Empfinden für Gegenstände des täglichen Gebrauchs wird geweckt. Man könnte auch sagen: Ein Bewußtsein für eine alltägliche Kultur wird gepflegt. Ist die Behauptung zu gewagt, daß jemand, der eine solche Gestaltung übt, andere Augen für seine Umgebung bekommt, vielleicht sogar für die in ihr befindlichen Menschen? Umweltorientierung wird gepflegt, welche die Phantasie nicht vergißt.

Das handwerkliche Thema der 7. Klasse ist bewegliches Spielzeug. Die Mechanik-Epoche dieser Klasse hat die Funktion von Rad und Welle behandelt, die Transmission unterschiedlich großer Räder, die Hebelgesetze und vieles mehr. Wäre es nicht naheliegend, im Handwerk eine Schnellwaage zu bauen, natürlich eine künstlerisch gestaltete? Man führte damit das Thema der 6. Klasse mit größeren Ansprüchen an das handwerkliche Geschick fort. Aber das Thema dieser Klasse will mehr: Es fordert kein Gerät, sondern einen wenn auch einfachen Apparat. Zwei Aufgaben sind gestellt. Die erste ist, eine sehr einfache Mechanik zu finden. Die zweite, diese bei einem Spielzeug anzuwenden. Als dritte kommt hinzu: eine phantasievolle Form für das Spielzeug zu entwerfen. Dabei sind schöne Spielzeuge entwickelt worden, die sich vor allem exzentrischer Achsen zwischen den Rädern bedienen. Und doch ist damit das Feld der Möglichkeiten keineswegs abgeschritten. Es fehlt offensichtlich eine besinnliche Zeit des Spielens mit den Elementen der Mechanik als Vorbereitung für diese gewiß nicht leichte Aufgabe. Es trifft nicht den Nerv, wenn gelungene Lösungen nachgebaut werden. Dann wird das selbständige Entdecken aus dem Auge verloren. Gerade das Ausprobieren des Ansinnens: Wie wäre es, wenn … hat zentrale pädagogische Bedeutung für diese Altersstufe.

Die drei Aufgaben sollen noch einmal unter dem Gesichtspunkt der Phantasie betrachtet werden. In der ersten Aufgabe stößt sich die Phantasie von der vorgefundenen Form nur ab. Sie kann frei walten, wie sie will. Ihre einzige Begrenzung liegt in der Erfahrung, daß die vorgegebene Form des Holzes den eigenen Flügen der Phantasie nicht folgt. Sie gibt dann nicht her, was die Bildkraft aus ihr machen will. Man kann einem anderen Betrachter des Holzstücks nicht vermitteln, was man selbst sieht; Ratlosigkeit stellt sich bei ihm ein.

In der zweiten Aufgabe sind die Vorgaben viel strenger. Ein Löffel braucht zum Beispiel einen Stiel. Dies muß berücksichtigt werden. In der ersten Aufgabe ist das Bewußtsein nicht durch Erinnerungsvorstellungen besetzt, in der zweiten sehr wohl. Man hat eindeutige Vorstellungen von diesem Gerät, die einen festlegen. Nur gar zu leicht folgt man ihnen. Sie müssen gleichsam erst verflüssigt werden, um für das Walten der Phantasie überhaupt Raum zu schaffen. Die Erfahrung muß erobert werden: Es geht auch anders! Die Frage nach dem Wie läßt die Phantasie erste tastende Versuche machen. Dabei stellt sich eine Grunderfahrung ein: Wenn ich an einer Stelle etwas verändere, hat das Folgen für alle Teile der Form. Langsam wird der Löffel als Gesamtgestalt erlebt, damit aber auch der Variationsreichtum möglicher Gestaltung.

Spielerisches Experimentieren mit der Vielfalt von Transmissionen ist nötig, um die Phantasie für die Gestaltung eines bestimmten Mechanismus anzuregen. Ungebunden kann sich Phantasie bci dieser dritten Aufgabe in der Gestaltung jener Gegenstände tummeln, die durch den Mechanismus bewegt werden.

Zwei neue pädagogische Einschläge können hier beobachtet werden. Die Elemente der Mechanik, Rad, Achse und so weiter, werden in einen sinnvollen Zusammenhang gebracht, bis ein funktionierendes Werk entstanden ist. Das ist eine Leistung der Vernunft. Denn der Sinnzusammenhang des Apparates muß erst mit dem Einsatz der einzelnen Elemente geschaffen werden, Einzelnes wird verbunden. Das geschieht praktisch experimentierend. Auch Irrtum belehrt dabei.

Die Phantasie wird durch solche Übungen immer stärker in die Gebundenheit der Tatsachenwelt hereingerufen. Ihr wird geholfen, exakte Phantasie zu werden. Das geschieht durch Arbeitsaufgaben, die zugleich Verstand und Vernunft fordern. Durch diese wird die Phantasie mit der Vernunft verbunden.

Erinnern wir uns, daß Rudolf Steiner das Urteilen, auf dem die Souveränität unserer Persönlichkeit beruht, immer als von Phantasietätigkeit begleitet darstellt. Nur die konkrete Vorstellungskraft, die einerseits eine Sache genau erfaßt, andererseits in der Verinnerlichung des Bildes das Festlegende des Gegenstands hinter sich läßt, schafft die Grundlage eines sachgemäßen Urteils. Die Phantasietätigkeit beflügelt auch das Urteilen, experimentelle Vergleiche zwischen Tatsachen herzustellen, die ungewöhnlich sind. Das Urteilen, das immer ein Vergleichen ist, muß sich aus der Sache selber rechtfertigen. Diese wird durch die exakte Phantasie nie verstellt. Die Phantasie ermuntert nur das Urteilen, Denkgewohnheiten zu verlassen, den Mut zu haben, ungewöhnliche Verbindungen zu schlagen und diese ernsthaft zu prüfen. Sie widerstrebt jeder Engstirnigkeit, lockt zum Abenteuer der Vernunft.

Bei den für das Handwerk vorgesehenen Arbeitsaufgaben stellt sich das «Bild» erst beim Arbeiten ein. Nur grobe Festlegungen sind vor Beginn der Arbeit zu erreichen. Hauptaufgabe des Lehrers ist es daher, die Arbeit des

Schülers fragend zu unterbrechen: Wie soll es weitergehen? Erzähl mir! Siehst du noch andere Möglichkeiten der Fortsetzung? Schau einmal den Gegenstand im Profil an, indem du ihn mit gestreckten Armen in Augenhöhe hältst! Solche fragenden Bemerkungen haben zwei Absichten: Die bildhafte Vorstellung, die die Arbeit leitet, sollte immer wieder in Frage gestellt werden, das Arbeiten so lang wie möglich «gestaltungsoffen» gehalten werden. Nur dadurch wird der Phantasie das Tor zu einem neuen Anlauf geöffnet. Und – das Arbeitsmotiv wird durch die Fragen bewußter. Der Schüler ist bei der Arbeit immer in Gefahr, gleichsam in sie «hineinzuschlafen». Dann verliert er die Führung der Arbeit, und die Hände tun, was sie wollen. Dem ist vorzubeugen, denn ein pädagogischer Wert der Arbeit liegt gerade darin, sie motivisch zu richten, einen bewußten Arbeitsstil zur Gewohnheit zu machen.

In der dritten Arbeitsaufgabe, dem beweglichen Spielzeug, wird die Phantasie überhaupt nur zum Zuge kommen, wenn der Mechanismus vor der eigentlichen Gestaltungsaufgabe geklärt ist. Im Spiel mit den Elementen der Mechanik ist Vorstellungskraft gefragt. Auch hier muß der Lehrer durch offene Fragen helfen, sie in Gang zu setzen. Was geschieht, wenn ich auf die Achse, die zwei Räder miteinander verbindet, eine Nocke aufsetze? Wie könnte ich deren Effekt für ein Spielzeug nutzen? Wie ist das «technisch» lösbar? Was geschieht, wenn ich die Nocke auf der Achse verschiebe? Viele Fragen können an kleinen Modellen geklärt werden. Das, was Rudolf Steiner für das Zeichnen dieser Klasse fordert: die Darstellung von Körpern, die sich «durchdringen», kann dabei wie selbstverständlich vorbereitet oder sogar vom Handwerkslehrer selbst gepflegt werden. Hier wird eine erste elementare Technologie von Rudolf Steiner angeregt, die in ihren Möglichkeiten bislang keineswegs ausgelotet worden ist. Sie setzt Vorstellungskraft frei.

Wenn man mit Aristoteles schon im Vorstellen (also in der vorstellenden Tätigkeit) die Phantasie am Werke sieht, wird man auch diese «Technologie» zum Übungsfeld der Phantasie rechnen. Nur wenn man sie genauer verfolgt, zeigt sie plötzlich ihren wahren Charakter. Wird dieser vom Lehrer ernst genommen, das heißt methodisch konkret genutzt, wird sie zur pädagogischen Hilfe, deren Wert man schätzen lernt.

Erstes Bewußtsein von der Tätigkeit der Phantasie: Die Metaphernlehre

Die Phantasie kann überall tätig werden, in der Geometrie genauso wie in der Geschichte, speziell aber im künstlerisch gestaltenden Unterricht. Sie in vielen Fächern anzuregen ist die eine Aufgabe des Lehrers, eine andere, sie in ihrer speziellen Bildetätigkeit bewußt zu machen. Auf das letztere zielt Rudolf Steiners Lehrplanhinweis, in der 7. Klasse von Metaphern zu sprechen.[86]

Man kann einen geschlossenen Teil der Deutschepoche für die Metaphernlehre verwenden, man kann auf den metaphorischen Charakter der Sprache bei jedem Unterricht aufmerksam machen oder Beispiele von Metaphern in den Unterricht einstreuen, ähnlich wie Rudolf Steiner vorschlägt, daß, wenn in der Geschichte das Sofa als Gabe des Morgenlandes behandelt wird, sofort die Herstellung des Sofas durchgenommen werden kann. Es lohnt sich, wenigstens eine kurze Zeit geschlossen auf den höchst eigenartigen Charakter der Metaphern einzugehen, um dann bei den verschiedensten Gelegenheiten auf diese Betrachtungen zurückzukommen.

In der Sprache ist Weisheit am Werke, also Gedanken, die vor allem menschlichen Denken in sie eingeflossen sind, die das einzelne Wort und den Sprachbau geformt haben. In der frühen Kindheit strukturiert sich das Denken wesentlich an dieser objektiven Vorgabe der Sprache; und das setzt sich ein Leben lang fort. Noch als Erwachsene schulen wir den individuellen Ausdruck unserer Gedanken, wenn wir danach Bedürfnis haben, an dem Sprachleib eines Werkes von Goethe, Kleist oder anderen «Meistern des Worts».

Die Sprache bietet uns auch das phantasiegeschaffene Wort an, das zum Beispiel innerseelische Vorgänge genau «ins Bild bringt», so daß diese faßbar, durchschaubar werden. Läßt man sich auf die Bildebene der Sprache ein, dringt man in den schaffenden Geist der Sprache ein. Gleichzeitig befreit man sich dadurch von der bislang nur nachahmend gebrauchten Sprache. Der individuelle Zugriff eigener Gestaltung wächst dadurch. Man handhabt Sprache fortan mehr als Mittel eigenen Ausdruckswillens.

Wieder kann man einwenden, daß eine solche anfängliche Spracherkenntnis in der 7. Klasse zu früh liege, hat man doch als Lehrer in diesem Lebensalter alle Hände voll zu tun, wenigstens die Syntax einigermaßen ins Bewußtsein zu heben.

Man mache sich im Gegenwurf zu diesem Einwand folgendes klar:

– Die Syntax wendet die Aufmerksamkeit des Schülers auf die in der

Sprache waltenden logischen Gedanken. Die sind nur ein – wenn auch ein wesentliches – Element der Sprache. Das Bild ist aber ein genauso konstruktives Element der Sprache wie der Gedanke. Warum sollte der eine Anteil bewußt gemacht, der andere unbewußt liegen gelassen werden? Es geht doch im Deutschunterricht um das Ganze der Sprache!

– Rudolf Steiner betont, daß im Lebensalter der Vorpubertät immer noch die gesunde Instinktnatur des Menschen, wenn auch schon abgeschwächt, waltet. Er stellt im 13. Vortrag der *Erziehungskunst. Methodisch-Didaktisches* anhand der Ernährungslehre dar, wie diese – und zwar vor der Pubertät – urteilend erhellt werden sollte. Es ist keine Frage, daß die Sprache, auch wenn sie erst nach der Geburt «einverleibt» wird, sich mit dieser Instinktnatur stark verbindet. Dies ist unter anderem der Grund, warum Rudolf Steiner der Grammatik einen so hohen erzieherischen Stellenwert beimißt. Die Grammatik zielt auf eine schrittweise Emanzipation des Kindes gegenüber dem unbewußten Sprachgebrauch ab, der so stark mit der gesamten Natur des Kindes verbunden ist. Auch das Urteil gegenüber dem Bildcharakter der Sprache tut das.

– Die Pubertät wird häufig von einem weitreichenden Sprachverlust begleitet. Kinder, die bislang im mündlichen wie im schriftlichen Ausdruck gewandt waren, haben plötzlich Schwierigkeiten, sich zu artikulieren. Das hängt einerseits mit dem verborgenen, aber durchgängig wirkenden Schamgefühl zusammen. Man ahmt lieber fremde Verhaltensweisen nach, als sich selbst so zu geben, wie man ist. Man zieht sich lieber «fremde Kleider» an, um sich zu «verhüllen». Diese durchgängige Attitüde ergreift manchmal auch den sprachlichen Ausdruck. Außerdem aber ist folgendes zu beobachten: Die Instinktnatur, die vorab ein selbstverständliches Weltverhältnis hergestellt hat, schweigt jetzt. Dadurch geht auch das bisherige Sprachgefühl verloren. Es gibt Jugendliche, die unter diesem Sprachverlust leiden. Sie wollen sich äußern, aber sie können es plötzlich nicht mehr. Was aber in die neue Entwicklungsphase nach der Pubertät hinübergerettet werden kann, sind jene Spracherfahrungen, die vor dieser Zeit urteilend bearbeitet worden sind. Durch sie hat das mit der Pubertät freiwerdende Seelische eine Vorprägung erhalten, die es ihm erleichtert, Sprache neu zu erobern.

Wir haben schon bei anderen Unterrichtsbeispielen betont, daß es in den letzten Klassen, die noch durch den Klassenlehrer geführt werden, gilt, eine bestimmte habituelle Disposition einzuüben, die es dem Kind erleichtert, die Pubertät zu meistern. Diese Übung wird mit der Metaphernlehre nun auf dem speziellen Gebiet des Deutschunterrichts fortgesetzt.

Beispiele, wie in der Metaphernlehre eingeführt werden kann

Die Metaphernlehre ist ein weites Feld. Die 7. Klasse setzt nur den Beginn dieses Themas, das von nun an den Deutsch-Unterricht kontinuierlich begleitet. Dieser Beginn soll exemplarisch an wenigen Beispielen dargestellt werden.

Wenn wir etwas ergreifen, dann besitzen wir es für den Augenblick, wo unsere Hand es umschließt. Wir begreifen aber auch einen Gedanken oder Gedankenzusammenhang. Merkwürdig bei dieser Wendung der Sprache ist doch folgendes: Der Gegenstand, den wir mit unserer Hand ergreifen, liegt vor uns, hat eine bestimmte Größe, das heißt Ausdehnung, Gewicht, Kontur, Farbe und so weiter. Wir vergewissern uns seiner durch das Auge und schließlich durch die Hand.

Der Gedanke aber ist keineswegs sinnlich gegeben, er hat keine Ausdehnung, kein Gewicht, dennoch begreifen wir ihn. Wir sprechen auch davon, daß «schwere Gedanken auf der Seele lasten». Ebenso sicher ist, daß man einem Menschen in der Art, wie er sitzt oder geht, ansehen kann, daß «ihn Sorgen drücken». Schon dieses winzige Feld von metaphorischen Ausdrükken kann Ausgangspunkt für ein längeres Gespräch in der Klasse sein. «Was sind denn die Arme und Hände, die einen Gedanken begreifen?» Die Kinder finden schon selbst, daß es die Denkaktivität ist, die über uns «hinausgreift», den Gedanken begegnet, sie schließlich «begreift». Man wird sich hüten, von der philosophischen Unterscheidung zwischen Denkakt und Denkinhalt zu sprechen. Aber die Metapher ist ein erster Hinweis auf sie. Die Seele «ergießt» sich in die Welt, ergreift sie willentlich, auch im Denken.

Gedanken können doch nicht schwer sein, sie wiegen doch nichts! Dieser Einwurf – logisch vollkommen richtig – kann den Widerspruch herausfordern. Und die Kinder sind in einem solchen Gespräch keineswegs mundfaul. Aber: Man spricht doch von wichtigen und weniger wichtigen Gedanken, ja sogar von einem schwerwiegenden Argument. Und Argumente sind doch auch Gedanken! Langsam wird deutlich, daß die Bedeutung eines Gedankens in dem Bilde der Schwere, des Gewichts seinen Ausdruck findet. Mit dem Wort Be-deutung sind wir schon wieder im Bereich der Metaphern.

Sorgende Gedanken können natürlich auf der Seele «lasten». Der bildhafte Ausdruck deutet auf eine erfahrbare Wirklichkeit. Das Vertrauensverhältnis, das üblicherweise zwischen Klassenlehrer und Klasse besteht, fördert manches zutage, wenn man die Frage aufwirft: «Hat bei euch schon einmal ein

Gedanke auf der Seele gelastet?» Erstaunliches kommt da heraus. Die Kinder dieses Alters träumen nicht mehr, sie haben bisweilen sehr tiefe Lebensfragen. Die Formulierung mag manchmal noch etwas kindlich klingen, die Fragen selbst sind es keineswegs. Auch uns Erwachsene bewegen solche Fragen.

Ist man auf den Bildgehalt der Sprache erst einmal aufmerksam geworden, findet man tausend Beispiele. Und an jedes läßt sich ganz ungezwungen eine kleine Betrachtung anschließen. Die Sprache belehrt uns, wenn wir interessiert ihren Bildern folgen. Sie schenkt uns ein Verständnis für seelische Vorgänge.

Es gibt eine andere Ebene des Bildes, die oft im Vergleich abgeschwächt daherkommt. «Er schaute wie ein Fuchs.» «Er ist ein Fuchs» – ist direkter und stärker. In der Apposition bleibt diese stärkere Form erhalten: «Unser Nachbar, dieser Fuchs, war nur auf seinen Vorteil bedacht.» Die gesamte Tierreihe steht zur Verfügung! Ein Mensch kann äußerlich kein Fuchs, Kamel, Bär, keine Schlange sein. Wohl aber kann die menschliche Seele Verhaltensformen annehmen, die vereinseitigt das Wesen solcher Tiere beherrschen. Auch wir «hamstern» gelegentlich. Was ist mit diesen Bildern gemeint? Hält man die Kinder an, Umschreibungen dieser Bilder zu versuchen, fällt ihnen auf, daß diese viel umständlicher sind, weniger prägnant, weniger scharf; aber auch, daß die «scharfe Zunge» – eine treffende Metapher! – «im Zaum gehalten werden muß» – von wem eigentlich? – um nicht zu verletzen. Nun wissen wir es schon ganz sicher: wir verbildlichen in diesen Fällen mit der Metapher seelische Zustände im Wort. Der Umgang mit dieser Art der Metapher fordert Umsicht. Umsichtig kann nur sein, wer bewußt ist.

Aber man braucht sich nicht auf die Tierwelt zu beschränken. «Er ist ein König!» In Wirklichkeit kann er das Kind sehr armer Eltern sein, aber sein Charakter ist königlich oder pagenhaft oder fuhrknechtsmäßig.

Hat man sich eine Zeitlang so im Raum der Metapher bewegt, kann man auf Prosa oder Gedichte hinweisen, welche die Metapher meisterlich handhaben: « Trinke, was die Wimper hält, von dem gold'nen Überfluß der Welt». Da ist wohl das Auge gemeint. Das Auge trinkt! «Hättest du dich erkühnt, eine solche Metapher zu verwenden? Gottfried Keller tut es!» Und dann die wiederholt zu stellende Frage: «Gibt es eine bessere Wendung?» Es ist bewußt zu machen, daß der sehr freie Umgang mit der Sprache, eben der phantasievolle, nicht schwebend verschwommen ist, sondern das Gegenteil davon: präzise, exakt. Die Metapher erhöht die Umgangssprache. Dabei verliert sie sich nicht in eine vage oder sentimentale Form, sondern das Bild schafft größere Deutlichkeit. Und: Die treffende Metapher ist nur im beständig sorgsamen Umgang mit der Sprache zu finden.

Bitte die Aufgaben nicht zu vergessen! Etwa: Finde Bilder für den Zorn! Verwende sie in Sätzen! Solche Anweisungen sind wichtig. Erst im Satzzusammenhang erfährt das gefundene – nein – geschaffene Bild seine Bewährung, in ihm kann geprüft werden, ob es «echt» ist.

Die Metaphernlehre bietet eine Chance, und sie stellt eine wichtige Aufgabe. Sie gibt Gelegenheit, sachgemäß in die erste Beobachtung seelischer Vorgänge einzuführen, wird doch in der Metapher über weite Strecken – keineswegs aber ausschließlich – Seelisches verbildlicht. Damit sind wir, auch wenn wir Sprache unterrichten, im Moralischen, im Religiösen. Das fordert Takt! Man sollte auf gar keinen Fall auf moralische Belehrung aus sein, sondern eben Sprachpflege betreiben. Wo sie sich aber wie von selbst ergibt, sollte man sie herzhaft ergreifen, das heißt nüchtern. Ich möchte dies an einem sehr einfachen Beispiel zeigen. Vom Begreifen unterscheidet sich: «Einen Einfall haben». Ein Gedanke fällt in die Seele. «Wer läßt ihn eigentlich fallen?» Auf diese Frage gibt es keine Antwort, es sei denn, man wollte spekulieren. Wichtiger ist die nachsetzende Frage: «Hat man den Gedanken schon deshalb, weil er in die Seele gefallen ist, begriffen?» Daran läßt sich viel anschließen über die für jede wirkliche Erkenntnis notwendige Aktivität, am besten in beiläufigen Randbemerkungen.

Die Metaphernlehre hat eine weitere Aufgabe. Das zu findende Bild darf nicht vom Einfall regiert werden. Wird es von ihm geschenkt, muß es nachträglich auf seine Richtigkeit geprüft werden. In der Regel tastet man sich von einem ersten Bildentwurf zu besseren, adäquateren Bildern vor. Gerade an der mangelhaften Stimmigkeit des ersten Bildentwurfs wird erfahren, in welche Richtung sich der nächste Entwurf bewegen müßte. Es geht bei der Phantasie genau wie bei jeder anderen Erkenntnis um das Wesen der Sache. Nur daß das Wesen nicht in einem Begriff seinen Ausdruck findet, sondern in einem mit ihm übereinstimmenden Bilde. Phantasie zu betätigen ist Arbeit. Nur dadurch wird sie persönlich verfügbare Phantasie.

Damit ist sie aber auch von einer naturhaft gegebenen Phantasie eindeutig abgegrenzt. Diese lebt vom bloßen Einfall, der ungeprüft in die Welt gesetzt wird. Bei kleinen Kindern kann er entzücken. Bei Dreizehnjährigen ist er zu prüfen.

Es leuchtet ein, daß Rudolf Steiner die persönlich verfügbare Phantasie erst um die Pubertät als neue Fähigkeit ansetzt. Verstand und Vernunft müssen die ersten selbständigen Schritte getan haben, ehe die persönliche Phantasie sich entfalten kann. So erfrischend, ja hinreißend kindliche Phantasie auch sein mag, sie wird jenseits der Person gebildet. Mit zunehmendem Alter verschwindet sie. Die Metaphernlehre hat die Aufgabe, eine erste Empfindung dafür zu wecken, daß wirkliche Phantasie erarbeitet werden muß und wie sie erarbeitet werden kann. Darüber hinaus behaust sie den Schüler in neuer Art in der Sprache, macht diese für seinen persönlichen Umgang verfügbarer, zeigt Perspektiven auf, sich deren Geist auf neue Weise zu nähern.

Das Aufrufen der Vernunft – die dialektische Methode

Schon für die 7. Klasse gibt Rudolf Steiner den Hinweis, Aufsatzthemen dialektisch zu behandeln: Was hat die Erfindung der Buchdruckerkunst für großartige Entwicklungen eingeleitet? Welche bedenklichen Folgen hat sie ausgelöst?[87] Zuerst fällt auf, daß man Naturtatsachen in dieser Weise nicht abhandeln kann, sehr wohl aber alles, was der Mensch geschaffen hat. Ein *sowohl ... als auch* ist hier gerechtfertigt.

Die Übung von These und Antithese hat in der Scholastik eine hohe Blüte erlebt, und die Lektüre der Bücher jener Zeit zeigt eine hohe, differenzierte Begriffskultur.

Denn mit dem *sowohl ... als auch* erleben wir eine ganz anders strukturierte Denkform, als jene des *wenn ... dann* ist. Die letztere ist logisch zwingend. Entweder wird die Logik richtig oder falsch gehandhabt. Zwischen richtiger und falscher Handhabung kann scharf unterschieden werden. Halbrichtig gibt es nicht. Wenn dieser Ausdruck dennoch gebraucht wird, dann sagt er nur aus, daß etwa die ersten Denkschritte konsequent, also richtig vollzogen worden sind, die späteren nicht. Das Resultat ist dennoch eindeutig falsch.

Im Unterschied dazu hat das *sowohl ... als auch* eine gewisse Ambivalenz. Bei genauerem Untersuchen merkt man, daß diese Denkart keineswegs der Logik widerspricht. Innerhalb von These und Antithese muß durchaus logisch argumentiert werden. Ihre gegensätzlichen Aussagen rühren von verschiedenen Standpunkten her, von denen eine Sache betrachtet wird. In der Dialektik sind diese Standpunkte absichtlich polar gewählt. Es macht zum Beispiel keine Schwierigkeiten, platonische Dialoge zu dramatisieren. Unterschiedliche Standpunkte schaffen eine dramatische Spannung. Die Dialektik treibt diese Spannung auf die Spitze, mit anderen Worten: Sie dramatisiert ungemein effektvoll.

Auch das Leben, das geschichtliche wie das gegenwärtige, verläuft in oppositionellen Spannungen. Wenn erst vor ein paar Jahren die Schriften Galileis vom Index der katholischen Kirche gestrichen worden sind, so ist das nur ein augenfälliges Beispiel für geschichtliche Spannungen. Solche Beispiele ließen sich hundertfältig vermehren. Das elementare Üben der Dialektik führt also den Schüler auf interessante Weise in das Miterleben der Lebensdramatik ein.

Auch heute erfahren wir die in der Geschichte wirksamen Kräfte im Gespräch. So begegnen wir Menschen, die etwa ganz andere Auffassungen von dem haben, was unserer Zeit nottut, als wir selbst. Sie treten vielleicht für das dreigeteilte Schulsystem ein, weil sie der Auffassung sind, daß es – durch die unterschiedliche Begabung vorausbestimmt – Menschen geben muß, die schwere körperliche Arbeit für die übrigen Menschen verrichten müssen. Jede Aufhebung dieser vorgegebenen Ordnung müsse zu schweren sozialen Schwierigkeiten führen. Aus diesem Grunde sind sie gegen jede Gesamtschule und für eine – selbstverständlich gerechte – frühe Auslese.

Die gleichen Einwände wurden schon gegen Wiclif erhoben, als er die Auffassung vertrat, die Bibel müßte in die Volkssprache, in seinem Falle also ins Englische, übersetzt werden, damit sie allem Volke zugänglich sei. Nur sprach man damals von der gottgewollten sozialen Ordnung, die er damit herzstörte. Auch ihm wurde vorgeworfen, Revolution mit seiner Absicht heraufzubeschwören. Es gibt offensichtlich Grundideen, die ungemein geschichtswirksam sind. Sie werden zäh tradiert, auch wenn ihnen im Laufe der Zeit unterschiedliche Kleider angezogen werden. Der Fabrikbesitzer, den wir zitierten, sprach nicht mehr von der gottgewollten sozialen Ordnung, sondern von einer naturgewollten. Was früher als Ausfluß göttlicher Kräfte angesehen wurde, die Natur wie die Sozialordnung, ist bei ihm auf die bloße Naturgesetzlichkeit reduziert. Die Grundidee einer durch und durch vorbestimmten Ordnung und das in sie eingebundene, ebenfalls vorbestimmte Schicksal des Menschen sind geblieben. Man steht plötzlich der Grundauffassung des Islam gegenüber, daß alles vorbestimmt sei, auch wenn der Fabrikbesitzer sich dessen nicht bewußt ist, daß er wie ein Mohammedaner argumentiert.

Wenn der Lehrer, nachdem er die Erfindung der schwarzen Kunst – wir setzen voraus: sehr plastisch – durchgenommen hat, das eingangs erwähnte Aufsatzthema stellt, erlebt er gewöhnlich eine Pleite. Nur dürftige Arbeiten werden ihm abgeliefert. Mancher Lehrer reagiert verständlicherweise mit einem: zu früh! das schaffen die Kinder noch nicht! Er sollte konsequenterweise hinzusetzen: Hier irrt Steiner – was ja möglich wäre! Andere sagen:

«Hier liegt eine Aufgabe, diesen Hinweis aus den Bedingungen des Lebensalters methodisch-didaktisch aufzuarbeiten.»

Methodisch wichtig ist, daß die Geschichte sich erst im Dialog unterschiedlicher Betrachtungsweisen für das Miterleben erschließt. Schon die Geschichtsdarstellung sollte deshalb, wo immer das zwanglos möglich ist, vom Dialog durchschossen sein. Noch mehr sollte der Dialog bei der anschließenden gedanklichen Betrachtung berücksichtig werden. Die Dialogform bietet die beste, sachgemäßeste und lebendigste Zusammenfassung geschichtlicher Ereignisse. Eine Weile lang muß der Lehrer also im Unterricht den Dialog erst einmal selbst «vorführen». Die Kinder erleben dabei, daß die Dialogform nichts verfälscht oder hinzufügt, was nicht in den geschichtlichen Tatsachen selbst gegeben wäre. Diese spezielle Form macht Geschichte lebendig. Der Dialog erweist sich als eine sehr adäquate Methode der Geschichtsdarstellung.

Wie man auch beim Aufsatz mit der dialektischen Methode zum Erfolg kommen kann, soll an einem beliebigen Thema genauer dargestellt werden. «Nennt man Konstantin den Großen zu Recht den Großen?» Es lassen sich bekanntlich Gründe anführen, die den in der Geschichte so selten vergebenen Ehrentitel für diesen Kaiser fragwürdig erscheinen lassen. Die Kinder haben in diesem Lebensalter ein feines Gespür für die moralische Qualität menschlicher Handlungen. Die vielen Morde Konstantins an seinen Verwandten, die einzig und allein seiner persönlichen Machtsicherung dienten, laufen diesen moralischen Empfindungen zuwider. Mit den Prinzipien des Christentums, das er bekanntlich als Staatsreligion einführte, sind sie schon gar nicht vereinbar.

«Schreibe alles auf, was deinem Urteil nach für die Bezeichnung Konstantin der Große spricht.» Eine Wiederholung des durchgenommenen Stoffes unter einem speziellen Aspekt wird geübt, zu Papier gebracht. Dann erst wird der Standortwechsel vorgenommen. «Jetzt schreibe alle Tatsachen auf, die deinem Urteil nach dagegen sprechen. Prüfe, was du niedergeschrieben hast. Läßt es sich durch diese und jene Tatsache noch ergänzen? Erinnere dich genau!»

In der Besprechung der dann vorliegenden Arbeiten könnte folgendermaßen vorgegangen werden: «Nun, was du aufgeschrieben hast, ist sachlich jetzt durchgängig richtig. Du hast eine gute Leistung geliefert, aber deine Darstellung ist noch ein wenig trocken und ungelenk. Wir sollten sie lebendiger gestalten! Stell dir vor, du wärest ein glühender Anhänger Konstantins. Solche hat es doch sicher gegeben. Du bist jetzt für einen Augenblick ein Hauptmann seiner Legionen, der Christ ist und der die Verfolgungen der Christen vor Konstantin noch aus eigener Erfahrung miterlebt hat! Wie würde ein solcher Hauptmann für Konstantin plädieren? Sicher begeistert und mit schwungvoller, mitreißender Rede. Stell dir vor, er spricht zu seinen Soldaten. Wie würde er dann seine Anerkennung ausdrücken?» Nun, da die Fakten geklärt sind, kann der Schüler sich ganz auf die Form der Rede konzentrieren. Der Stil wird lebendiger, beweglicher.

«Wer könnte schon zur Zeit Konstantins die Urteile, die wir heute negativ über Konstantin fällen müssen, gehabt haben? Ein von den alten Göttern überzeugter Heide oder gar ein besorgter christlicher Priester? Wie mögen die wohl im kleinen, wohlvertrauten Kreise gesprochen haben?» «Schreib diese Rede auf!»

Bleibt man der Methode durchgängig treu, weil man ihren pädagogischen Wert erkannt hat, entstehen spätestens in der 8. Klasse – ganz objektiv betrachtet – stilistisch außergewöhnlich gute Aufsätze. Die Fülle der Tatsachen, ihre Begründung, ihr Zusammenhang werden in lebendiger Sprache dargestellt.

Wirkungen der dialektischen Methode beim Schüler – Übergang zur freien Rede

Was geschieht eigentlich beim Schüler, wenn so vorgegangen wird? Die vom Schüler geforderte Darstellungsform wird sich in dieser oder ähnlicher Weise wirklich im Alltag der geschichtlichen Zeit zugetragen haben. Das damalige Zeitgeschehen wird durch Personen «individualisiert», bekommt einen individuell gefärbten Ausdruck in der Seele eines Zeitgenossen, der (phantasievoll) nachgeschaffen wird. Der an den geschichtlichen Tatsachen gewonnene Gedanke bleibt damit nicht distanziert vor der Seele stehen. Der Schüler muß sich mit diesen Zeitgenossen einen Augenblick lang identifizieren. Damit taucht der Schüler tiefer in die historischen Ereignisse ein, und zwar nicht nur mit seinem Denken. Die Aufsätze zeigen ganz deutlich, wie die geforderte Darstellungsform partielle Identifikation wirklich bewirkt, die auch gefühlsmäßig und willentlich hergestellt wird. Der Schüler schlüpft für einen Moment in die fremde Rolle. Diese führt ihn – nur jetzt von einem besonderen Aspekt – tiefer in das Erleben des Zeitgeschehens ein. Das Erlebnis der geschichtlichen Vorgänge wird dabei ohne Frage farbiger und differenzierter. Das Wechselbad des Rollenspiels stellt aber auch wieder eine Distanz her, und zwar – was wichtig ist – nach dem Eintauchen. Es entsteht die leise Frage: Und wo ist dein eigener, persönlicher Standpunkt zu diesen geschichtlichen Ereignissen?

Natürlich gibt es etwa aus dem Temperament der Schüler signifikante Vorlieben für den einen oder anderen Standpunkt. Aber gerade diese elementaren Vorlieben werden insofern abgearbeitet, als geklärt wird, wie sie auch gedanklich zu begründen sind. Und derselbe Schüler muß auch die Rolle übernehmen, die ihm gar nicht behagt. Er muß sich überwinden lernen, was ihm einen ersten Abstand zu seiner eigenen Befindlichkeit schafft. Er muß sich einem Erleben stellen, das ihm fremd ist. Eine bedeutsame soziale Seite dieser Methode wird deutlich. Sozial wird man nur, wenn man auch dem eigenen Gefühl zuwiderlaufende Gedanken anderer Menschen versteht. Noch besser wäre es, wenn man sie durchlebte. Gerade dies regt das Rollenspiel an.

Viele ringen ein Leben lang um soziales Verständnis. Ein Hilfsmittel, dieses Ziel zu erreichen, ist die Anwendung der dialektischen Methode. Denn durch sie wird das Erleben fremder Gedanken in Gang gesetzt.

Der Prozeß des Urteilens ist stets ein besonnenes Vergleichen. Ereignisse können aber nur sachgemäß verglichen werden, wenn viele Seiten derselben Sache überblickt werden. Die dialektische Methode arbeitet deren Gegensätzlichkeit heraus. Und dabei auch das Erlebnis, daß derjenige, der nur einem Aspekt der Betrachtung folgt, einseitig wird. Im abwägenden Vergleichen wird plötzlich die Verantwortung der Entscheidung erlebt. Wie stehe ich selber zu diesen Tatsachen? Diese Grundfrage des Jugendlichen wird plötzlich bewußt. Auch daß die einspurige Logik die menschlich-sozialen Beziehungen nicht ohne weiteres faßt, ja manchmal einseitig vergewaltigt, wird Erlebnis. Das Abenteuer der Vernunft beginnt.

Wird der dialektische Aufsatz beherrscht, so gelingt es dem Schüler noch lange nicht, dieselben Gedanken in freier Rede darzustellen. Im Aufsatz hat er Zeit, seine Formulierung zu überlegen. In der freien Rede muß er sie flüssig vorbringen. Er muß geistesgegenwärtig über sie verfügen. Diesen Schritt zu üben, schafft ihm einen neuen Grad an Souveränität. Er lernt Gedanken und Sprache schneller zu beherrschen. Es wird mit dem geschlossenen Vortrag des einen oder anderen Standpunkts begonnen, bald aber dann auch zur Rede und Gegenrede gewechselt. Kleine dramatische Szenen entstehen.

Das Drama ist immer Bild der Geschichte. Im Großen, weil bedeutende historische Gestalten in ihm vorkommen, oder im Kleinen, wenn Familiengeschichte dargestellt wird. Der Konflikt, von dem das Drama lebt, braucht im Familiendrama nicht kleiner zu sein als bei den Gestalten der Weltgeschichte. Triumph über die Bewältigung von Lebensproblemen steht dicht neben dem Scheitern an ihnen. Die kleinen dramatischen Szenen des Geschichtsunterrichts bilden eine Erlebnisbrücke zum großen Drama der Weltliteratur.

Es ist sicher für den Lehrer mühsam, die Schüler an die dialektische Methode heranzuführen. Er braucht die Geduld der kleinen Schritte. Hat er Erfolg, kann er von den Ergebnissen tief befriedigt sein.

Gleich der dialektischen Methode warten manche Lehrplanhinweise Rudolf Steiners auf ihre Neuentdeckung. Erwähnt man zum Beispiel im Gespräch die Lektüreanregungen Rudolf Steiners für die beiden letzten Klassen der Klassenlehrerzeit, so begegnet einem oft ein schnelles: zu schwer! Schillers *Geschichte des dreißigjährigen Krieges*, Herders *Ideen zur Geschichte der Menschheit*, Miltons *Verlorenes Paradies* warten auf ihre Renaissance im Unterricht dieser Klassen. Wir erwähnen sie hier nur, um Rudolf Steiners Ansprüche für den Unterricht in diesem Lebensalter zu belegen. Zugespitzt formuliert: Man hat es in der 7. Klasse nicht mehr mit kleinen Kindern zu tun. Pädagogisch betrachtet: Die Vorpubertät bedarf der großen Ideen, um Stütze und Orientierung für die Krise der Pubertät zu veranlagen. Das Weltinteresse muß auch ins Große gerichtet werden. Freilich: Der Aufschluß solcher Stoffe für dieses Lebensalter ist für den Lehrer harte Arbeit. Aber darf das ein Hinderungsgrund sein, sich an die Arbeit zu machen?

Nachwort

Die Bildetendenzen des Lehrplans für die Vorpubertät sind gleichsam «aus einem Guß». Alle drei Erkenntnisfähigkeiten, Verstand, Vernunft, Phantasie, werden durch ihn vorstrukturiert. Ferner geht es darum, einen Seelenhabitus übend herzustellen, der die Kinder die späteren Schwierigkeiten der Pubertät leichter überwinden läßt. Soll diese Verfassung der Seele wirklich erreicht werden, muß der selbsttätigen Entdeckung und übenden Anwendung der Einsichten eine überragende Rolle beigemessen werden. Zur Übung von Verstand, Vernunft, Phantasie tritt wie selbstverständlich eine differenzierte Schulung der Beobachtungsfähigkeit. Sind doch die Beobachtungsresultate von diesem Lebensalter ab Ausgangspunkt für jede individuelle Erkenntnisarbeit. Die gewonnenen Erkenntnisse werden übend zur praktischen Bewältigung für tägliche Aufgaben des Lebens angewendet. *Jeder Unterricht* ist an das praktische Leben heranzuführen. Diese Forderung hat zwei Gesten: Neue Unterrichtsinhalte tauchen auf, gewonnene Einsichten werden für das praktische Leben angewendet.

Erst die Betrachtung der Vorpubertät und ihres Lehrplans macht die einheitlichen pädagogischen Ziele der Zeit zwischen dem 12./13. und 15./16. Lebensjahr vollends deutlich. Sie liefert auch ein besseres Verständnis für die pädagogischen Ziele nach der Pubertät. Die Maßnahmen in der Vorpubertät und jene nach der Pubertät beleuchten sich gegenseitig. Das Weltinteresse, das eigentliche Heilmittel für die Krise des Jugendalters, wird frühzeitig zu wecken gesucht. Es wird mit aller Entschiedenheit auf die Umwelt gerichtet. Das geschieht so rückhaltlos, daß wir Lehrer manchmal Zweifel haben, ob solche Welt- und Sachorientierung nicht zu weit ginge. Diese Entschiedenheit wird erst unter zwei Aspekten aus dem ersten Teil der Arbeit verständlich: dem Atmen der Seele und dem «eigentlichen» Wesen der Zivilisation. Erst die entschieden geführte Beschäftigung mit allen Aspekten menschlicher Leistung, die in der Umwelt manifest geworden ist, erweckt den Hunger nach geistiger Vertiefung. Der rhythmische Charakter des menschlichen Strebens nach Totalität wird also in der Schulkonzeption und im Lehrplan durchgängig berücksichtigt. Und in der Beschäftigung mit der Zivilisation findet die Seele die sie selbst konstituierenden Kräfte. In einem objektiven Gewande wird Selbsterkenntnis vermittelt.

Die Gedanken über die Pädagogik des Jugendalters sind von jedem einzelnen Lehrer persönlich zu prüfen. Eine solche Prüfung kann nur aus dem Zusammenhang des gesamten Lehrplanentwurfs gelingen. Deswegen wurden dessen Bildetendenzen skizzenhaft unter einem bestimmten Aspekt dargestellt. Denn nur aus immer wieder neu geübter Zusammenschau ergibt sich der Stellenwert einzelner Lehrplanvorschläge.

Nichts kann so weh tun wie der ungeschminkte Rückblick auf die eigenen Taten. Ein solcher Rückblick zeigt neben gelungenen, fruchtbaren Aktionen auch alle Schwächen. Und doch ist ein solcher Rückblick eine Forderung des Schulungswesens. Erträgt man ihn, so ist er auch heilsam, zeigt er doch, wo man sinnvollerweise mit der Arbeit an sich selbst beginnen kann.

Anläßlich des siebzigjährigen Bestehens der Waldorfschule wurde mancher Rückblick getan. Verständlicherweise wurde dabei in erster Linie auf die Erfolge der Waldorfschulbewegung geschaut, auch auf die vielen Anregungen, die von ihr für das staatliche Schulwesen ausgegangen sind. Das ist berechtigt. Auch diese Schrift vertritt die großartigen Anregungen, die von der Waldorfpädagogik für das gesamte Erziehungswesen ausgehen können.

Der Autor glaubt aber, den Absichten Rudolf Steiners auch dadurch gerecht werden zu müssen, daß er da und dort auf noch unerfüllte Intentionen des Begründers aufmerksam macht. Man mache sich klar, daß Rudolf Steiner mit Bedingungen arbeiten mußte, die nicht ohne weiteres schnell zu verändern waren: die Lehrer, die Schulgesetzgebung, die Zeitumstände und so weiter.

Wer wie ich noch einzelne Lehrer, die unter Rudolf Steiner arbeiteten, persönlich kennenlernte, blickt dankbar auf diese Begegnungen zurück. Schon deshalb, weil sie einem für die Stimmung, die bei der Begründung der ersten Waldorfschule herrschte, die Augen öffneten und man wesentliche persönliche Förderung durch sie erfuhr. Trotzdem wird man – etwa beim Lesen der Konferenzen – gewahr, daß einzelne Lehrer Rudolf Steiner in bestimmten Situationen nicht verstanden, ja aus Unverständnis seine Intentionen blokkierten oder gar lahmlegten. Sozial wirksam werden solche Intentionen erst durch die Art, wie sie aufgenommen werden. In diesem Sinne wird der Schöpfer der Waldorfpädagogik abhängig von der Verständniskraft derer, welche die Intentionen realisieren. Das gilt heute wie bei der Begründung der ersten Waldorfschule. Jede Lehrergeneration hat sich der Anfänge immer wieder zu vergewissern, so wie sie das Recht hat, einen neuen Standpunkt zu ihnen einzunehmen. Wer sich mit dieser Pädagogik einläßt, kommt um eine persönliche Standortbestimmung nicht herum.

Die konkrete Gestalt heutiger Waldorfpädagogik wird durch das Bewußtsein bestimmt, das Lehrer und Lehrerkollegien von ihr entwickelt haben und weiterentwickeln. Dieser Quellpunkt bedarf der Pflege durch ein lebendiges Geistesleben. Dieses Geistesleben sollte die deutliche Auseinandersetzung nicht meiden, denn nur in ihr werden ihre Einzelheiten fruchtbar ausgeleuchtet und das Bewußtsein geschärft. Gerade die Schärfung des Bewußtseins für die Frage, welche Gestaltungskraft aus den Intentionen Rudolf Steiners selbst stammt und was gleichsam Zugabe und Verfremdung aus anderen Quellen ist, ist bei der gegenwärtigen großen Verbreitung der Waldorfschulpädagogik dringlich. Diese Bewegung steht vor der großen Aufgabe, das, was in den letzten siebzig Jahren an konkreter Gestaltung erarbeitet wurde, zu prüfen, weiterzuentwickeln und in die wachsende Schulbewegung hinein zu multiplizieren. Es sind von den verschiedensten Seiten Bilder zu entwerfen von der Aufgabe dieses pädagogischen Impulses, sehr persönliche Bilder, damit die Frage angeregt wird, wie in jedem einzelnen sein eigenes Bild lebt – das Bekenntnis erlebter Schwierigkeiten mit eingeschlossen.

In diesem Sinne will das vorliegende Buch ein bescheidener Beitrag sein, das Gespräch über die fortwirkenden Intentionen der Waldorfpädagogik zu beleben.

Anmerkungen

Die Werke Rudolf Steiners werden nach der Gesamtausgabe (GA) im Rudolf Steiner-Verlag, Dornach/Schweiz zitiert.

1 E. Fucke, *Lernziel: Handeln können. Erfahrungen und Überlegungen zu einem erweiterten Bildungskonzept.* Frankfurt/M.: Fischer Taschenbuch Verlag, 1981.

2 A. Bojanowski / M. Brater / H. Dedering (unter Mitarbeit von E. Fucke und G. Herz), *Qualifikationsbedarf des Beschäftigungssystems und individuelle Bildungsansprüche aus berufspädagogischer Sicht, insbesondere im Hinblick auf das Verhältnis von Berufsbildung und Allgemeinbildung im Kontext technischer und soziokultureller Entwicklung und Veränderungen.* Gutachten für die Enquete-Kommission «Zukünftige Bildungspolitik – Bildung 2000». München / Bonn 1989.

3 R. Steiner, «Drei Vorträge über Volkspädagogik» in: *Geisteswissenschaftliche Behandlung sozialer und pädagogischer Fragen.* GA Bibl.-Nr. 192.

4 R. Steiner, *Konferenzen mit den Lehrern der Freien Waldorfschule in Stuttgart (1919 bis 1924).* 3 Bde. GA Bibl.-Nr. 300 a - c.

5 M. Brater / U. Büchele / E. Fucke / G. Herz, *Berufsbildung und Persönlichkeitsentwicklung.* Stuttgart 1988.

6 R. Steiner, *Die Philosophie der Freiheit. Grundzüge einer modernen Weltanschauung.* GA Bibl.-Nr. 4, 5. Kapitel: «Das Erkennen der Welt».

7 Ebenda.

8 Goethe: «Der Versuch als Vermittler von Subjekt und Objekt». *Goethes Werke.* Hamburger Ausgabe. Christian Wegener Verlag. Bd. 13, S. 10f.

9 R. Steiner, *Die Philosophie der Freiheit.* Siehe Anm. 6

10 Klaus Oettermann, *Abhandlung über Geschichtsunterricht.* Kassel. Manuskript.

11 R. Steiner, *Allgemeine Menschenkunde als Grundlage der Pädagogik.* GA Bibl.-Nr. 293, Vortrag vom 4. September 1919.

12 R. Steiner, *Allgemeine Menschenkunde als Grundlage der Pädagogik.* Vierzehn Vorträge. GA Bibl.-Nr. 293.

– *Erziehungskunst. Methodisch-Didaktisches.* Vierzehn Vorträge. GA Bibl.-Nr. 294.

– *Erziehungskunst. Seminarbesprechungen und Lehrplanvorträge.* GA Bibl.-Nr. 295.

– *Menschenerkenntnis und Unterrichtsgestaltung.* Acht Vorträge. (Ergänzungskurs zu den vorgenannten pädagogischen Vortragskursen). GA Bibl.-Nr. 302.

– *Die gesunde Entwicklung des Leiblich-Physischen als Grundlage der freien Entfaltung des Seelisch-Geistigen.* Weihnachtskurs für Lehrer. GA Bibl.-Nr. 303.

13 R. Steiner, *Allgemeine Menschenkunde* (siehe Anm. 12), Vortrag vom 22. August 1919.

14 R. Steiner, *Briefe.* Band 2. GA Bibl.-Nr. 39, Brief Nr. 402 vom 4. November 1894.

15 R. Steiner, *Soziales Verständnis aus geisteswissenschaftlicher Erkenntnis.* GA Bibl.-Nr. 191, Vortrag vom 4. Oktober 1919. (Hervorhebungen von mir. *E.F.)*

16 R. Steiner, «Geisteswissenschaft (Anthroposophie) im Verhältnis zu Geist und Ungeist in der Gegenwart», Vortrag vom 4. Mai 1920, in: *Vom Einheitsstaat zum dreigliedrigen sozialen Organismus,* GA Bibl.-Nr. 334. (Hervorhebung von mir. *E.F.*)

17 Ebenda. (Hervorhebung von mir. *E.F.)*

18 Ebenda. (Hervorhebungen von mir. *E.F.)*

19 Vortrag vom 24. Sept. 1919. Unveröffentlicht. In GA Bibl.-Nr. 297 vorgesehen.

20 R. Steiner, *Der innere Aspekt des sozialen Rätsels. Luziferische Vergangenheit und ahrimanische Zukunft.* GA Bibl.-Nr. 193, Vortrag vom 13. September 1919.

21 Siehe zum Beispiel: Erich Blechschmidt, *Sein und Werden. Die menschliche Frühentwicklung.* Stuttgart 1982.

22 R. Steiner, *Allgemeine Menschenkunde* (siehe Anm. 12), Vortrag vom 2. September 1919. (Hervorhebungen von mir. *E.F.)*

23 Ebenda.

24 Siehe Anm. 12.

25 R. Steiner, «Erziehungsfragen im Reifealter», Vortrag vom 21. Juni 1922, in: *Erziehung und Unterricht aus Menschenerkenntnis.* GA Bibl.-Nr. 302 a. (Hervorhebung von mir. *E.F.)*

26 R. Steiner, Erster Lehrplanvortrag vom 6. September 1919, in: *Erziehungskunst. Seminarbesprechungen und Lehrplanvorträge,* GA Bibl.-Nr. 295.

27 Christoph Lindenberg, *Geschichte lehren. Thematische Anregungen zum Lehrplan.* Stuttgart 1981.

28 R. Steiner, «Erziehungsfragen im Reifealter», Vortrag vom 21. Juni 1922 (siehe Anm. 25).

29 Ebenda.

30 R. Steiner, *Die gesunde Entwicklung des Leiblich-Physischen als Grundlage der freien Entfaltung des Seelisch-Geistigen.* GA Bibl.-Nr. 303, Vortrag vom 5. Januar 1922.

31 R. Steiner, «Erziehungsfragen im Reifealter», Vortrag vom 21. Juni 1922 (siehe Anm. 25).

32 Ebenda.

33 R. Steiner, *Kosmologie. Populärer Okkultismus. Das Johannes-Evangelium. Die Theosophie an Hand des Johannes-Evangeliums.* GA Bibl.-Nr. 94, Vortrag vom 28. Juni 1906.

34 R. Steiner, *Menschheitsentwickelung und Christus-Erkenntnis.* GA Bibl.-Nr. 100, Vortrag vom 20. Juni 1907.

35 R. Steiner, Ansprache vom 25. Mai 1923, in: *Rudolf Steiner in der Waldorfschule. Vorträge und Ansprachen für die Kinder, Eltern und Lehrer in der Waldorfschule Stuttgart 1919 - 1924.* GA Bibl.-Nr. 298. (Hervorhebungen von mir. *E.F.).*

36 R. Steiner, Vortrag vom 5. Januar 1922 (siehe Anm. 30).

37 Ebenda.

38 R. Steiner, *Konferenzen mit den Lehrern der Freien Waldorfschule in Stuttgart (1919 - 1924),* Bd. 1. GA Bibl.-Nr. 300 a, Konferenz vom 16. Januar 1921. (Hervorhebungen von mir. *E.F.)*

39 R. Steiner, «Drei Vorträge über Volkspädagogik», in: *Geisteswissenschaftliche Behandlung sozialer und pädagogischer Fragen.* GA Bibl.-Nr. 192.

40 Text der Konferenz vom 23. 3. 1921 zitiert nach GA Bibl.-Nr. 300 a (s. Anm. 38).

41 R. Steiner, Vortrag vom 5. Januar 1922 (siehe Anm. 30).

42 Ebenda. (Hervorhebungen von mir. *E.F.)*

43 Ebenda.

44 Ebenda. (Hervorhebung von mir. *E.F.)*

45 Siehe hierzu auch R. Steiner, Psychosophie, in: *Anthroposophie, Psychosophie, Pneumatosophie.* GA Bibl.-Nr. 115.

46 R. Steiner, Vortrag vom 5. Januar 1922, in: GA Bibl.-Nr. 303. (Siehe Anm. 30).

47 Ebenda.

48 R. Steiner, *Menschenerkenntnis und Unterrichtsgestaltung.* GA Bibl.-Nr. 302, Vortrag vom 12. Juni 1921.

49 R. Steiner, *Die gesunde Entwickelung des Leiblich-Physischen als Grundlage der freien Entfaltung des Seelisch-Geistigen.* (Weihnachtskurs). GA Bibl.-Nr. 303, Vortrag vom 30. Dezember 1921. (Hervorhebungen von mir. *E.F.)*

50 Siehe Anm. 12.

51 R. Steiner, *Konferenzen mit den Lehrern der Freien Waldorfschule in Stuttgart (1919 - 1924),* Bd. 1. GA Bibl.-Nr. 300 a, Konferenz vom 29. Juli 1920.

52 Konferenzen vom 16.11.1921, 17.6.1921, 28.10.1922 und 9.12.1922, in: R. Steiner, *Konferenzen mit den Lehrern der Freien Waldorfschule in Stuttgart (1919 - 1924),* Bd. 2. GA Bibl.-Nr. 300 b. (Hervorhebungen von mir. *E.F.)*

53 Konferenz vom 2.6.1924, in: R. Steiner, *Konferenzen mit den Lehrern der Freien Waldorfschule in Stuttgart (1919 - 1924),* Bd. 3. GA Bibl.-Nr. 300 c. (Hervorhebungen von mir. *E.F.)*

53a R. Steiner, *Geisteswissenschaftliche Behandlung sozialer und pädagogischer Fragen.*GA Bibl.-Nr. 192, Vortrag vom 29. Juni 1919.

54 Konferenz vom 9.12.1922, in: *R. Steiner, Konferenzen mit den Lehrern der Freien Waldorfschule in Stuttgart (1919 - 1924),* Bd. 2. GA Bibl.-Nr. 300 b.

55 Ebenda. (Hervorhebungen von mir. *E.F.)*

56 M. Brater / U. Büchele / E. Fucke / G. Herz, *Künstlerisch handeln. Die Förderung beruflicher Handlungsfähigkeit durch künstlerische Prozesse.* Stuttgart 1989.

57 R. Steiner, «Goethe als Vater einer neuen Ästhetik» (1888), in: *Kunst und Kunsterkenntnis. Grundlagen einer neuen Ästhetik.* GA Bibl.-Nr. 271.

58 Konferenz vom 11.9.1921, in: R. Steiner, *Konferenzen mit den Lehrern der Freien Waldorfschule in Stuttgart (1919 - 1924).* Bd. 2. GA Bibl.-Nr. 300 b.

59 R. Steiner, «Pädagogik und Kunst», in: *Der Goetheanumgedanke inmitten der Kulturkrisis der Gegenwart.* GA Bibl.-Nr. 36.

60 Ebenda.

61 M. Jünemann / F. Weitmann, *Der künstlerische Unterricht in der Waldorfschule. Malen und Zeichnen.* Stuttgart [3]1986. Siehe hierzu auch M. Martin (Hrsg.), *Der künstlerisch-handlwerkliche Unterricht in der Waldorfschule.* Stuttgart 1991.

62 a.a.O., S. 133.

63 Konferenz vom 11.9.1921, in: R. Steiner, *Konferenzen mit den Lehrern der Freien Waldorfschule in Stuttgart (1919 - 1924).* Bd. 2. GA Bibl.-Nr. 300 b.

64 Ebenda.

65 M. v. Mackensen (Hrsg.), *Einführung in die Computertechnik. Unterrichtsreihen und Arbeitsunterlagen, praktische Montagen und exemplarische Programmanalyse.* 2. Auflage, Kassel 1987. (Als Manuskript vervielfältigt zum internen Gebrauch i.A. der pädagogischen Forschungsstelle beim Bund der Freien Waldorfschulen)

66 R. Steiner, *Die gesunde Entwickelung des Leiblich-Physischen als Grundlage der freien Entfaltung des Seelisch-Geistigen.* GA Bibl.-Nr. 303, Vortrag vom 5. Januar 1922.

67 R. Steiner, *Menschenerkenntnis und Unterrichtsgestaltung.* GA Bibl.-Nr. 302, Vortrag vom 16. Juni 1921.

68 Ebenda.

69 E. A. Karl Stockmeyer, *Rudolf Steiners Lehrplan für die Waldorfschulen.* 4. Auflage, Stuttgart 1988. (Als Manuskript vervielfältigt für die Lehrer an Freien Waldorfschulen)

70 Siehe Anm. 65.

71 Konferenz vom 21.6.1922, in: R. Steiner, *Konferenzen mit den Lehrern der Freien Waldorfschule in Stuttgart (1919 - 1924).* Bd. 2. GA Bibl.-Nr. 300 b.

72 Konferenz vom 25.9.1919, in: R. Steiner, Konferenz mit den Lehrern der Freien Waldorfschule in Stuttgart (1919 - 1924). Bd. 1. GA Bibl.-Nr. 300 a.

73 Siehe auch M. Brater / U. Büchele / E. Fucke / G. Herz, *Berufsbildung und Persönlichkeitsentwicklung.* Stuttgart 1988.

74 R. Steiner, *Erziehungskunst. Methodisch-Didaktisches.* GA Bibl.-Nr. 294, Vortrag vom 5. September 1919.

75 Aufzeichnungen Stockmeyers in Emil Molt, *Entwurf meiner Lebensbeschreibung.* Stuttgart 1972, S. 256.

76 R. Steiner, *Erziehungskunst. Methodisch-Didaktisches.* GA Bibl.-Nr. 294, Vortrag vom 3. September 1919.

77 Vgl. hierzu Erhard Fucke, *Die Bedeutung der Phantasie für Emanzipation und Autonomie des Menschen.* 2., erweiterte Aufl., Stuttgart 1981.

78 R. Steiner, *Erziehungskunst. Methodisch-Didaktisches.* GA Bibl.-Nr. 294, Vortrag vom 3. September 1919.

79 Ebenda. (Hervorhebungen von mir. *E.F.*)

80 Ebenda. (Hervorhebungen von mir. *E.F.)*

81 R. Steiner, *Erziehungskunst. Methodisch-Didaktisches.* GA Bibl.-Nr. 294, Vortrag vom 5. September 1919.

82 Ebenda. (Hervorhebungen von mir. *E.F.)*

83 GA Bibl.-Nr. 294, Vortrag vom 3. September 1919 (siehe Anm. 78)

84 Ebenda.

85 Ebenda. (Hervorhebungen von mir. *E.F.)*

86 R. Steiner, *Konferenzen mit den Lehrern der Freien Waldorfschule in Stuttgart (1919 – 1924),* Bd. 3. GA Bibl.-Nr. 300c, Konferenzen vom 21.6. und 3.7.1923.

87 R. Steiner, *Die gesunde Entwickelung des Leiblich-Physischen als Grundlage der freien Entfaltung des Seelisch-Geistigen.* GA-Bibl.-Nr. 303, Vortrag vom 3. Januar 1922. Vgl. auch Konferenz vom 28.4.1922 in GA Bibl.-Nr. 300b.